宁夏高等学校一流学科建设（教育学学科）资助项目
项目编号：NXYLXK2021B10

守正创新

中职校园文化建设的实践与探索

米占郡 • 著

黄河出版传媒集团
宁夏人民出版社

图书在版编目（CIP）数据

守正创新：中职校园文化建设的实践与探索 / 米占郡著 .-- 银川：宁夏人民出版社，2023.11

ISBN 978-7-227-07893-7

Ⅰ. ①守… Ⅱ. ①米… Ⅲ. ①中等专业学校—校园文化 - 建设 - 研究 Ⅳ. ① G718.3

中国国家版本馆 CIP 数据核字（2024）第022787号

守正创新：中职校园文化建设的实践与探索　　米占郡　著

责任编辑　陈　晶
责任校对　杨敏媛
封面设计　伊　青
责任印制　侯　俊

黄河出版传媒集团
宁夏人民出版社　出版发行

出 版 人　薛文斌
地　　址　宁夏银川市北京东路 139 号出版大厦（750001）
网　　址　http：//www.yrpubm.com
网上书店　http：//www.hh-book.com
电子信箱　nxrmcbs@126.com
邮购电话　0951-5052104　5052106
经　　销　全国新华书店
印刷装订　宁夏凤鸣彩印广告有限公司
印刷委托书号　（宁）0029355

开本　880 mm × 1230 mm　1/16
印张　16.75
字数　300 千字
版次　2023 年 11 月第 1 版
印次　2023 年 11 月第 1 次印刷
书号　ISBN 978-7-227-07893-7
定价　52.00 元

扎根沃土，守正创新

岳维鹏

唐代宰相魏徵在《谏太宗十思疏》写道："求木之长者，必固其根本；欲流之远者，必浚其泉源；思国之安者，必积其德义"。意思是说，树的根子如果扎得深，枝叶就会很茂盛；水的源头如果能够得到疏浚，水便会流向很远的地方。这样深刻的思想，既是治国理政的典型经验，也是修身齐家的不二法门，对于教育实践同样具有启发意义。本书作者米占郡老师，正是基于这样的思考，开始他在中职校园文化建设领域的不懈求索。

米占郡老师追求着"有根的教育"。校园文化是社会主义精神文明在学校的集中体现，是一所学校独特的文化象征，在学校发展历程中起着必不可少的推动作用。米占郡老师对于校园文化在教育事业中的重要价值具有清晰认识。本固方能叶茂，根深才可果硕，教育事业的根源正是教育文化，具体到学校就是校园文化。如果说育人质量是生命线的话，支撑质量的基石则为师资队伍、课程建设和校园文化。师资队伍是力量之基，课程建设是关键领域，校园文化是价值引领。校园文化关乎事业发展长远，实为根脉所在。

米占郡老师追求着“有魂的教育”。他坚持校园文化建设必须“守正”，高度关注校园文化建设的基本方向，将教育事业发展与社会事业发展相联系，深度思考“为谁培养人”这一根本问题，紧紧围绕立德树人根本任务，突出为党育人、为国育才的目标要求，把培养建设者、接班人作为办好学校的核心使命。同时，他坚持校园文化建设必须“创新”。中职校园文化既是特色文化又是系统文化，是一个包含着学校、家庭、社区、企业、行业以及政府在内的大系统。扎根中职教育实践、扎根师生的成长需求、扎根地方的区情和产业发展的需要，把握正确的方向，夯基固本，守正创新，才能行稳致远。作者研究校园文化建设各种文化元素交织在育人过程中的守正创新，研究新时代职业教育的新形势下散发出的多样文化形态和个性特点的魅力，这正是本书的着眼点所在。

校园文化建设的守正创新，必须建立在一定的方法论基础上。本书用唯物辩证法的认识论和方法论，从哲学角度探讨了中职特色校园文化的内涵、功能、建设策略，并以吴忠市红寺堡区职业技术学校为个案，介绍了新时代中职校园文化建设守正创新的经验总结和实践成果。作者认为，校园文化守正创新是一个曲折前行的过程，又是一项复杂的系统工程；坚守校园文化守正创新的终极目的就是为了学生能够更好地成长，学校能够更优地发展。本书作者提出了一些新的观点，比如中职校园文化不仅仅是学校文化，更是产业、就业和人文精神相结合的文化；优化中职教育的育人观念和育人行动，首先从提升中职特色文化的品位入手；职业学校校园文化守正创新的动力是职业文化自信、生命线是校本特色文化、本质属性是坚持精神体系和多元网格化的育人、最终目的是服务当地社会经济、助力学生最佳就业。可以说，基于校园文化守正创新的校本实践探索，既培植了深厚的根和肥沃的土，又结出了丰硕的果。

米占郡老师追求着“有为的教育”。他紧紧围绕中职教育在高中阶段和职业教育体系中的“双基础”地位，教育为修德强技、预备就业，思考着以真正的、系统的职业学校的校园文化影响和教育一代又一代的学生，以中职特色校园文化影响人、塑造人、成就人，以优异的成绩展现学校的魅力和实力。他坚持文化育人，努力办好老百姓家门口的职业学校，为移民地区老百姓孩子的成长、学艺、立命、创业乃至人生幸福奠定思想基础。

坚持校园文化建设的守正创新，意味着吴忠市红寺堡区职业技术学校的高质量发展，既有定力，更富动力，还具引力。本书作者多年躬耕基础教育和职业教育阶段的教学工作和管理岗位，勤于学习，善于钻研，厚积薄发，对教育管理和校园文化建设形成了自己的教育主张，可谓匠心独运，硕果累累。他乐于享受探索的过程，精心培育树木，扎根沃土，在汗水中享受劳动；他也乐于享受探索的结果，品尝树木的果实，枝繁叶茂，因为国输送人才、为家乡培育人才而享受教育。

教育探索，有始无终，更无止境。

是为序。

前　言

校园文化是一所学校的标识，校园文化又是凝聚力量、升华情感和展示学校特色品牌的重要方面，也是落实该校立德树人根本任务的主要途径。我们进入一所学校，很明显地就能感受到这所学校的布局风格、教育氛围乃至人际关系与其他学校的明显不同之处，其原因在于这所学校具有区别于其他学校的校园文化。

学校校园文化建设要适应新时代的要求，在内容、方式、手段等方面要跟随时代的步伐不断创新。但实际上，由于校园文化内容相对稳定性与时代要求不断更新的矛盾，其在方法和手段上相对滞后。因此，有必要进一步更新校园文化建设的理念、内容、方法、手段、要点，不断拓宽、升级育人质量，以适应中国式现代化建设中教育现代化的大环境。

中职校园文化依托于职业教育的类型定位，紧紧围绕大众性、实用性、时代性、社会性和职业导向性的特征，在承担其特有的教育使命中守正创新。教育部、人力资源和社会保障部《关于加强中等职业学校校园文化建设的意见》中指出：校园文化是学校教育的重要组成部分，是学校精神、学校活动、学校秩序和学校环境的集中体现，具有重要的育人功能。加强中等职业学校校园文化建设，对于贯彻落实党的教育方针，优化育人环境，促进中职学生全面发展具有十分重要的意义。国家出台的《关于深化现代职业教育体系建设改革的意见》指出，持续推进现代职业教育体系建设改革的方向是：深化职业教育供给侧结构性改革，坚持以人为本、能力为重、质量为要、守正创新。

那么，新的历史时期如何打造一个中职特色校园文化品牌呢？以笔者所在的学校为例，从理解中职校园文化的本质、把握其建设的正确方向和精神实质入手，立足全国最大的生态移民安置区这一现实，把脉并不断改进本区中职学校文化建设中存在的问题，把学校文化与红色文化、产业文化、企业文化、移民文化相互融合、共同发展，尊重规律又关注特殊，在物质、精神、行为、管理等方面与时俱进、不断探究，切实树立职业教育的文化自信，在理念、内容、方法、手段、要点等方面不断总结经验，最终形成具有中职特色和地域特色的校园文化，突显中职特色文化建设的育人功能。

本书从中职校园文化及守正创新的要义、中职特色校园文化建设的守正创新、中职校园文化育人过程的守正创新、中职学校教学文化的守正创新、新时代中职校园文化建设的守正创新、中职校园文化建设在守正创新中突显特色的个案研究六个方面，结合笔者所在学校——吴忠市红寺堡区职业技术学校在校园文化及精神体系、治理体系方面守正创新的实践探索和经验成果，对中职校园文化建设的守正创新作了系统探索。

本书以宁夏吴忠市红寺堡区职业技术学校的做法为例，探索中职校园文化建设在守正创新中突显的特色。凡是涉及学校的举例，如果没有特别注明的都是该校的实践经验。

目　录

第一章　中职校园文化及守正创新的要义

第二章　中职特色校园文化建设的守正创新

第三章　中职校园文化育人过程的守正创新

第四章　中职学校教学文化的守正创新

第五章　新时代中职校园文化建设的守正创新

第六章　中职校园文化建设在守正创新中突显特色的个案研究

第一章　中职校园文化及守正创新的要义

文化是人类社会特有的现象，是人类社会实践的产物，伴随着人类社会的产生而产生、发展而发展；学校是在人们的实践活动达到一定的程度，因文化的传播需要而产生的，学校承担的最主要的历史使命是文明的组织和革新、文化的传承和交流，从而不断满足人的个体和人类发展的需求。学校是文化传播的一个主阵地和文化交流的主要方式，学校文化立足于人类文明成果的基础，随着人们在社会实践中不断创造和发展，在实践中不断探索、创新，是有组织、有规模、有目的性的。学校文化的守正与创新，对社会发展和人的精神世界产生深刻的影响。

第一节　校园文化的概念及作用

学校作为人类社会文化传播和发展的主阵地，要么是以物质形态所表现，要么被精神形态所反映，要么被管理程序所规整，要么以行为方式所呈现和表现。学校里处处是文化、时时有文化、人人学文化。

一、校园文化的概念

（一）文化的概念

所谓文化，指人类在社会实践过程中所获得的物质、精神的生产能力和创造的物质、精神财富的总和。英国文化人类学的奠基人爱德华·伯内特·泰勒认为：文化是复杂的整体，它包括知识、信仰、艺术、道德、法律、风俗以及其他作为社会一分子所习得的任何才能与习惯，是人类为使自己适应环境和改善其生活方式的努力。著名作家梁晓声用四句话对文化作了定义："根植于内心的修养，无须提醒的自觉，以约束为前提的自由，为别人着想的善良。"由此，我们不难理解，文化就是一种内心的素养和修养，是一个主动积累、完善认知的过程，在一定限度之内实现内心自由，通过后天的学习与修为而获得提升，用善良去温暖身边的人，最终达到内化于心、外化于行、知行合一的境界。我们可以继续延伸历史研究的成果，在这里对文化的概念予以理解性的阐述，文化是在人类改造自然和征服自然的认识过程中逐步形成的，是人类区别于其他生物的修养的标志、理性的表达和自觉的行动方式。从这个意义上来看，文化不但是人类社会创造的一切物质财富和精神财富的活动及其成果，而且是传播这些物质和精神财富的活动及手段；文化是一定时代与社会的各民族或阶级在历史过程中逐渐形成的传统、风俗、生活方式，也是个人的智商与情商的外在表现。文化是历史沉积物，具有独特性、驱动性、创新性与多形态性。其类别是有定语条件的，例如法治文化、社会文化、科技文化、企业文化、民族文化、校园文化等。

（二）校园文化的含义

学校文化是学校组织成员的精神归宿，是信念、观念、语言、礼仪和行为的集合体。它决定着人们的使命担当、价值追求和发展目标，同时显现在学校的一切教育行为、各种物质载体和全部的符号体系之中。学校最基本的是教育文化，它不只是书本上的、来自过去的知识，还包括积极而理智的、富有情感的行为和探索，创造超越现实的态度与作用的方式。校园文化同时承担着学校“文化传递”和“文化创造”的任务。

校园文化与“学校文化”不是同一个概念，它是包含在学校文化之内，是学校文化的主要组成，校园文化不仅仅局限于校园的空间和内涵概念，而且还具有学校文化外延的一部分。

从狭义上说，校园文化指的是校园所具有的特定的精神环境和文化气氛，是体现一所学校办学理念、精神和风气的一种群体性文化，是在长期的办学实践过程中积淀而成的育人条件、历史传统和校园氛围等物质因素和非物质因素的总和。它包括校园建筑设计、校园景观、绿化美化、标牌石刻这种物化形态的内容，也包括学校的传统、校风、学风、人际关系、集体舆论、心理氛围以及学校的各种规章制度和学校成员在共同活动交往中形成的非明文规范的行为准则。

从广义上说，校园文化不是封闭的，而是直接可以延伸的。凡是涉及学校及学校教育的所有文化，都有校园文化的影子和影响。广义的校园文化就是指在一个学校里，即学校共同成员在学校发展过程中，逐步形成的包括学校最高目标、价值观、校风、传统习惯、行为规范和规章制度在内的精神总和，校园文化是学校本身形成和发展的物质文化和精神文化的总和。它是学校的历史传统的见证、精神体系和发展目标的行动描述、全校师生价值追求的反映和学校管理程序流程的外显，校园文化决定着学校的内在价值和外在形象。

因此，校园文化是学校发展过程中积淀下来的，既是一种内涵又是部分的外延，既是根植于人心的精神、是理念，又是内化了的物质形态标识。健康的校园文化，可以陶冶学生的情操、启迪学生心智、促进学生的全面发展。良好的校园文化对整合育人资源、拓宽育人渠道、强化育人效果、提升学校品位具有重要作用。

二、校园文化的构成

校园文化是由精神文化、物质文化、制度文化和行为文化四部分构成，外部的环境文化既属于精神文化又属于物质文化。校园文化的外层是物质文化，中层是制度文化和行为文化，内层是精神文化。

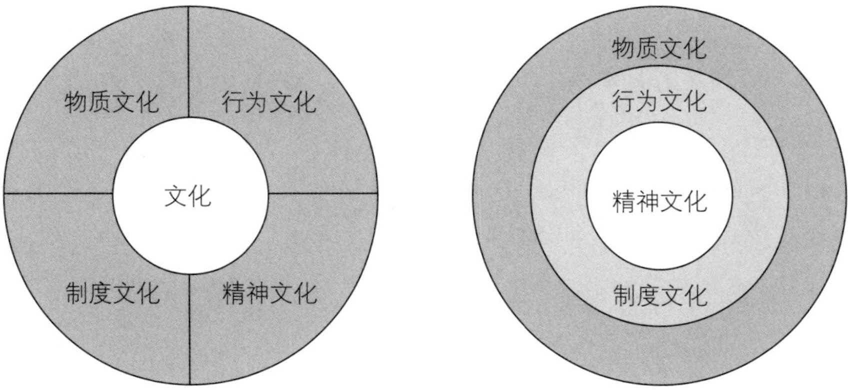

图1-1 校园文化的内容及其结构示意图

（一）校园物质文化

物质文化处于校园文化的外层，精神文化和行为文化分别是对物质文化隐性的和显性的呈现，包含外部环境文化的物质形态。物质文化包括以物质实体存在的文化设施设备和包括潜藏精神信息的文化设施两种形态。一切文化设施都具有物质材料的实体性，同时因其服务于校园教育、学习、科研、生活等而具有或明显或潜在的精神功能性。我们把以物质实体存在为主要外部形态，且以满足校园实用文化需要为主体功能作用的设施称为校园物质文化设施，它包括校园建筑、活动场所、环境设施、文化标识物及其他辅助性配置。而把以精神信息内涵为主要存在形式，且以能促成信息价值生成、转换为主体功能作用的称之为精神文化设施，它包括图书资料、文化牌、智慧校园装备、教科书、实验设备、光纤、软件等。

校园物质文化设施通过其满足校园人员居住、教学、取暖、交通、娱乐等实用需要而隐含着对校园文明的贡献。它是以物质设施本身的存在价值而显示必要性的。如学生表演舞蹈、话剧，要有灯光、音响设备，否则不可能产生好的演出效果。同样，没有教室、没有电子白板，“互联网 +”形势下的上课的场景无法想象；没有运动场所，大多数体育教学活动无法进行。因此可以说，校园物质文化设施是校园文化借以展开丰富活动和强化文化活动能量的空间基础与前提。越是校园文明水平高的学校，越具有高标准的物质文化设施。而那些设施不足、条件简陋的学校，其校园文化运行的范围、程度、质量都受到较大的限制。相比之下，校园物质文化设施的完善配置，在影响和制约校园文化运行的质量、水准方面要更为直接、更为显著有效。图书资料、校园网、教科书是学校的文化信息的中心资源。智慧教室、计算机、实训装备因其对文化信息的特殊处理功能而具有精神文化的媒介、手段特性。特别是计算机和互联网的使用，使校园精神文化建设开发潜力，拥有了最便捷、最灵敏、最能够激发创造热情的“文化工作台”。但同样要看到，校园物质文化设施是校园文化借以产生创造效应的潜在因素，因而属于校园文化设施的有机组成部分。

（二）校园精神文化

处于校园文化的内层，是物质文化和行为文化（含制度文化）的凝结与最终要产生的结果，包含外部环境文化的精神文化形态。校园精神文化主要是通过校园文化活动表现出来的，包括开展的形式多样的促进校园文明发展的文化实践活动及其运作机制与运作传统等。校园文化活动是校园精神文化系统的主体部分，学校教师、学生、职工、家长和社工组织，作为校园文化活动的实践主体，通过渗透不同校园空间的文化活动，使校园文化展示出时间性的深度。因此，校园文化活动可根据活动的内涵、性质区分为教育教学活动、文体娱乐活动、社会实践活动、品德建设活动等。其中，教育教学活动是常规性的校园文化活动，在严格的教育教学计划、目标下实施；而课外文体娱乐、社交联谊、社会参观等则相对灵活一些。不同的学校在开展校园文化活动方面具有不同的氛围特色、运行机制与传统。越是在校园文化建设上追求鲜明特色和高水准的学校，越具有自足完善的运行机制和活动形式上独到新颖的选择。

今天，倡导创建文明校园，主要是精神文化方面的形态。如，要求培育并践行社会主义核心价值观：富强、民主、文明、和谐，是中国人民共同的价值目标；自由、平等、公正、法治，是社会公民应有的价值取向；爱国、敬业、诚信、友善，是我们每个人都要遵守的基本道德规范。其次，提倡延安精神、红船精神、大庆精神、西柏坡精神、“两弹一星”精神、奥运精神、载人航天精神、张思德精神、白求恩精神、愚公移山精神、为人民服务精神、五四精神、艰苦创业精神、鲁班精神等。再次，对于接受职业教育者来说，还要大力奉行工匠精神、劳模精神、劳动精神，要熟悉并履行《中职学生守则》《中职学生行为规范》等。都属于校园文化的精神文化范畴。

（三）校园制度文化

校园制度文化属于学校及其文化的组织和管理的一部分。作为校园文化的内在机制，包括学校的传统、仪式和规章制度，是维系学校正常秩序必不可少的保障机制，是校园文化建设的保障系统。“没有规矩，不成方圆”，只有建立起完整的规章制度、规范了师生的行为，才有可能建立起良好的校风，才能保证校园各方面工作和活动的开展与落实。但仅有完整的规章制度是远远不够的，还必须有负责将各项规章制度予以执行和落实的组织机构和队伍，因此，还必须加强相应的组织机构建设和队伍建设。也就是说，制度文化建设实际上包括制度建设、组织机构建设和队伍建设三个方面，组织机构建设和队伍建设是确保制度建设落到实处，并使其真正起到规范校园人言行的关键环节，校园文化组织机构的健全和完善，校园文化队伍的勤奋与能干，对正常开展校园文化活动，加强校园文化建设，具有十分重要的、决定性的作用。由于校园文化建设渗透于学校的教学、科研、管理、生活及各种校园活动等方面，因此校园制度文化也涵盖学校管理的各个方面，保障学校实施“三全”育人、“五育”并举和学校精神文明建设，是青年学生成长成才的内外在需要，更是推进学校和谐发展的重要载体和规范工具。

（四）校园行为文化

与制度文化一同处于校园文化的中层，是物质文化通往精神文化的行动途径和媒介，有时与制度文化并行。校园行为文化，主要是以校园文化成果表现出来，包括教师、职工、学生和家长创造的一切物质的或精神的文化成果。校园文化成果是校园文化主体本质力量的对象化实现。只要是经过校园人的劳动实践形成的成果。校园人把他们推进校园文明发展的理想、激情、愿望凝聚到物质的或精神的成果之中，从而使校园处处闪耀着智慧创造之光。校园文化成果因其最终形态精神文化和物质文化含量的不同，而有了层次品位之分，而行为文化可以以实践的体验式将物质文化和精神文化的品位和层次最大限度地提升。例如，师生们自己开展爱国爱校活动、美化绿化校园、排查安全隐患、动手进行场地硬化、教具制作、兴办工厂等，以增强校园物质环境的文化含量和艺术氛围，增强校园物质文化建设的活力机制和功能系统。校园行为文化使校园精神文化成果以及校园文化整体发展水准进入更高层次。行为文化体现在现代教育中要求各类学校都要有相当质量的学术成果，反映教育教学的整体发展水平，同时要求学生具备相应的专业素质和创造力，能够探索性地进行科学发明和其他成果的创造。除此而外，摄影、书法、歌舞、剪纸等艺术创造，也是其成果的重要组成部分。一个好的学校，应当是校园文化成果丰硕的学校，而丰硕的行为文化成果，现实性地显现出该校师生员工的精神面貌和创造力。

三、校园文化与学校精神、社会文化的关系

校园文化必须把校园里的文化成果的创造和社会文化密切结合，当作非常内在的重要组成部分。

（一）与学校精神体系的关系

1. 与学校精神的关系

学校精神指学校团体的士气和活力。它是学校文化的最高体现和概括，表现出学校的整体风貌和特征。它一般以精练、浓缩的语句表现出来，如“尚德立本，多能立身”的校训等。它决定学校精神文化的方向、质量和成效。

2. 与校风的关系

校风是学校内成员占优势的态度与情感的综合体现。有人称校风为“学校心理气氛”“组织人格”。它是学校多数成员的价值观、理想、目标和活动方式、行为规范共同作用的结果，是行为方式上表现出来的普遍心理品质和心理特点。学校精神对于形成广大师生的校风共识起到群体压力的效果，对学生心理和行为产生极大影响。

3. 与学校办学理念的关系

校园文化、办学理念与办学特色是三位一体的。概括地说，办学理念是核心，校园文化是载体。校园文化是学校办学理念、办学制度以及人文精神的历史积淀。独特的办学理念构成了校园文化的核心价值而且形成了独特的校园文化。提出办学理念，并经过办学实践的不断丰富完善，形成风格独特、个性突出的校园文化品牌。

（二）与社会文化的联系与区别

1. 联系

社会文化包括校园文化。校园文化是社会文化的独特现象，需要适应社会文化的历史变革。社会文化与校园文化之间的联系，比它与经济、政治之间的联系更为直接和密切。

（1）社会文化促进校园文化发展。其直接影响学校教育的作用表现在：①作为教育外部背景，文化中基本的、相对稳定的、符合学校教育要求的部分，被选择、加工后作为学校教育的内容；②社会文化传播手段的多样化也对学校教育手

段和方法产生影响，不仅要求保证基础性的内容，而且要求反映发展趋势与具有重大价值的新成就；③现代社会文化中所含的多元的思维方法、价值观和信念对学校教育产生某种意义上较科学更为深刻的影响。

（2）学校教育促进社会文化的发展。学校教育其实是一种文化活动，它代表社会先进文化，不仅“传递文化”，而且“创造文化”，成为社会文化的主导力量；学校教育在意识形态、行为指向的传承与调整，符合社会文化的需要，不仅对个人思想道德的形成具有决定性的作用，而且对社会的精神状态乃至社会稳定也具有很强的影响。

2. 区别

社会文化中的部分内容构成学校教育的内部要素，在某种意义上，政治、经济对教育的作用需要通过社会文化这一更直接的手段来实现。

（1）二者对人的行为的影响途径不尽相同。以校园文化为主体形态的学校教育主要通过各种有形和无形的文化内容和活动手段来实现对人的发展的影响，而社会文化则更多地体现在政治、经济等宏观层面对人的影响。

（2）二者对于教育所起的作用不尽相同。社会文化对于教育来说并不是决定性因素，校园文化对于教育的特殊决定地位和作用是社会文化不能代替的。

四、校园文化的作用

（一）导向作用

校园文化的导向作用是指在具体环境和社会发展阶段中将人们的事业心和成功欲转化为明确的奋斗目标、价值追求、人生信条和行为准则，形成全校师生的精神支柱和前进动力，共同为经济发展、社会进步作出贡献的影响作用。中职学校校园文化可以通过文化要素集中、一致的作用，引导师生员工接受正确的价值观念和文明的行为准则，使师生员工向着社会期望和要求的方向发展，符合学校确定的奋斗目标。导向作用主要体现在两个方面：首先是师生员工思想行为起导向作用；其次是对学校的价值取向和行为规范起导向作用，帮助师生员工形成正确的世界观、人生观和价值观，进一步明确发展目标，顺应社会发展和时代潮流。这种导向作用通过校园环境、精神风貌、整体布局、学术氛围、校规校纪等文化要素来实现，使师生具体地参考和借鉴，接受社会公认、符合时代发展的价值观念和行为准则。

（二）凝聚作用

学校校园文化的凝聚作用主要体现在对团队现有成员的团结和合作，对团队新成员的转化与融合。当校园文化中的学校的精神与价值观念为师生员工所认同后，就会形成一种感召力和较强的合力，激发全校成员为实现发展目标顽强拼搏、奋发进取的情感，内化成一种积极进取、开拓创新的巨大合力，使每个师生员工认识到在校园文化建设中的主人翁地位，从而产生强烈的归属感、责任感和荣誉感，使全体师生员工筑成一道坚不可摧的精神长城，形成强烈的感召力和凝聚力，形成共同创造和认同的价值观念。这是校园文化的灵魂。

（三）激励作用

当代的校园文化的激励作用是指校园文化具有使全体师生员工从内心产生高昂斗志、奋发进取的精神作用，激发全体成员的使命感、责任感、持久的驱动力，从而形成开拓进取、勇攀高峰的良好风气，形成你追我赶、万马奔腾的激励机制和竞争机制。在遭遇挫折时不灰心、不气馁，在遇到困难时不退缩、不怕难。学校校园文化为激发师生员工树立崇高理想、确立坚定信念、追求远大目标提供力量源泉和精神动力。

（四）规范作用

学校校园文化的规范作用是指校园文化对师生员工的行为具有重要的规范约束作用，它借助学校各种文化因素的影响力，根据社会行为方式，将师生员工的言行规范到学校和社会期望的轨道上来，它创造适宜的精神气候和融洽的学习氛围，形成一种有效的道德力量和“软约束”，以消除心理和情绪上的自我干扰和相互摩擦，减少内耗，协调人际关系，使每个人的才干得到充分发挥。校园文化通过一系列文化，特别是制度文化实现规范作用。制度文化具有健全的组织机构、完善的体制机制、严密科学的校规校纪、严格的管理制度、浓厚的文化氛围。学校采用共同的价值标准和行为规范来要求全体师生员工，他们的一切活动都统一规范到学校目标上来。

（五）辐射带动作用

学校是社会组织系统中的重要细胞。在开放的社会系统中，学校和地方与社会联系十分紧密，校园文化一旦形成，不仅在校内产生重要影响，并且形成辐射。校园文化对社会的辐射作用主要表现在两个方面：首先是发挥理论阵地和学科前沿优势，引领时代思维方向。其次是创新思维、理念去影响人的精神风貌，带动良好社会风尚的形成。近年来，全国中职学校开展暑期社会实践活动、科技文化等“三下乡”活动、“两支一扶”活动等，都将发挥校园文化的辐射作用。

（六）创新作用

校园文化的创新作用是指所蕴含的创新因素及全体师生员工的创新思维、创新潜能、创新方法的萌动和开发。校园文化本身包含了丰富多彩的知识内容，充满生动鲜活的创造活力。另外，校园文化对非智力因素，如动机、兴趣、情感、意志、性格等的培养具有十分重要的作用。非智力因素的培养要有一定文化熏陶、文化底蕴。中职的校园文化不仅要传承人类文明的优秀成果，更重要的是创新知识成果，不断创造科技文化的前沿课题。只有这样才能承担职业学校在全面建成小康社会的历史使命，培养大批既有实践能力，又有创新精神的高级人才，为实现人才强国战略做出应有贡献。

（七）娱乐调节作用

娱乐是校园文化的重要组成部分。它可以活跃师生员工的生活，调节紧张工作节奏，增添生活的乐趣，在娱乐的同时，还能提高师生员工的艺术责任和审美鉴赏能力，提高师生员工的人文修养和道德情操。寓教于乐是校园文化的鲜明特色，它有利于提高师生员工的工作效率，促进身心健康，提高人们的愉悦感，因此要充分发挥娱乐在校园文化建设中的调节作用。

第二节　守正创新的内涵及价值功能

一、守正创新的含义

“守正创新”根植于新时代的伟大实践，是习近平新时代中国特色社会主义思想的一个重要组成部分。源自《汉书・刑法志》，“守正”是指坚守正道和规律，准确地理解并完整地继承人类所创造和积累的文明成果；“创新”是指善于创造，用智慧和努力不断推陈出新。“守正创新”就是在坚持守正的基础上力求出新、和而不同。

守正与创新共生互补，辩证统一。“守正”是指坚守正道、把握本质、遵循规律；“创新”是指审时度势、推陈出新、开创新局。在二者的辩证关系中，守正是基础、是根本，创新是动力、是源泉。夯基固本，方向正确，才能行稳致远；知常明变，与时俱进，才能永葆生机。做好新时代中职学校的校园文化建设工作，既要守正，也要创新。守正，就是要始终坚持正确的指导思想不动摇，坚持正确的价值导向不动摇，坚持先进的文化方向不动摇，坚持科学的教育规律不动摇；创新，就是要深刻把握时代环境的新变化，把握国家发展的新要求，把握中职学生成长的新期待，做到校园文化建设因时而进，因势而新。

笔者认为，学校文化的“守正”主要体现在以下三个方面：一是坚守教育的基本规律，把握教育的本真追求；二是坚守党和国家的教育方针，把握教育发展的正确方向；三是坚守本校的优良传统，把握教育服务于人的发展的根本宗旨。

学校文化的“创新”主要体现在以下两个方面：一是创新教育理念，实现观念变革；二是创新教育方法，更新教育手段，激发内在活力。这样的学校文化创新，是不断吸收外部能量，在文化大背景、大时代的交互共振中完成。

学校文化的“守正”与“创新”是对立统一的关系，需要我们辩证地对待、科学地处理。一方面，“守”是基础，是固本。“守正”，就是要捍卫学校文化的基本精神，传承学校文化的优秀基因，夯实学校文化的发展根基。“守正”的缺失可能会导致学校文化的断裂，使学校缺乏稳定的精神力量。在“守正”的基础上，学校文化才有创新的可能。另一方面，“创新”是动力、是发展。学校文化只有与时俱进，才能在积极的变革中，不断丰富与深化其内涵，获得持续进步的不竭动力，拓展出更为广阔的发展空间。总之，“守正”与“创新”既相互矛盾，又相互支撑；只有在坚守中创新、在创新中坚守，学校文化才能根深叶茂、永葆生机。

二、守正创新的价值功能

（一）“守正”凝聚了中华优秀传统文化的思想智慧

“守正创新”不仅是21世纪马克思主义中国化的方法论法则，也凝聚了中华优秀传统文化的思想智慧。在传统释义中，“正”有常法准则、正中平正、合规之义，也有公正正直、纯正不杂、完善美好的意思，还有正当、正面等丰富的含义。“守正”即坚守正道，恪守正道。“守正”既可以指称高尚的人格、行为，如“守正之士”“守正之匠”；也可以指陈良善的决策、政策。以上关于“守正”的丰富的语用实例中，并不止于言行，而实际直达于心底，“惟当守正，不可欺心”。

（二）作为价值引领，“守正创新”要求坚持真理、坚守道义、遵循规律

新时代，就是要坚守道义、遵循规律，奋发有为、创新发展。习近平总书记在纪念五四运动100 周年大会上的讲话中，向全国人民尤其是青年人提出要求：“面对复杂的世界大变局，要明辨是非、恪守正道，不人云亦云、盲目跟风。”这正赓续了“守正”这一中华传统美德与思想智慧，并在新时代治国理政中做出了创造性发展。习近平总书记倡导构建人类命运共同体、致力于为最广大人民谋利益，都是坚守道义的根本体现。他反复强调要以全新的视野深化对共产党执政规律、社会主义建设规律、人类社会发展规律的认识，就是要认识规律、把握规律、遵循规律。在此前提下，奋发有为，才能有所创新、有所进步。

（三）新时代“守正创新”的方法论法则贯穿中国共产党人治国理政的全过程

建设中国特色社会主义，要守“社会主义”之正。新时代要开拓进取、与时俱进，创“中国特色”之新，从而开辟中国特色社会主义的新境界。坚持“守正创新”这一法则，中国特色社会主义建设取得了多方面的重要成就。例如，在文化建设方面，习近平总书记总结说：“这几年，我国文化建设在正本清源、守正创新中取得历史性成就、发生历史性变革，为新时代坚持和发展中国特色社会主义、开创党和国家事业全新局面提供了强大正能量。”又如，在新冠疫情防控与疾病救治中，中国传统医学发挥了重要的积极作用。习近平总书记对此予以高度评价，并概括指出：“中西医结合、中西药并用，是这次疫情防控的一大特点，也是中医药传承精华、守正创新的生动实践。”习近平总书记强调“守正创新”

涉及治国理政的方方面面。如，在对党的十九届四中全会《决定》作说明时指出："大家一致认为，决定稿准确把握我国国家制度和国家治理体系的演进方向和规律，突出坚持和完善党的领导制度，抓住了国家治理的关键和根本；突出守正创新、开拓进取，彰显了中国特色社会主义基本制度自信；突出系统集成、协同高效，体现了强烈的问题导向和鲜明的实践特色。"在这里，"守正创新"正是贯穿国家治理体系和治理能力现代化全局的核心词。

（四）"守正创新"让中国正视世界，世界读懂中国

中国同世界的联系日益紧密，坚持"守正创新"依然是重要的法宝。习近平总书记提出了殷切希望："希望中国外文局以建局70周年为新的起点，把握时代大势，发扬优良传统，坚持守正创新……为中国走向世界、世界读懂中国作出新的更大的贡献。"处理国际关系也是这样。习近平总书记强调，历史的车轮滚滚向前。新时代推进中外关系，要继往开来、守正创新。

（五）"守正创新"让校园文化永葆生机和特色

对于新兴的文化产业，"守正创新"仍然是不可替代的关键词。职业技术学校的一切建设都要遵循教育的基本规律、职业教育的育人规律和产业发展的规律，这就是守正。以此为基础进行创新，只有在尊重规律、立足现实基础上的创新形成的特色，才能称之为是真正的特色。例如，吴忠市红寺堡区职业技术学校，研究立足于职业文化、道德文化、政治文化、本土文化的"守正"规律，链接移民文化、产业文化、感恩文化进行"创新"，形成了"尚德立本，多能立身"校训和"12235"发展思路（具体内容在后面谈及），改造相关产业、相关文化符号的外形创新为学校各专业的标识牌，塑铸特别的文化长廊，融道德、廉政、移民、红色、专业、学习文化于一体，形成了校本文化特色和校本专业文化特色。在下文中会列举和分析。

创新的方法很多，例如善于捕捉灵感、勇于接纳挑战、不断拓宽视野、接受刺激等，可以促进创造力。创新并不神秘，阻碍我们创新的与其说是天赋，不如说是错误的思想方法。

第三节　中职特色校园文化的内涵及功能

中等职业教育是一种类型教育，它具有大众性、实用性、社会性和职业导向性等特征，正是因为它是一种特殊的教育类型并承担特殊的教育使命，这就使校园文化也形成具有中职特色的校园文化。中等职业学校须在特色校园文化建设方面不断地探索。

一、中职特色校园文化的内涵

职业教育是与普通教育不同的另一种教育类型，它定位于为职业，培养的是技术技能型人才，其课程与教学也是另一种模式。职业教育与产业有着直接的联系，产业文化往往会渗入职业学校，从而对职业学校的校园文化产生直接的影响。

中职特色校园文化与学校的办学特色有着直接的关系。它是有中职学校特色发展的精神、物质、行为和组织管理的形式及其成果的总和，是中职学校教职员工、学生、家长和办学环境中行为和价值自觉，是中职学校教育与产业融合基础性发展的办学目标和育人策略的精神体系的表达。也正因为如此，中职学校特色校园文化的形成与学校的特色发展总是相伴的，特色校园文化要反映学校的办学特色。

通常来说，中职特色校园文化也分为精神文化、物质文化、制度文化和行为活动文化。精神文化包括中职学校的校训、校风、教风、学风和各部门的工作作风等，它是中职特色学校校园文化的核心，是中职学校全体成员所认同的“三观”总和；物质文化指中职学校内的实物，包括校园内的建筑物、设施设备、图书资料、学校特有的标志物等；制度文化指中职学校的各项规章制度，是用来维持学校正常运转、规范师生和其他工作人员的日常行为的机制。包括学校各部门各岗位的工作职责，学生守则、日常行为规范和其他与学校相关的一切规章制度。行为活动文化包括中职学校师生参与的所有活动如教学及其各种管理活动、文化艺术节、运动会、技能大赛等，它是校园活动蕴含的文化内容和精神气质的总和。中职特色校园文化可以体现在文化的某个方面，也可以体现在文化的整体中。

“中职特色校园文化”是指校园文化在形态、内容、功能等方面的与众不同，这一方面是相对于普通教育而言的不同，另一方面也是指一所中职学校的校园文化相对其他中职学校而言的不同。前一种情况是由职业高中与普通高中不同的教育性质所决定的，后一种情况则是与其他中职学校有不同的专业结构、区域环境和教育理念等有关。

二、中职特色校园文化的功能分析

中职学校特色校园文化是由中职学校的物质文化、精神文化、制度文化和行为文化组成的有机整体。前文对中职学校特色校园文化的内涵、定位及理论基础等进行了分析，接下来将着重分析其功能。中职学校特色校园文化有其价值功能，这也是为什么要加强特色校园文化培育的原因。

（一）中职特色校园文化的育人功能

校园文化具有浓郁的育人意义，育人功能是中职特色校园文化的本体功能。校园文化具有一种无形的教育力量，其文化氛围潜移默化地影响学生的思想观念，长期积累下来就会形成一种与校园文化一致或大致的价值观。何独明在其著作中分析了我国校园文化的相关发展情况，明确了校园文化对学生的重要作用，并从多个方面来论述了大学校园文化的育人功能。笔者认为该功能同样适用于中职学校。有人指出，校园文化对学生成长的作用可以这样概括，“与社会教化一脉相承的同化功能”“与课堂教学相辅相成的内化功能”“与技能教习互为表里的情感功能”。我们认为，教师和学生在有特色的校园文化环境中生活，不仅能获得精神上的需要和满足，还会从内心慢慢接受社会对个体的思想、政治和道德品质的要求，并且表现在行为上，有利于提高他们的政治觉悟和思想境界，使他们的人生态度端正；高尚的道德情操得以养成，体现他们的主体地位，可以较好地杜绝社会上不良风气的入侵。一个具有浓厚文化氛围的中职学校，能自发地形成一股浓郁的和谐风气，在这样积极向上、温馨和睦的环境中，学生能与同学相处融洽，与教师交流顺畅，师生相互合作，教师教学相长，共同进步，产生强烈的集体荣誉感和归属感。

校园文化是培养学生和发展学校的一条重要途径，要培养出优秀的中职学生和建成有特色的中职学校，校园文化必不可少。有学者把校园文化的价值描述为

“有利于实现文化的传播，有利于实现职业学校的教育目标，有利于学生发展”。可见，校园文化对培育学生的重要性。

育人，即培育人才。培育人才是一个复杂的过程，我们通常从德、智、体、美、劳等方面开展活动。其中德育是基础，是进行其他方面培养的前提。校园中的每一位师生，都浸润在校园文化中，德育等育人功能春风化雨般滋润着他们，使他们的情操得到陶冶、心灵得到净化、精神生活得以丰富，各方面都受到教育。这是校园文化实施德育功能的具体过程。

校园文化的育人功能就像春风化雨，润物无声，学生在日常活动中潜移默化地受到感染和熏陶。主要包括以下几个方面：

第一，中职特色校园文化有利于帮助学生树立正确的“三观”。校园文化具有积极向上的意蕴，校园的精神文化一般具有催人奋进、乐观向上、积极进取的内容，具有较强的教育导向作用。特别是学校的办学宗旨、“一训三风”等精神文化，学校通过建设制度、纳入课堂、融入环境等方式无时无刻不教育引导学生。另外，中职特色校园文化突出引导学生“学会做人、学会知识、学会生活、学会技能”的特点，注重对学生的职业理想、职业角色、职业道德等方面的培养。优秀的中职学校有较强的企业文化气息，引导学生树立自己的职业理想、培养良好的职业道德，努力使自己符合工作岗位的职责要求等。所以，校园文化特别是有特色的校园文化，将引导学生树立正确的世界观、价值观和人生观。

第二，中职特色校园文化有利于约束学生的行为。校园文化是一种软硬兼施的文化，除了营造积极向上的精神文化来引导学生向上向善，还建立了明确的中职生守则和日常行为规范等规章制度。学校的制度文化是校园文化中的“硬文化”，白纸黑字、毫不含糊地规定学生可以做什么、不可以做什么、什么时候该做什么，对学生的行为具有较强的约束作用。通过制度育人，培养学生养成良好的行为习惯是校园文化育人功能的主要体现。

第三，中职特色校园文化有利于陶冶学生的情操。校园文化的陶冶作用主要是通过校园环境来实现的。优美的校园环境，对学生的道德情感、审美和个性发展都具有潜移默化的陶冶作用。校园环境的建设有别于其他的环境建设，它通常是校园精神文化的影子，无论是校园建筑的分布、校园风光的设计、宣传阵地的布置还是文体设施的配备，都应该围绕学校的育人要求来建设。校园的环境特点应该是“会说话的墙”：在楼道可见的“上下楼梯，请靠右走”“请相互礼让”等温馨标语；在食堂可见“谁知盘中餐，粒粒皆辛苦”等珍惜粮食的提示标语；在教学楼可见“良好的行为习惯使人终身受益”“天才在于积累，聪明在于勤奋”等名言警句，都在时刻影响着学生的道德情感。另外，一步一景的优美校园环境也有利于陶冶学生的情操，特别是处于青春爱美年龄阶段的中职生，他们对美既有强烈的追求也容易受到身边美好事物的影响。合理规范的校园布局、干净优美的校园环境、和谐文明的校园氛围是校园文化育人的重要体现。

第四，中职特色校园文化有利于激励学生。校园活动是校园文化的一种重要呈现方式，学生参加校园活动是必不可少的，所以通过校园活动对学生进行激励就是用校园文化激励学生。大部分中职学生学习成绩不好，很多学生感到无助、自卑。但是，每个学生都是我们祖国的未来，每个学生身上都有各自的闪光点，只是缺少发现的眼睛。校园活动的策划和实施过程由学校控制，可以根据不同学生的特点策划校园活动，适当放宽激励范围，让付出努力的同学都能得到相应的激励。作为中职教育工作者，我们应当努力通过各种途径发现学生的闪光点，通过各式各样的校园活动把它激发出来，帮助中职学生增强自信。

（二）中职特色校园文化的范式功能

1. 中职特色校园文化的导向作用

每一个集体都有制约其成员思想行为和生活方式的相关内容，在学校里，校园文化便是校园里的主体必须遵从的一种客观存在的力量。人们对这种力量在不同的阶段有不同的理解，但是一旦形成意识，就具有重要的导向作用，指引着学生们成长和学习。学校里的培养目标、校训和校风等精神文化就是重要的体现。

2. 中职特色校园文化的榜样作用

榜样在我们日常生活中是一个很常见的词语，不管在哪个集体都有可供成员们学习的榜样。在中职学校里，能成为学生学习榜样的主要是教师。榜样的作用主要在于营造一种良好的学习生活氛围，给学生确立模仿的对象、模仿的内容就是特色校园文化的相关内容，从思想道德、个人修养、学习生活方式到个人“三观”等，这些内容对学校学生产生重要作用，甚至影响终身。另外，学校里的历史名人雕像、宣传标语、书画作品等都会对他们产生潜移默化的榜样作用。校园文化的主体中优秀人物也包括优秀学生和其他优秀工作人员。

3. 中职特色校园文化的规范作用

文化具有规范作用，也就是对这一文化中成员有某种规范和约束的作用，这是一种无形的软约束。规范作用有时表现为一种凝聚力。首先是学校的制度文化，学校的规章制度制约着全体师生的行为，什么时间到什么地方做什么事情，就是一种凝聚力的表现。其次是学校的精神文化，学生和教师在学校里是一个集体，一个有着相同目标的集体，他们无疑会把集体利益作为奋斗的目标，共同完成集体的事情，这也是一种凝聚力的表现。还有就是物质文化，校园环境等物质文化可以体现出一个学校的形象，这些形象有时可以用端庄、大方和严谨等词语形容，在这样的校园环境里可以给人一种无形的约束，会不自觉地按照环境的形象来要求自身，这还是一种凝聚力的表现，更是一种规范作用的表现。

4. 中职特色校园文化的塑造作用

人创造了文化，文化反过来塑造人，这是一个文化哲学的命题。简言之，就是人们所说的“文化育人”。校园文化是充满激情和活力的青年学生展示个性的平台，融入其中的学生可以锻炼社交能力、创造能力、自主能力和组织管理能力，使他们的想象力、创造力得到最大限度的发挥，尽情地表现个性和发挥潜能。这样不仅能让学生感受到自己在大环境中的主体地位，形成要适应大环境发展要求的心理状态，还能调整知识结构、拓宽知识面、更好地控制不良情绪、培养独立的意识，最终帮助学生把良好的行为习惯、有用的知识体系和良好的心理状态长期保持下去，最后转化为自己的价值体系。这样就能促使学生形成良好的世界观和实现人格的初步成熟。可以看出，校园文化在青少年成长中默默地发挥着重要作用。

（三）中职特色校园文化的学校发展功能

中职特色校园文化能够促进学校的内涵发展，这是中职特色校园文化的基本功能。校园文化是一种个性文化，是区别于其他集体的核心元素，是学校形象的代表和生命的象征，其主体是学生。校园文化是学校历届师生通过校园活动不断传承与发展形成的，是学校的重要财富。校园文化随着时间和年代的变迁会有不同的含义，它是一个动态的、发展的系统。校园文化建设是学校发展的重要保证。

第一，校园文化是一所学校的重要组成部分。校园文化是学校全体师生共同创造的财富，是学校不可分割的重要部分。它包括物质文化、精神文化和制度文化等方面内容，这几方面内容的全面、和谐发展是促进学校发展的重要因素。有学者指出："学校文化建设中的瓶颈问题是加强管理制度文化建设，对学校进行管理诊断"。在此，特别说明一下学校制度及制度文化。学校制度是校园文化的重要组成部分，学校制度是学校组织对内部各类成员的一种行为的规范和规定，不同的出发点，会有不同的规定从而形成了不同的制度文化。制度文化是学校的文化根基，是作为一种制度的学校组织的基本构成要素，包括学校教育目标、课程、课时表、教科书与教材等，它们集中体现了社会对于新生代必须习得的文化内容、文化价值的要求。每一所学校都有用于规范师生行为的制度，以保障教育教学目标的实现。在新课改标准下，传统的学校文化制度可能不适用于当下的校园文化建设，因而要提升学校办学实力和促进学校发展，就需要有一定文化内涵的管理制度与之相适应。这也是制度文化的协调发展。

第二，校园文化是发展学校的根基。学校文化不能定论为只是为了办学需要而凭空想出来的理念，为了管理而制定的规章制度，为了美观而建设的校园环境，它应该是一个学校长远发展的根基和土壤。校园文化是塑造和培养学生的纲要，是师生的精神所聚，也是学校的灵魂所在，既为学校健康发展指明了方向，也为发展动力提供了源泉。如果一所学校没有校园文化，便不能算是一所合格的学校，如果一所学校没有适合自身发展的特色校园文化，也不会有长远的发展。所以，加强特色校园文化的建设不仅有利于建设和谐校园，促进在校师生关系的健康发展，更为发展学校、提高办学实力和学校竞争力夯实了基础。

第三，校园文化是提升学校品质的重要途径。中职学校想要提升学校品质促进学校发展，不是单凭盖几栋"高大上"的教学楼、抓好课堂和教学、抓好招生就业就可以了。提升学校品质、促进学校发展更要注重校园文化的建设，从办学理念、管理制度、校园环境、校园活动等系统规划到全面落实都要严管细抓。校园文化建设归根结底是营造一种氛围，一种能影响师生、影响学校发展的氛围，以陶冶学生的情操，构筑健康的人格，全面提升学生的素养。一所学校的品质是一代师生的品位，高素质的师生创造有品质的学校，特色的校园文化，影响着全校师生的素质。因此，校园文化在实现培养目标过程中的重要作用决定着它不是单靠学校内部某一部门努力就能收到成效的，它与学校各方面工作都有关系。要树立校园文化共建设的良好意识，上至各级领导下至每个师生员工都要重视和参与校园文化建设活动。

第四，特色校园文化是评价学校综合实力的重要指标。我们评价一所学校是否有发展，综合实力是否强，其中校园特色就是重要指标之一。因为特色校园文化是学校在建设和发展过程中全力营造形成的、为全体师生所认同的校园精神和物质形态，是学校办学水平和文明程度的主要标志。一所学校的发展很大程度取决于校园文化是否合理优秀，一所学校的综合实力是否强大某种程度上就体现在是否具有特色校园文化。同样，一所中职学校的校园氛围是否和谐、学生综合素质是否良好，都与校园文化有着直接的联系，优秀的特色校园文化能营造良好的校园氛围，培养出德智体美劳全面发展的学生。校园文化塑造着学校形象，学校形象是学校文化的外显形态。

（四）中职特色校园文化的文化创新功能

特色校园文化在某种程度上就是一种校园文化的创新，这对繁荣中职学校的校园文化具有现实意义。中职学校的校园文化的繁荣与发展需要各中职学校在实践中进行多样化的探索，也在呼唤更多、更有特色的校园文化。

中职学校学生文明风采活动目前已经成了一项国家级的常设性活动，2019年教育部职业与成人教育司发布的《关于开展好 2019—2020 学年中等职业学校“文明风采”活动的通知》强调，“鼓励各地各校结合地域文化、专业特点等，开展中等职业学校‘文明风采’活动……坚持活动育人、实践育人、以文化人，将中等职业学校‘文明风采’活动纳入学校整体德育工作中。”这类活动对中职学校创新校园文化也是一个重要导向。

从更加广义的角度来看，校园文化是文化中不可分割的一部分。创新是民族进步的灵魂，创新是文化先进性的体现，创新是国家兴旺发达的不竭动力。传承和发展文化也是中职学校的职责，创新文化同时是中职学校的崇高使命。中职特色校园文化作为校园文化大家庭的一员，也必传承优秀的传统文化，吸取先进文化的精华，为推动发展先进文化提供可持续的新生动力。

总之，人的发展与文化发展是互为前提和基础的，人的发展为文化发展提供了主体支持；反过来，文化发展是人的发展的前提条件。人是用文化武装起来的自觉主体；离开了文化，人就不能成为自觉主体。因此，人的发展与文化发展是辩证统一的。中职校园文化具有强大的育人功能，通过价值观的导向、制度规范、环境的陶冶及活动的锻炼，引导“接班人”传承先进文化和吸收文化精髓，他们一方面在接受特色校园文化的熏陶，另一方面又在熏陶中自觉地进行校园文化的创新。中职校园文化培育出来的一批批“接班人”离开学校走向社会，参与社会生产，同时也会带着校园特色文化的烙印去参与社会生活，参与文化创新，成为文化创新发展的“助推器”。

第四节　中职特色校园文化守正创新的逻辑思维

一、中职特色校园文化守正创新的哲学思考

“守正创新”具有历史和理论渊源，又具有通过哲学的认识对现实进行指导作用。我重点从哲学认知方面谈谈中职特色校园文化的“守正创新”。作为一个哲学命题，“守正创新”与“实事求是”“解放思想”等一样，具有重要的哲学意义。

中职特色校园文化“守正创新”是继承传统和创新创造的辩证统一。校园文化“守正”即尊重规律、遵守制度、坚守正义；校园文化“创新”即创物质、精神、制度、行为文化之新。中职特色校园文化的“守正”是“创新”的根本、依据，“创新”是“守正”的发展、与时俱进的表现；脱离了对传统继承的创新就是无源之水、无稽之谈，同样没有创新的守正，校园文化就死气沉沉、没有发展。因此，校园文化的守正创新是继承传统与创造创新的辩证统一，是职业文化遵循当代中国马克思主义基本原理的重要体现。

中职特色校园文化“守正创新”是普遍性与特殊性的辩证统一。无论如何“守正创新”，始终是回答“共性与个性”即矛盾的普遍性和特殊性的关系。校园文化就是校园的文化而不是家庭的或者其他的文化，具有学校教书育人文化的一

般规律和一般运行原理。校园文化的“守正”，守文化之正、规律之正、理论之正、制度之正，就是把握校园文化的共性即普遍性。一个学校因历史、地域、团队以及承担的使命等的不同而具有的个性，职业学校较之普通基础教育学校亦如此。中职特色校园文化的“创新”，创内容之新、形式之新、制度之新、行为之新，就是体现校园文化的个性即特殊性。守正创新本质上是解决共性和个性、普遍性和特殊性的矛盾关系，这也是新时代中国特色的职业文化发展和实现马克思主义中国化的具体要求。

吴忠市红寺堡区职业技术学校在追求办学特色的过程中，逐渐形成特色校园文化。例如农学专业，我们提出把学校办成现代科技农业“13122培训小镇”的思路，在此基础上形成“培训小镇”文化。“培训小镇”即现代科技农业的智能化、人文化的培训基地，这是包含地理意义但并不完全是地理意义上的概念，贯穿了红寺堡区委政府的“以城带乡、城乡融合新格局”的理念。我们既守职业教育的职业文化、道德文化和市场文化、道德文化之“正”，又“创”本校以农学专业为优势的专业文化建设之“新”，在此思路的基础上开展校园兴农文化活动系列。中职特色校园文化既继承传统又创新创造，达到二者的辩证统一；既遵循学校文化的普遍性又突出校本文化和专业文化的特殊性，达到二者的辩证统一。

二、中职特色系统文化的守正创新

系统文化是人与自然、人与人、人与社会和谐的文化。作为学校也需要建设系统的生态文化，不仅处理好人和自然和谐关系的生态文化，而且要建立人和人、个体和思维的和谐关系，用生态学的基本观点去观察现实事物、解释现实社会、处理现实问题，运用科学的态度去认识生态学的研究途径和基本观点，建立科学的生态思维理论。中职学校的系统文化主要包括环境文化、社团文化和创业文化等。下面从这几方面谈谈如何在建设系统文化的过程中，提升中职师生的生态文明素养。

（一）环境文化：人与自然的和谐共处，提升道德素养

学校环境是校园文化的一个重要的自然的物质载体，环境文化也是学校生态文明系统的重要组成部分。在中职学校的教育教学中，环境文化是能够亲眼见到、

亲身体验的显性文化，读懂环境文化，潜移默化地被所涵养的道德因素所感染、受鼓舞。因此，环境文化也是中职人在社会系统中的生态文化之一。

下面谈谈以环境文化提升道德素养的几点看法。

先分析本校的做法：学校环境建设的总思路是在校园总体规划的基础上，体现办学理念、学校精神和移民地区的实情，三季有花，四季见绿，富有育人意义；选择宁南八县的代表性树种（栽植在公园内、挂牌），草坪要适应本地气候和自然特点。并配以有教育意义的雕塑系列、展牌系列及花木造型和小桥流水。校园内的“五园五路”，“五园”与“五维”公民对应。学校一进门就是“道德银行”和榜样人物牌，模仿银行的外形内设道德刷卡积分机，还有道德品行公示栏；知行路属于学校主路，学生一踏上这条路就明白自己该怎么做；“清风景行”墙布置有社会主义核心价值观、党的十八大以来国家职业教育的大事记、习近平总书记的讲话选摘、世界和中国职业教育的发展、本校建校以来的各项活动等内容，也是德育的一部分；“知行路”对应已经绿化的“感恩园”，感恩党和人民、感恩教师、感恩身边的每个人。

由此，我们对作为学校生态文明之一的环境文化提高师生的道德素养作如下思考：

坚持生态德育的理念，要求我们将人与自然、人与社会、人与人之间和谐共生、良性循环、和美共存、持续繁荣的基本宗旨和价值理念作为德育的工作信念和行为准则。实践过程中进一步强化生态文明意识，确立生态文明观念，养成生态文明行为。坚持和谐德育的理念，不仅要求我们在教育价值取向上注重人与自然、人与社会、人与人之间和谐共生，全面发展，而且在生态文明素质教育过程中注重理论与实践之间，学校教育各个部门之间，学校教育与社会教育、家庭教育之间的协调一致，从而形成有机的德育合力。从一定意义上讲，确立生态文明素质教育与德育一体化的教育理念，能够更好地体现德育的本质要求，完善德育的系统结构，充实德育的培养目标，丰富德育的实践内涵，从而有助于进一步增强德育的文化功能，最终实现学校德育服务社会和促进人的全面发展的价值。

中职学校德育要发挥其文化功能，更好地完成对学生价值引导和人格塑造，就必须注重德育过程的情境性。中职学校应注重营造包括校园生态文化环境建设、和谐师生人际关系形成在内的校内生态文明的教育情景。同时，要重视校外生态系统文明教育基地建设，引导学生走进社会、贴近自然，使学生在生动丰富的生态文明物质环境中接受熏陶、提高认识。要注意结合校内和社会不同的生态文明教育情景，开展不同主题的教育活动，使生态文明教育情景蕴含的育人价值更加充分有效地体现。

（二）社团文化：人与人和谐共处，提升文化素养

学校社团是校园文化重要的精神活动载体，社团文化是学校生态文明的重要组成部分。在中职学校的教育教学中，社团是学生素质培养的重要平台，要重视学校社团活动，提升人的文化素养，促进学生全面、健康成长。因此，社团文化也是中职系统文化之一。

下面结合实际，从社团的表层文化、中层文化、内核文化三个方面谈谈学校社团文化对师生提升文化素养的作用。

首先，社团文化在提升文化素养的活动形式方面，即表层文化。立足于学校的实际情况和中职学生的兴趣爱好、个性特点、知识基础等，以培养学生的兴趣爱好为目标，组建了三十多个社团组织，鼓励学生有意识地去选择自己感兴趣的社团，鼓励学生积极参加社团开展的各项活动，帮助学生发现自身存在的闪光点，丰富多彩的活动可称之为社团文化的表层文化。比如阅读是学校教育的基本途径，是一种长期的、日积月累的、潜移默化的精神活动，通过开展读书社团活动，可以促进学生的全面发展，营造内涵丰富、特色鲜明的书香文化氛围，还可以陶冶学生的情操，开阔学生的知识面。汇聚校园里所有的阅读爱好者，通过社团搭建的平台，为同学们提供学习和交流的机会，彰显青春个性，丰富业余生活。

其次，社团文化在提升文化素养的效率方面，即中层文化。成员在参加社团活动的过程中，不断完善自己的知识结构，培养了自己良好的兴趣爱好，同时充分展示了自己的特长。通过形式多样、内容丰富的社团活动，学生发现了自己的爱好和特长，调动了参与活动的主动性和积极性，充分发挥了自我的创造性。育人效率也称之为中层文化。如，电子商务专业 ERPERP 实物沙盘和电子沙盘模拟，让学生模拟企业经营实践，通过自我训练、模拟角色、团队合作，运用战略、

市场、财务、生产及物流知识。一是能够锻炼学生管理和逻辑思维能力，加强团队合作；二是通过模拟企业经营管理，掌握专业技能知识；三是为技能升级做准备，训练学生参加技能大赛的专业能力和心理素质。在活动中也很好地锻炼学生的身体素质，培养学生的竞争意识、合作意识，培养学生的集体荣誉感和坚强的毅力，促进学生综合素质的全面发展。

再次，社团文化在提升文化素养的潜能和应用方面，即内层文化。加强社团活动与社会生活的紧密联系，在学校的日常教育教学中，教师重视对社团活动的指导。在各种社团活动中，涉及政治、文化、军事、经济、历史、艺术等内容，建立校社团总体发展规划，明确育人目标，用制度来规范和保障学生社团发展，并充分调动整合可利用资源，为社团活动开展提供平台。潜能和应用可称之为社团的内层文化。例如，学校的广告制作社团，制作社教会学生运用所学的设计知识制作各种广告、展板以及书签，制作了毕业生伴手礼，里面有留作纪念的毕业信物，有寄予了满满希望的纪念书签，还有每个人专属的名字挂件。这样，学生在教师指导下对图像进行处理综合训练，能培养学生综合运用理论知识分析和解决实际问题的能力，实现由理论知识向操作技能的转化，通过 PS 课程的学习，学生对广告制作会越来越感兴趣。

学校的社团活动只有回归到真实生活中去，才能贴近学生的发展需要。在中职学校的社团活动中，要积极创造学生社团与社会生活联系的机会，开拓学生社团与社会交流、不同学生社团之间沟通的渠道，根据学校和学生的实际情况，结合所在地区的情况，把社团推向社会，来不断充实学生社团的内涵，让学生社团实现从学校走向社会、服务社会的目标。当学生处于其感兴趣的环境中时，更能激起学生探索的欲望，更易于学生进行探索，并把他们探索的成果加以应用，从而引发学生进一步深入探究与不断学习，这有利于学生展现很多平时隐藏着的潜能。

（三）创业文化：人与社会和谐共处，提升匠心素养

对于职业学校来说，创业可以拓宽就业渠道，增强中职学校的社会吸引力，缓解毕业生就业压力，提高中职生综合素质水平及适应社会发展的创新意识与能力。因此，创业文化也是中职系统文化之一。

下面列举吴忠市红寺堡区职业技术学校的一个案例，谈谈构建中职学校的创业文化，培养中职学生的创业素质和匠心素养的途径。

2018级计算机1班小杨同学谈创业感受

小杨同学毕业于2021年，半年实习后没有再升学，就直接创业。他在谈创业的感受中提到，之前我是我们班个子最小的男生，也是最调皮捣蛋、不服管教的学生，上课搞小动作，不听老师的话，要去实习的时候，还担心实习的活重干不下去。但是，去创业基地实习之后，发现我这个“小男生”真的很有毅力，出色地完成了实习任务，并且在创业基地实习之后直接到外地创业。

指导教师说，由于实习和创业远离学校、家乡，他与在青岛海信日立实习的同学产生一种别样的亲情，如同一家人一样互相扶持、互相尊重、互相鼓励。实习和创业教会了他把团队利益放在首位，教会了他团结、友善，为同学提供了有效的帮助，同时他的性格脾气得到了很好的磨炼。

经过一年多的创业锻炼，小杨同学成长了许多，遇见事情也不会跟以前一样没有开始就要放弃，还改掉了眼高手低的毛病，变得有始有终，知道从基础做起，从小事做起，学会了责任与担当，成了一个真正的男子汉。

从以上创业的实际案例中我们可以看出，引导学生创业形成丰富的创业文化，是创业的根基。

首先，建设学校创业文化，要引导中职生转变陈旧的就业观念。中职生总是存在着一种观念：毕业后我首选升学，我自己的能力有限，创业会失败，不如等学校介绍工作。这种认识需要在创业教育中逐渐改变。通过创业案例的分析、创业成功人士的讲座，树立创业者在中职生中的光辉形象，使学生认识到创业者是英才，是后天在艰苦的环境中锻炼成长的。从而使中职生认识到加强创业素质培养的重要性，认识到这对于他们以后走向社会为自己开辟一片天地是十分必要的，应该牢固树立创业教育的“持久战”观念。而目前各个职业学校都在“摸着石头过河”，在摸索中改革和前进，前进的过程中难免遇到困难甚至失败，但是坚持到底的教育者们一定会在摸索中取得进步，走向成功的彼岸。

其次，建设学校创业文化，构建有利于学生创业素质培养的课程模块。创业教育的目标是开发和提高学生创业基本素质和创业综合能力，这就是匠心精神。要实现这个目标，就必须构建合理的有利于学生创业素质培养的创业教育课程模块。例如人际沟通模块、投资理财模块、国学经典模块、创业法规模块、经营战略模块、艺术审美模块、网络技术模块、心理保健模块、生态环保模块、极限拓展模块等，每个模块都要总结学科知识的精华和内在联系，学生可根据自己的兴趣选择模块，这样就满足了学生对创业知识储备的个性化需求。

再次，建设学校创业文化，加强校企合作，建立创业实训基地模拟训练。开展校企合作，建立校企之间良好有效的合作机制，是当前职业学校发展的趋势，也是提高学生创业素质和匠心素养的一个途径。通过校企合作，学生可以在企业生产一线进行锻炼，一方面学生有机会参与到企业设计、生产、品控、管理的各个环节，可以进一步增强对相关行业、新技术、新工艺的了解和认识，学到课堂上学不到的知识和技术。另一方面可以在一线生产经营中检验所学知识的实用性，有计划地安排一系列的模拟训练模块，实施技能等级的考评，对学生今后创业有着很大的帮助。这样，学生就能体会到企业的经营理念、创新思想和初步的创新能力和素养，展现才华，提高就业竞争力，实现职业生涯的规划，创造和实现自我价值。

三、中职特色区域文化的守正创新

中职学校分布具有一定的区域性，学校的专业设置往往是贴近本地区的产业，承载着为区域经济发展服务的重大历史使命，选择与区域经济同步发展的办学路径，造就了校园文化建设的社会服务方向与水平。

中职学校特色区域文化构建的过程，就是将区域特色与中职校园文化相融合的过程。从学校定位、专业设置、人培方案与文化构建上实现学校与地方特色完美结合角度构建具有当地区域特色的校园文化。区域不同所具有的文化特色也各不相同。中职学校作为区域中具有“特殊”师资力量的教育机构，在专业技术研究上具有较为厚实的研究力量。对于当地的特色文化遗产，在探究的同时务必给予保护，吸取其文化精髓与中职学校的校园文化相融合，促进特色校园文化的建设。

（一）以具有地方特色的中职教育发展区域特色文化

我国地域辽阔，不同区域具有丰富的文化形式，中职学生需要学会对不同区域自然山水、人文建筑、风土人情、历史文化进行介绍，可以根据不同区域文化指导学生全面认知，以便充分利用区域文化资源达到良好教学效果。教育中职学生，要想在未来工作中受到欢迎，需充分调查了解区域文化，并进行以具有语言艺术特色的加工，在实践中根据服务对象的意见不断发展与改善，才能构建具有地方特色的中职教育，发展区域特色文化。

（二）区域特色文化要与其专业文化相协调

构建中职校园特色文化主要来自对区域产业需求的理解和对专业如何贴近产业的理解，进而形成具有区域性特色的校园文化。

中等职业教育虽然本质上应该以学生相关专业知识技能为主要学习内容，但是不能忽视其他基础知识教育对专业知识学习所产生的正面教学意义。目前来看，素质教育的呼声日渐高涨，对于中职学生的素质提高具有不可忽视的作用。一方面，引导学生理解当地的人文、社会、产业和市场的特征，以及对传统文化的把握，提炼其项目、原理、步骤、操作办法以及由哪些人来合作完成等要点，形成感性认知；另一方面，设置专业和选择课程内容的时候，要把前期研究“提炼的要点”纳入选择课程的标准、校本教材开发和课内外教育教学的范畴之中。例如，对于老年人服务与管理专业的区域文化的语文教学，纳入我国具有悠久的尊老爱幼的传统，有许多与老年人的生活习惯相关的诗文，我国中医文化、饮食文化和文体艺术中蕴含着丰富的教育资源，可以与中职老年人服务与管理类学生教育相结合。因此，在安排语文校本内容时加入尊老爱老思想、诗文教学、饮食文化教学具有必要性，且通过实地模拟训练切实提升专业素养。

（三）注重区域文化的构建与提高就业能力相结合

学校通过区域文化的构建，能够让学生在校就读期间，多方面了解地方特点、地方经济和企业创立的情况，熟悉市场文化，提前适应生活环境和工作环境，以毕业后更顺利地走向社会就业和发展。学生不能只顾探索新知识而忘记身边更为熟悉的地域特点，不能因为对部分区域较为熟悉就忽视进一步调查。这就需要学生具有相关调研分析能力和考辨能力，在学习中发现问题，促进学生学会利用所学知识与区域文化相结合，需要帮助学生通过学习进一步了解。作为未来从业人员，需要时刻以第一次实地调查的态度来面对，自己多提出问题，尝试解决问题，提高自身预备就业的水平。

四、中职特色主体文化的守正创新

学校文化包括广泛的内容，但其主体文化始终是教学文化。教学文化是一种教学关系的文化，它通过一定的活动建立课堂内外的师生、生生、家校之间的关系，营造了教学主体与环境之间的关系，反映教学情境中时代变迁与教学者和学习者的关系；教学文化是一种显性与隐性交融的文化，它在传道、授业、解惑的同时，也传承、改造或创新了其特有的文化。因此，教学文化是一种教学传统、思维方式、价值观念和行为习惯的类型或范式，是教学背景下师生的课堂生活方式。教学文化是师生教学实践赖以展开的前提、背景和氛围。

以下从中职学校教学文化的核心、实施传播的保证、人本内涵得以发掘和延伸的载体、效度检验四个方面谈谈构建教学文化的途径。

（一）课堂文化是中职学校文化的核心

一般来说，文化往往被理解为与相对稳定的环境有关的生活方式。而教学实践常常是在一个相对固定的环境下进行的，这个环境我们称为课堂。而课堂是由一定数量的师生组成的，有一定的课堂风气和氛围，各人之间构成了一定的社会关系以及相互接纳的情感和把自己融入这个集体当中的意愿。因此，课堂本身也是一种营造班级文化的环境，在这个环境中，每个成员都扮演一定的角色，遵守一定的规范，确立共同追求的愿景，形成一定相互影响的氛围。这种氛围也许是看不见摸不着的东西，但经过这种氛围浸润的学生，会受这种课堂氛围影响形成本色，因为这种课堂实际上就是一种文化、一种传统，或多或少在学生心中打下烙印，教学的力量主要是通过这种环境或氛围而改变学生的。

只有在课堂环境里，教学活动才能开展，教师才能安排一定的方式，分配活动的角色和责任，制定恰当的规则，利用教学资源和教具。诚然，课堂组织就是一种文化的体现：如何摆放桌椅，采用什么样的教学方式，如何使用课程资源和教学方法，等等。不仅反映一个民族、一个地方的教学特色，也反映了某个教师自己的教学理念和个人风格。如教室里的桌椅究竟是秧田式排列，还是按照马蹄形、新月形、方形、圆形、模块形排列，可能取决于一个地方的传统，也可能有赖于教师的教学观念。

可见，课堂文化是教学文化的核心，它是师生教学实践赖以展开的前提、背景和氛围。

（二）中职学校的专业文化是主体文化实施的有力保障

从学生发展角度出发，教学内容中加入企业相关文化，将岗位知识带入课程标准中，从实践角度来设计课程，用不同的方式构建真实的工作场景，让学生在学习中感受工作状态。依据目前社会发展的趋势，引进更多的专业课程，结合此课程在社会行业中的应用与发展，制订此专业课程的应用设置，以就业为目的，对学生进行专业素质培养。在专业课程设置中，以这一专业的职业理念建设并发展专业文化，提高学生的专业技能，保证人才的质量，促进中职学校特色校园文化建设，为社会提供源源不断的专业人才。

一个好的专业文化就是好的教学文化，意味着给予教学者和学习者积极的期望、热情、鼓励、责任感、认同、肯定、成功的机会，以及促使他们萌生生生不息的创意；意味着帮助学生发展积极的学习态度、价值观和自我概念。而不良的专业文化就会产生不良的教学文化，会使教学者提不起教学的兴趣和激情，体验到的不是教育的成功、智慧和幸福，而是无奈、艰辛和挫折；使学生体会到的不是求知的乐趣、成功的喜悦和关爱的情怀，而是学习的枯燥、无味、痛苦、自卑和失望。

（三）发掘和延伸教学活动中的主体文化内涵

教学是师生双边或多边的课堂实践活动，而这种活动体现着的不仅是一种信息的传递、知识的增长、认知的进步和能力的提高，且是一种情感的陶冶与态度、价值观和信念的影响。不同的信念、态度和价值观，其课堂活动可以完全不一样。因此，教学文化不应该用同一的视角和观点来思考，而应该扎根于师生的活动和从属于这个课堂中的集体文化。教学文化与具体课堂实践活动是分不开的，因为无论是教师还是学生，需要对自己所要完成的任务有充分的理解，同时又必须通过自己所要扮演的角色表现其文化的差异，而这种差异往往又是与颇具特色的具体教学活动联系在一起的。例如，以教师为中心的课堂活动与以学生为中心的课堂活动就表现出不同的教学文化：以学生为中心的教学文化强调学生把自己的知识、技能、态度、情感、价值观带进课堂，并获得大家的关注和认同；而教师需要有意识地了解学生的家庭、社区文化、学生常用的语言等，并把这些信息结合到教学中（如讲述他们的故事并设法与教学内容结合起来）。

教学活动中，学生的叙述和争论不仅具有科学内涵，也有社会内涵。前者反映出学生所提供论据支持他们的论点，后者则说明学生把自己作为某特定群体中的人来讨论（如有道德的、值得信赖的、诚实的等）。因此，教师要意识到：学生从上学的那一天起，就把自己的需要、经验、信念、理解、思维方式、为人处世习惯以及其他文化特征带到课堂，并且在课堂学习活动中不断建构赋予自己意义的文化。

教学文化是在教学主体活动的面对面中习得的，在无意中学会的，在交流中形成的，如教学语言、行为、习惯的形成等。因此，我们是用学得的方式掌握语言还是习得方式掌握语言，会形成不同的文化风格，自然教学效果也就大不一样，如习得的语言更方便灵活运用，而学得的语言更有利于考试。因此，以学生为中心的教学活动与以知识为中心的教学活动各自演绎着不同的教学文化，以学生为中心的教学文化虽然可以培养学生的探究精神、合作意识、归纳推理和解决问题的能力，但并不一定有助于学生获得立足社会的知识和技能，而这些知识和技能的掌握还得有赖于以知识为中心的教学活动。后者不仅为了教给学生一套基本的普适性知识和通用型技能，而且为他们将来具有成功者或专家型的思维方式和解决问题能力奠定基础。因此，这种教学文化的作用在于让学生学习一套组织得很好的知识，有助于他们在今后的学习和工作中有条不紊地思考和解决问题。

（四）技能文化是主体文化效度的检验

中职学校致力于培养集生产、管理及专业等于一体的实用性技能人才。这就需要学生不仅掌握所学专业的理论知识，还应具有相应专业岗位的实践操作技能和管理能力，可以将理论技术应用到现实操作中，进行现场实施，解决工作中的实际问题，还要善于利用资源对设备、产品进行不断改进。换言之，就是中职学校所培养出来的毕业生，必须是具有专业的理论知识、实践操作技能、组织协调的实用型人才，这就是中职生必备的技能文化。

职业教育不单是一种传授知识的形式，也是人才培养的另类产业。每个学校都具有自己的特色，有能够呈现学校自身优势的特色专业，以企业的优势专业作为品牌效应，吸引社会对其的需求和兴趣。学校特色专业建设的进程需要参照当地经济发展状况以及对人才需求的态势，研究社会经济、科学文化等发展的方向来进行。它的发展必须与教育规律和市场发展相协调，在中职学校的教育进程中，所培养的人才是服务于社会的，人才质量的高下需要社会和企业来检验、评价。中职特色专业的建设要根据社会对专业人才的需求和潜在人员数量的需求来安排和规划。因此，要想构建特色专业，首先需要进行多方面的广泛调查，从社会、产业及岗位发展等背景上进行分析，进而打造特色的高技能文化的人才。

中职学校技能文化以技能的学习和掌握为基础，将职业特征、职业道德、职业理想、职业态度、职业价值观以及职业人文素质融入其中，将企业文化与校园文化对接，形成良好的文化氛围，使学生在熏陶中提升自身职业素养，提高自身竞争力。现阶段，中职学校流行“技能大赛”“以赛促学”的技能文化，各种专业通过积极整合和挖掘各类资源，以国际、国内、省市内、校内的各种专业技能大赛为契机，设计营造一个真实的职场情境和项目情景，组织学生积极参与到大赛中来，帮助学生全面体验行业文化魅力。通过大赛的熏陶与锻炼，学生的职业能力和职业素养以及职业认同感，在短时间内都得到有效提升，学生的就业兴趣和就业质量也不断得到提高。技能大赛成为提升职业能力、培养职业认同、实施文化育人的重要平台。

第五节　中职特色多元文化体系及其守正创新

中职学校的校园文化本身就是立足于职业文化的基础上，传承与发展本土文化、道德文化、政治文化、专业文化、企业文化等要素文化，构建以职业文化为核心的全方位网格化体系。

因此，我们在校园文化建设中，首先，要为了培养现代职业普遍所必备的职业道德、职业情感、职业责任、职业纪律以及职业礼仪而布局谋篇，并以此为框架“织网”，传承与发展其他要素文化有了定位与基础。其次，要深耕文化的沃土，挖掘各要素文化的内涵和外在要求，以多元育人的系统思维守正创新，充分发挥独有又有联系的功能，构建校园文化建设的网格体系，突出多元文化交互的系统的育人特色，结合实际在系统中守正创新。

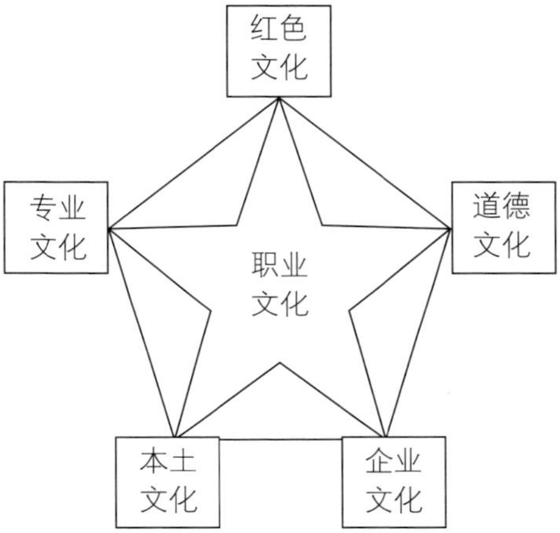

图1-2　职业学校的校园文化体系网格图

一、职业文化

按照权威的解释，“职业文化”概念有广义与狭义之分。狭义概念经常被用于某一具体职业，如教师、医务人员的职业文化等。广义的“职业文化”指在多种现代性职业中形成的具有普适意义的文化。这种涵盖大部分现代性职业文化的形成至少基于以下三点：其一，现代性的职业有共同的经济制度、政治制度与社会文化基础；其二，现代职业有别于传统行业的高度一致性；其三，全球化使现代制度跨越政治与国度边界，具有普适意义的职业文化最基本的内容应是职业社会与职业单位的制度、习俗与道德，具体包括职业道德、职业精神、职业纪律和职业礼仪等。

（一）职业文化的作用和意义

职业文化首先是对广大师生员工的教育功能，对家长、社区、企业和行业的集中教育和辐射功能。在制定职业文化目标时，把员工个人目标蕴含其中，能够使职业道德内化为员工的价值观、行为准则，让员工感受到工作的价值和人生的意义，使员工在潜移默化中接受共同的价值观和目标。

职业文化使职业教育者和受教育者实现内心的成长和精神的强大。职业文化通过特有的规范体系，使人们认识到在特定的职业位置上所应享有的权利和应尽的义务，从而形成人的社会角色意识，使个人的活动与社会的要求协调一致。例如学校的教师观：相信人人有才，能够德才并举；既主动“抱团取暖”，又积极“拾柴供暖”。这样的职业文化观能使信念在员工心中形成定力，形成心理自治理机制，削弱心理抵抗力，从而产生更强大、深刻、持久的约束效果。

职业文化的共同价值取向，能够激发员工搞好本职工作。职业文化形成的过程是使员工形成共同价值观的过程，在组织中形成人人受重视、受尊重的文化氛围。这种氛围让员工心理和精神得到了满足，一旦他们心理上得到满足，他们的内在动机又会转换为外在的搞好职业文化建设的行动，为职业文化多做贡献，形成强烈的使命感、持久的驱动力，并自觉树立主人翁责任感。有了这种责任感，员工就会为组织的发展而勇于奉献和奋力拼搏，并且员工在自己的文化中感受到日益进步所带来的舒适感。

职业文化又是社会文化和市场经济文化的一个分支，共同的文化基础能够构建和谐人际关系。职业文化的凝聚力来自文化认同中的相同的思维模式、相同的道德规范、相同的价值观念、相同的语言与风俗习惯所产生的巨大的认同抗异力量。

（二）职业文化在本校校园文化建设中的实践

职业文化在学校文化建设中，最集中的表现为产教融合的文化，要立足于学生接受良好的教育，企业和学校共同发力，解决学校热、企业冷的问题。首先，必须选择有爱心和社会责任感的企业，在微薄或者负数利益的情况下仍然愿意投入，例如荣光科技无私地帮助学校专业建设。其次，目的要明确。就是为了学生学习、为了当地产业和老百姓、为了培养将来的大国工匠。再次，学校要积极主动，舍得物力、财力、人力等“血本”，尤其不能功利化以盈利为目的。另外，学校和企业要积极协调、沟通，征得当地政府、省区内或者国内的行政部门、行业、企业的大力支持，这是产教融合能否成功的重要条件。

由产教融合的文化为主构建的职业文化，在校园文化中占主要地位，变静态的学校文化为社会的活文化，要把目光、思维、方式始终定格在“教育为市场经济培养人才”这个大系统中，在此过程中推出新产品，并且投放市场进行商业活动。我们在创建艺术特色学校的过程中，融合了产业文化，产品文化校本化、校园文化市场化的过程，突出了校园文化的市场经济文化特色，这才是职业文化与校园文化的很好结合。

积极推动优秀企业文化进校园。积极推进校企合作，引进和融合优秀企业文化，促使学生养成良好的职业道德和职业行为习惯，帮助学生顺利实现从学校到企业的过渡，这是当今职业学校的一项创新举措。 实践证明，优秀企业文化进校园，完善了职业学校学生与企业的对接，也将是未来职业学校发展的方向。坚持以校企合作为载体，搭建融入优秀企业文化的校园文化的平台；有针对性地引入优秀企业文化，丰富校园文化的内涵，找准校园文化和企业文化的结合点，注重对企业文化的整合；强化学生的就业创业意识，促进校园文化与就业创业教育相结合。

二、本土文化

红寺堡的移民文化，其灵魂就是感恩文化、黄河文化、创业文化和乡村振兴文化的延续。学校把重点放在培养学生，以包容、接纳、学习的态度对待生源地文化优势，为我所用，并以现代文明潜移默化的影响，培育“共产党好，黄河水甜”感恩之情，形成艰苦创业、积极上进、开放包容的生活态度。把本土文化链接在职业文化等要素文化的网格上，最终形成学校“敬业、团结、规范、创新”的校风。

（一）感恩文化、黄河文化的延续，突出一个“魂”字

红寺堡区坚持把移民脱贫攻坚作为最大政治责任和第一民生工程，勠力同心决胜贫中之贫，尽锐出战攻克坚中之坚，23万移民群众彻底撕掉了贴在身上的贫困标签，由衷发出了“共产党好，黄河水甜”的肺腑心声。利民行为和本土文化就是校园文化的魂。

（二）开放的乡土文化，突出一个“根”字

红寺堡区自2015年以来，连续多年承办了国家体育总局航管中心、中国航空运动协会的全国青少年航空航天模型锦标赛，罗山航空飞行营地成为“国字号”航空运动营地；宁夏移民博物馆、“1236”指挥部旧址等旅游景点纳入自治区全域旅游规划，弘德村、永新村入选全国乡村旅游重点村和宁夏特色旅游村。将红色研学、航空体验、民宿康养、“星星故乡”等项目串点成线，不断擦亮“锦绣新灌区，魅力红寺堡”文旅品牌。这些“国字号”的移民文化之根也是校园文化的根。

（三）现代文化创新，突出一个“品”字

规格创新村级文化活动阵地实现全覆盖，全民阅读、全民健身等系列群众文体活动有序开展，国家公共文化服务体系示范区创建通过验收，获评全国群众体育先进单位，这是文化阵地的创新；持续深化“红袖标”义务巡防、“平安顾问”等做法，“135”基层社会治理模式被评为全国民生示范工程，规范村民代表会议制度“55124”模式入选首批全国 20个乡村治理典型案例，这是文化内涵的创新；持续申办全国青少年航空航天模型锦标赛等文旅活动，推动形成“文、体、旅、商、农”融合发展新业态，把红寺堡区建设成为全国移民文化集中示范区和宁夏全域旅游线路上的重要节点，这是规格的创新。本土的文化阵地、文化内涵和文化规格的创新，是学校校园文化创新的生命源泉。

（四）新兴的宜居文化，突出一个“情”字

大力推进移风易俗，加强公民道德和社会诚信建设，积极创建全国文明村镇；深入推进民族团结进步教育，巩固宗教领域突出问题治理成果。在构建校本文化时，充分挖掘并利用“1236”指挥部旧址、移民旧址、弘德村、风光发电、航模基地、乡村休闲等特色旅游资源，宜居文化进校园，全面提升校园公共服务水平的能力，这是校园文化的情感基础。

三、道德文化

基于职业素养，我们提升德育文化建设在学校校园文化建设中的实践。

鉴于中职学生的习惯和现状，我们以道德浸润心灵，没有放弃一个学生，学

校实行“十二德五不一有”的过程德育，每一处都是一“德”：礼貌有“仪德”、上课有“学德”、吃饭有“餐德”等。处处有德，何患无德？推行“道德银行”建设，模仿银行运行机制，进行学生行为习惯训练、跟踪督促进步、激励并推广经验的一种德育形式，把“银行余额”带入评价、毕业操行、家校共育等。

我们认为单一的“说教”思想教育策略，仅适合“听觉型”的学生群体，而对于大多数“视觉型”与“触觉型”的学生群体，很难达成理想的思想教育效果。而德育实践课程的开展，具体的德育实践活动，通过体验与感知，可以弥补“说教”的局限性。学校传承与发扬优秀的道德文化，创造性地转化与发展中华传统美德的成果。学校设有“尚德园”，班班有道德园地，建设并不断更新着的可量化的“道德银行”，依托道德讲堂和教育阵地，讲好校园的美德故事，积极践行美德的传、帮、带，汲取中华民族的优秀传统文化与几千年传承下来的道德文化的天然养料。把道德文化链接在职业文化等要素文化的网格上，将厚重的道德文化变成师生的理想信仰、思想体系和行动指南。德育活动课程是有计划、有目的、有组织的施教活动，活动课程主题明确，育人目标清晰，并结合新时代思想政治教育主题需要和德育发展目标的需要，在既定的时间精心策划、细心组织、有序开展。整个德育活动课程的实施，必须做到“人人有参与、人人有体验、人人有心得、人人有价值认同”，充分挖掘德育活动价值。同时通过德育活动心得分享，将体验、感知、价值认同内化为一种道德情操与优良品格，最终形成一种内在修养。

四、专业文化

中等职业学校的专业建设是学校核心竞争力的基础，而专业文化氛围则是专业成长和发展的重要环境。现阶段一些中职学校的专业建设中，重视专业硬件和外延发展较多，重视专业内在品质提升较少，结果导致其专业的规模虽不断扩大，但水平却提高不快。因此在中职学校文化建设中，应将专业文化作为重要建设任务之一。

（一）中职学校专业文化建设的思路

指导学生扎实、有效地训练，训练中力求精益求精，培养工匠精神；不断尝试实验创新，享受新事物带来的喜悦和兴趣，培养求知欲；技能大赛出成果，享受奖励和激励，增强成就感和自信心；参加实习、实训，在校企合作中扩大视野，不断拓宽交往的空间；学校办好特色专业，增加教学与产业融合的机会，不仅学有所用，而且增长见识，在校企合作中培养学生的社会意识和生产意识；推行技能制度建设和标准规范应用，依据标准、向标准看齐，办事有规有矩，形成规矩意识和法纪意识；展开职业规划指导，师生在学校对职业有认知，对职业充满渴望。提前进行职业规划、进行理想信念教育，使专业文化与其他要素文化的结合有了可靠的载体。

（二）中职学校专业文化建设的方式

1. 以营造专业文化氛围为手段，弘扬职业精神

创设专业文化专栏。在教学楼、实训楼和宿舍楼等学生经常出入的地方，以墙壁悬挂、黑板报等形式图文并茂地介绍该专业在学校的发展历史、奋斗历程、辉煌成就；介绍中外著名企业家、管理学家、当地相关企业等；可建立专业发展馆，收集一些企业淘汰的和最新的典型设备、使用更新设备的图片资料等，向学生展示专业发展进步的过程，彰显专业特色和育人理念，营造浓厚的专业学术氛围，激发学生学习专业知识的兴趣。

2. 建立专业文化网站

伴随着学校网络的普及，网络文化已成为学校文化的重要组成部分。学校以学部为单位可以在校园网的相应模块建立专业文化专栏，设立专业建设主页，还可以和相关的企业网站链接，构建为专业文化服务的网络平台。

3. 开设专业文化课程

职业教育是与市场经济最为紧密的教育，而校园又是学生步入社会起飞的“跑道”。让学生更多地了解专业文化，形成对行业文化的认同感，是学校义不容辞的责任。学校可以把专业发展史、知名企业的发展史、行业的最新发展成果、优秀企业家的创业故事、优秀毕业生的故事等编入校本教材，结合就业与创业课程进行教学，通过教材和教师的教学，让学生对自己所学专业有全方位的了解，促使学生更加热爱自己将要从事的职业。

五、红色文化

职业学校的思想政治教育同样需要特定的环境和氛围。我们学校以中国共产党发展壮大的历史为线索，将革命和建设年代中的“人、物、事、魂”，以不同的时期为经、各种伟大精神为纬，通过读书、影视、博物馆、红色教育基地等体验活动，链接在职业文化等要素文化的网格上，以图文并茂宣传的“物质形式”和全班级、全学科的教育教学内容的“理论形式”的统一，形成塑造新人、涵养人心、促进民族自信的红色文化环境。

（一）结合传承宁夏红色文化，建构当代红寺堡人的理想信念

宁夏作为重要的红色革命基地，学校归纳了三条红色教育主线：一是红色标语题词和楹联文告。宁夏六盘山地区到处都张贴有工农红军及苏维埃政府的标语和绘画。每年组织师生从六盘山西侧徒步登上红军长征纪念馆，记住道路旁绘制革命故事和先烈们留下的标语，记录红军长征翻越六盘山时将士们的革命誓言，例如单家集“回汉兄弟亲如一家”锦缎匾，同心韦州红城水娘娘庙的“停止内战，一致抗日”等革命标语，“不到长城非好汉”等题词。再现了不同时代的红色文化背景，成为宁夏人民群众树立革命理想信念的文化标识，赓续宁夏红色文化。二是党的民族区域自治政策的实践。在宁夏建立第一个县级回族自治政府——陕甘宁省豫海县回民自治政府，是民族区域自治的成功尝试，开辟了我国民族地区实行民族区域自治的先河，是实现各民族平等、和平共处的典范。三是诗文集大成，红军长征翻越六盘山，毛泽东主席留下《清平乐·六盘山》，抒写了一代伟人在中国革命和斗争中的豪壮胸怀和不惧困难的精神气节。红军西征途经盐池、海原等县时留下来的红军西征歌谣内容丰富。抱定“不到长城非好汉”的坚定信念，在极端困难环境中，中国工农红军转战陕甘宁完成历史大转折的使命担当。

传承宁夏红色文化是为了建构当代人的理想信念。我们继承的是坚持中国共产党的领导、坚持革命大无畏精神、坚持与时俱进的马克思主义方法论，深挖红寺堡的红色文化，按照过去、现在和未来的方式分类分步汇编新时代红色文化在红寺堡的发展历程，使主题教育耳闻目见，教育效果更直接、更深刻。在移民旧址重点讲述昔日宁南山区“苦瘠甲天下”的苦难生活状况和“不适宜人类生存的”恶劣自然条件；在红寺堡扬黄工程三泵站讲述中国共产党牵挂贫困群众、为民谋

出路的伟大决策，展示社会主义能集中力量办大事的制度优势；在弘德村重点展示党的建设方面取得的成就，展望乡村振兴，开展移民群众感恩教育、党员党性教育和青少年爱国主义教育活动，提炼红寺堡新时代红色文化精神内涵，弘扬了“共产党好，黄河水甜”的主旋律，都是永久不停的革命教育主题。

（二）结合“四史”学习，贯彻习近平新时代中国特色社会主义思想

新时代背景下，在学校思想政治教育和思政课程中增加党史、新中国史、改革开放史、社会主义发展史的内容很有必要，只有做好“四史”教育与习近平新时代中国特色社会主义思想“三进”有机结合，融汇在思政课程和思想政治教育活动中，思政教育才会成为提升学校思政教育效果的强大利器，为立德树人根本任务提供重要动力。

在学校主广场，在旗台的周围构造形如“中国龙”的红色文化长廊，把中国共产党的历次代表大会、中国革命和改革开放的伟大实践、红船精神、长征精神以及抗疫精神、脱贫攻坚精神等伟大精神同“四史”教育构成新时代思想传播的多维立体教育阵地。通过主题教育、国旗下教育、课堂教育等传播红色文化，利用中职语文课堂深挖红色文化内涵，利用中职音乐教育等创新红色文化载体，利用德育课堂深挖宁夏和红寺堡区红色文化的教育价值。

（三）形式灵活多样，成为“知书达理”常态

中职学生对于宁夏文化、红寺堡文化的深刻内涵缺乏深入了解，通过红色文化调查问卷摸排学生的情况，便于后续有针对性地开展活动策略。红色文化活动策略主要从理论和实践两个方面展开。搜集整理本地红色文化相关素材，通过活动和比赛形式展开，学校利用学生活泼、开放的特点将红色文化融入活动中，充分调动学生积极性，提高他们的参与热情。通过前期的调查问卷分析学生的情况，结合学校的实际情况设置中职学生喜闻乐见的比赛活动。在开展红色文化活动时，结合时代特色激发学生的创新意识，调动学生的主观能动性。制定配套的宣传方案，深入挖掘本地红色文化的深刻内涵，并利用现代媒介大力宣传，在校园内形成弘扬红色文化的氛围。学校利用自身的专业优势，将红色文化融入专业课程设置中。设计灵活多样的教育活动，在接受教育的常态中明理、增信、崇德、力行，使中职师生“知书又达理”。

六、企业文化

中职校园特色文化建设中，融入企业文化。企业文化包括工作中要诚信、对企业要忠诚、具有吃苦奉献和创新进取精神、能够与团队成员或同事团结合作完成、以满足客户需求为追求目标等内容。推进产业文化进校园、职业文化进课堂。在校园文化建设实践中，把企业的经营理念、经营模式、规章制度、工作方式和当地优秀企业的典型案例等，有针对性地融入校园、实训室、专业发展计划、课堂之中，这也就把企业文化置于职业文化为核心的要素文化的网格里，为学生成为企业需要的优秀人才打好基础。将企业文化融入中职校园文化建设中，学校根据实践与研究，有以下途径与方法。

（一）发挥课堂教学的主体性，在各个学科的课堂教学里融入企业文化

其一，中职公共基础课学习，在讲解知识时，注重思想文化方面的教育，教师可着意向学生灌输职业道德和企业文化。比如，在教授英语时，就“购物”这一话题展开，让学生讨论服务意识是什么及它的重要性，并在课下通过网络查找一些服务类行业的服务宗旨，结合实例写一篇文章；又如，在讲授语文课时，通过展示平凡人物的工作图片，让学生体会到爱岗敬业、在平凡的岗位上坚守就是一种幸福。这样，通过公共基础课程的学习，来提升学生的人文素养和职业素养。

其二，专业课侧重技术和理论知识的传授，更便于渗透企业文化。例如，在给电子商务专业学生讲解店铺运营时，教师以淘宝网为例，讲解淘宝网注册、登录、购物等环节。在讲解过程中，可以适当输出淘宝网相关企业文化，如，淘宝网隶属于阿里巴巴集团，它的创始人是马云，马云强调阿里巴巴的精髓是：“东方的智慧，西方的运作，面向全世界的大市场”；公司的愿景是成为全球十大网站之一，以“让天下没有难做的生意”为使命，秉承的价值观是“客户第一、团队合作、拥抱变化、诚信、激情和敬业”等。这样，学生一边学习专业知识，一边感受企业文化的魅力，体会企业文化对企业管理的重要性，从而逐步改变自己的思想观念，以“企业人”的标准严格要求自己，做好适应职场的准备，尽早把自己打造成一个企业需要的优秀人才。

（二）针对学习的专业，通过校企合作传播企业文化

由于很多专业的设置极具实践性，部分中职生毕业即就业，学生在实践中才能真正地掌握技能、培养技能、应用技能。因此，学校可以与当地一些企业开展合作，企业派遣相关技术人员，提供管理体系和学习过程服务。学校提供场所和机器设备，技术人员指导学生，给学生传授技术知识，并以企业的一系列管理制度来要求学生，让学生提前上岗，在真实的环境中去工作、学习，得以锻炼。我们引进京东电商集团驻校教学、定向培养，培训合格后学生可以持“绿卡”选择在京东工作或者自主就业，并规划成立红寺堡区特产馆，学生直播带货、推销产品，网上直销本地和宁夏特产；实训中心完全按照正规修理厂的场景布置，四周张贴安全提示、京东的价值理念等标语，让学生走入其中就仿佛置身于未来工作场所，切身感受到了企业文化，并通过实践锻炼了自己，树立不怕吃苦、认真负责的职业素养。

（三）改变教学管理思路，根据专业岗位需求组织各种教学及评比活动

学校根据专业特点，按照企业管理理念，开展相应的教学及评比活动，举办职业生涯规划等项目进行了评比等。通过比赛，使学生充分认识到了团队协作、爱岗敬业、做事专心等职业素养的重要性，让他们提前感受了职业人的工作状态。以此来激励他们更努力地学习，为步入职场做好准备。

总之，只有以职业文化为基础的多元文化的交织，构建系统的育人体系，方可形成系统化的职业学校的校园文化。

第六节　中职特色校园文化自信与守正创新

文化自信是一个民族、一个国家对自身文化价值的充分肯定和积极践行，并对其文化的生命力持有坚定信心。由于我国教育发展不完善等原因，使得中等职业教育一直处于不温不火的状态。近年来，特别是党的十八大以来，随着国家要求不断加强对青少年思想道德培养，文化自信需要走进中职学校的校园和课堂，其重要性愈发明显，这就要求必须树立强烈的职业教育文化自信。职业教育文化自信是中国特色社会主义文化自信的一个重要组成部分，在建设文化强国的征程

中，在建立起职业教育的文化自信自强体系中是必不可缺的重要一环。

一、职业教育文化自信与守正创新

职业教育文化自信是一个比较新的概念，随着人们对职业教育越来越重视，在人们对职业教育的认识逐步深入的基础上产生的。

（一）职业教育文化自信的含义

根据吴敏启、曹明的文章的观点，职业教育文化自信指的是在认真梳理职业教育发展脉络、充分认识发展成就、深入开展文化育人、把握洞察职业发展方向的基础上，对自身文化价值的坚守和肯定性认知。根据这个观点，职业教育文化自信深刻的内涵、宽广的外延，其自信来自深厚的传统文化，来自职业教育引领产业转型升级，来自对职业教育政策的利好，来自职业教育改革带来的硬核实力，来自职业教育更能海纳百川、兼容并蓄，来自积极与外来文化交流。正因为职业教育本身的特点，方表现出如此深厚的文化自信。

职业教育文化自信是指基于中华传统优秀文化和先进的产教融合文化自信，持续引领社会产业升级，不断改善新技术、创造新生活，凝结延续了千年的崇尚技术、止于至善、存于匠心、精益求精的优秀的职业文化精神，唤醒所有人对职业教育自身力量的一种积累和确信。

职业教育的文化自信，最明显的在职业学校中得以融合，职业学校的校园文化自信是职业教育文化自信最明显、最直接的表现。学校的校园文化建设，就是要在职业教育文化自信中守正创新。

（二）职业教育文化自信与职业学校校园文化守正创新的关系

职业教育的文化自信，是校园文化建设守正创新的前提。中国职业技术教育学会鲁昕会长指出：“我国职业教育起源于2400年前的‘班墨文化’”，“职业教育是中华民族的血脉和根基，是中国大国文化传承的重要载体。”职业教育历经几千年生生不息，根本动力就在于文化自信。我们在职业技术学校校园文化的建设中，首先要理解职业教育与人类发展同步前行、息息相关，其匠心文化之卓越、类型文化之驱动，发明创造、工具更新等职业教育成果为人类和国家创造了无与伦比的价值，这一切都是其他教育所无法实现的，从而可以坚定职业教育的文化自信。为此，国家专门成立了职业教育文化自信工作委员会，鲁昕会长在专家委员会上作出了“要切实树立起职业教育的类型自信和文化自信”等科学论断。

学校校园文化建设守正创新是职业教育文化自信的动力和检验。只有以理解和坚守职业教育的文化正道和规律做基础，方可树立文化自信；只有在挖掘内涵、研究本校的实情中进行守正创新，才能以物质、精神、制度和行为的形式外显为文化的自信；只有在守正创新中建设，职业教育的文化自信才会有正确的方向和不竭的动力，自信的程度才会得到检验。例如，吴忠市红寺堡区职业技术学校立足全国最大的生态扶贫移民集中区这一区情，我们的职业教育的文化自信的基础点在于党和国家移民致富的好政策，移民区多元开放、包容奋进的文化，葡萄酒光伏产业优势和年轻的教师队伍。在这个自信的基础上守正创新，形成了“做学合一，立己达民”的办学理念和“包容奋进，德技双馨”的核心精神统领下的校园文化体系。

二、职业教育文化自信对职业院校文化守正创新提出新目标

文化是一个国家、一个民族的灵魂，而“文化自信是更基础、更广泛、更深厚的自信”。学校所在的地域文化是本地区在历史发展过程中长期积淀和保留下来的传统，它已经自然地适应了地区经济的建设与发展，融入当地人民的生产和生活之中，因此其理应成为学校文化的重要来源。职业技术学校的核心竞争力应主要体现在主体文化上，其主体文化的基础需来源于中国特色社会主义文化，其内容需充实于产业文化，其特色需凝练于区域文化。因此，职业技术学校应挖掘区域优秀的文化资源，弘扬地方优秀的传统文化，培养学生对优秀传统文化的高度认同感和文化自觉，通过传统文化进校园、地方文化进校园、企业文化进校园等一系列活动形式，浸润职业院校学生的本土文化自信，形成更基础、更广泛、更深厚的文化自信，为文化自信提出新目标。

职业院校更多的是为地方培养高素质技能型人才而服务的，因此职业技术学校文化应建立起与地方文化对接机制，以提升本土文化自信。具体而言，职业技术学校要引领地方企业文化进校园，促进校企合作，提升实训基地文化的建设，通过地方企业文化与专业文化的对接，以实现学生对口就业时有效融入企业文

化；要引领岗位文化进校园，通过班级文化与岗位文化的对接，以提升学生的专业能力自信和专业岗位适应性。更基础、更广泛、更深厚的本土文化、企业文化和专业文化是文化自信的新目标。

遵循守正创新的规律性和特殊性相结合，突显职业技术学校校园文化建设的特色。职业技术学校的一切建设都要遵循教育的基本规律、职业教育的育人规律和产业发展的规律，这就是守正。在此基础上进行创新，尊重规律、立足现实，才能形成真正的特色文化。例如，吴忠市红寺堡区职业技术学校立足于职业文化、道德文化、政治文化、本土文化的守正规律，融合移民文化、产业文化、感恩文化进行创新，形成了“尚德立本，多能立身”校训和“12235”发展思路（具体内容在后面谈及），改造相关产业、相关文化符号的外形，创新为学校各专业的标识牌，设计特别的文化长廊，融道德、廉政、移民、红色、专业、学习文化于一体，形成了校本文化特色和校本专业文化特色。更基础、更广泛、更深厚的本土文化、产业文化、感恩文化以及校本特色文化也是文化自信的新目标。

三、重构中职学校的文化自信体系，实现校园文化的守正创新

（一）对接本土文化，发挥校园环境文化育人功能

优秀的地方文化是环境文化育人的基础，通过师生共同参与以达成对优美校园环境的文化设计，可以以地方历史沿革名称、历史名巷来命名学校的道路，以地方历史文化名人来命名学校建筑。因此，学校可以通过巧妙地将地方历史文化、专业文化融合在道路和建筑的命名中，赋予校园包括道路、建筑、设施和环境以丰富的文化内涵，让民族文化的精华、革命文化经典、地方文化的精髓、本校历史的叙述、专业文化的耦合等都能在校园中淋漓尽致地展示出来。通过上述有力举措，可以形成“看地方历史文化，悟至善至美人生境界，育工匠精神”的校园环境，突出环境育人功能，彰显本土文化自信。

（二）对接产业文化，突出专业场所文化育人功能

在实训基地专业文化建设基础上，学校应通过学部与企业合作开展专业场馆文化再造，通过对学校的专业实训基地进行文化改造和升级，把实训场地建设成专业的文化博物馆，以专业场所文化影响人。如在学校的汽车实训基地基础上建

设汽车文化博物馆，展现汽车发展历史、汽车驾驶文化，服务汽车修理专业文化育人。

（三）对接专业岗位文化，彰显教室文化育人功能

在传统班级环境文化布置基础上，学校应突出体现对接专业岗位需要，以涵养学生的工匠精神和职业道德。具体而言，可以用班级班务栏进行班级风、班训展示，目标展示、表扬与批评等，培养学生积极的行为和心态；在专业栏上介绍专业的课程、用人需求、专业发展等，提高学生对专业的兴趣；在风采栏上展示学生的各类作品，特别是在专业实践等方面取得的各类成果，培养学生的专业自信；在名人名言类栏目展示本专业知名人物的名言，激励学生学好专业；在黑板报上开设展示中国特色社会主义发展历程的栏目，培养学生的爱党、爱国、爱岗情怀。

第二章　中职特色校园文化建设的守正创新

校园文化是教育和文化的有机结合体，是教育与思想的深度融合。它既具有引领性、规范性和长久性，又具有国家性、民族性和个体性。一个学校的校园文化始终要沿着正确的方向、依托一定的载体，发挥文化育人的基本功能，在规范中创新、在创新中发展，在发展中达成既定的目标。但是，校园文化要在守正创新中达成既定的目标，又是一个充满差异的、曲折上升的过程，需要保持一定的定力。就中职特色校园文化而言，遵循既定的原则、采取有效的策略，保证守正创新一路前行。

第一节　中职校园文化建设缺乏守正创新的问题思考

打造中职学校校园文化的品牌，必须在中职特色校园文化建设的守正创新方面下足功夫。通过实践可知，中职校园文化建设在守正创新上仍有欠缺，我们要尊重规律、关注特殊，树立职业教育的文化自信，把脉解决存在的问题。

一、缺乏守正创新导致的问题

我们在对校园文化建设的调查分析和研究中、在媒体对话中，总结出中职学校校园文化建设在守正创新方面存在以下几方面的问题。

（一）在理念上缺乏守正创新，中职教育的类型特色和服务特点不明显

职业教育既然与普通教育属于两种教育类型，在校园文化建设方面，也应该表现出其类型特征和服务特点。但实际上，相当一部分中职学校的办学理念照搬普通学校的那一套，有些甚至不加修改就确定发布；有些中职学校甚至连办学理念、一训三风等全都是诸如勤奋、笃实等模式，没有切合学校办学目标和办学特色去确定学校精神；产教融合和行业企业特点严重缺失，教育性、职业性与市

场经济脱轨，单就教育谈教育，没有突出职业教育服务经济社会的行业功能特点。

（二）在动力上缺乏守正创新，职业教育的文化自信不足

校园文化建设的一个重要驱动力就是文化自信，只有文化自信才会有校园文化乃至学校办学的自信。而现实中，受“学而优则仕”的应试教育的影响，职业教育被认为是“低人一等”“没前途”的托底教育，就连从事职业教育工作者也持这样的观点，尽管口头上为孩子们加油鼓劲，但内心难免被传统的观念所吞噬，自信心不足；教育工作者表面上认可职业教育的类型特点，实践中还是因急功近利而偏离了中职教育的方向。总体上表现出对职业教育缺乏文化自信。另外，校园文化活动的实施，还受到物质条件、环境等因素的制约，如目前各学校面临经费紧缺，专业教师和设备、场地不足等问题，这也是影响开展中职校园文化活动的自信心不足的主要制约因素。

（三）在系统思维上缺乏守正创新，精神体系不健全，没有构建起多元文化育人的网格系统

职业教育具有历史性和社会性，又具有行业性和地方性的特征，更是立体化的教育，是在产业和教育的融合中传承并不断发展和创新的。职业教育尽管内容、方式、门类多样，内外兼容，但多年以来，职业育人思想并没有连贯性、系统性，背离了职业教育的本质要求。导致中职教育的校园文化定位往往在历史与现实、学校与社会、教育与职业、成长机遇与物质条件等方面顾此失彼，忽视了职业教育的历史性、社会性、职业性和成长性的高度融合。学校里缺失职业教育的传承体系，校园精神体系不健全，没有把职业文化与道德文化、政治文化、乡土文化、信息文化、市场经济文化放在一个框架体系里，仅仅就文化谈校园文化、就教育谈文化。

（四）在内容和形式上缺乏守正创新，物质和精神不统一，文化的浸润质量不高

学校是一个充满温情的地方，校园文化是传道授业和表达情感的主要途径，在内容和形式上，须充满人文情怀、体现职业特点、反映精神需求，而且还要与时俱进。在表现形式上，我们看到的大多数学校是铁制宣传栏、沉寂的雕塑和标

语，而且内容以政策类、口号类和规范类的居多，甚至有些学校照抄照搬得比较明显；在设计思路上，多是广告装潢公司设计师的思想而不真正是学校办学特色和办学内涵的体现。开展活动的数量不少，但质量不高、品位不高、提炼不够的问题依然存在，校园文化重物质文化轻精神文化的提炼，形式和内容不完全匹配，文化不能真正浸润师生们的内心和行动。很多中职学校校园文化建设的内容忽略了劳动精神、劳模精神和工匠精神的培养，与职业文化相关联的各类文化元素不相交融、彼此独立；也没有将精神文化、物质文化、制度文化和行为文化四者有机统一。缺乏唯物辩证法和时代精神结合的理念，广大师生不能从中受益，总体上不满意。

（五）在形成、发展和育人的过程上缺乏守正创新，群众参与意识不强，文化育人细节不到位，文化融入和扎根有阻梗

学校是师生共同生活和奋斗的地方，是学生成长的地方。教育所做的一点一滴，都是为了教职员工和学生能够更好地成长和将来幸福地生活，职业教育更是直接为了高质量的就业和适应融合新业态的生活教育。因此，学校的每一个教育行为的形成过程，都需要大家共同参与，凝聚智慧共商共建、面向未来扎根当下。但是，现实中的中职学校的校园文化建设过程，往往是校长的办学思想的集中甚至专一的体现，是校长一个人或者校委会中少数人在构思、在拍板、在落实。即便有时候也吸收一些教师和学生的建议，但是文化育人的细节问题兼顾不到、协调沟通难，没有更多地让普通教职工、学生和家长在细节处去挖掘和构思，没有让社区、文化部门和文化名家参与研究。正因为职业教育文化经验、基层群众的思想和建议介入不多，细节不够全面，不能反映校园文化的内在本真，因而在构成、理解和应用上是被动的、断层的，导致了中职学校文化在广大师生、家长心中融入难、扎根更难。

二、问题的成因

（一）思想认识高度不够，理解不到位

通常情况下，无论是校领导还是教职工，认为学校的工作重点是教学成绩、德育和安全，校园文化建设是“软组织”，很难在短时间内促进教学成绩提升，

难以一下子让师生从中受益。因此，把校园文化建设看作是浮于表面的、缺乏实际价值的。在实际办学过程中，被视为可重可轻甚至当作是可有可无的。也有的认为校园文化建设通常以项目的数量作为衡量的标准，因而大多数情况下都是为“搞文化而文化”，短期突击、阶段性行动，不讲求精神品质的精致性和连续性。以上种种情形，都是没有真正理解校园文化的育人真谛及建设的重要性，思想上也就认识不到校园文化建设是渗透在办学的全过程中，认识不到它作为一种精神力量而存在，理解不了它无时无刻不在指导并融入教学、德育、安全、后勤服务、家校共育、专业技能、职业规划等各个方面。殊不知，校园文化建设与学校各项活动是系数的关系而非组合的关系存在，试想，如果一个自然数前面的系数越小，甚至为负数，那么最终的运算结果是什么？由此可见，理解和认识校园文化建设的重要性就可想而知了。

（二）建设主体与主导分离，顶层设计不到位

教师和学生始终是校园文化建设的设计者、参与者、行动者、体验者、发展者和最终的受益者，是校园文化建设的守正创新的主体和主导，主体与主导二者相互依存、相互作用，不能隔离开来。但事实上，受“家长制管理”“经验泛化”“功利主义”等的影响，中职学校校园文化建设的主体定位和顶层设计中存在以下几个较为突出的问题：一是校长“专断”，由校长本人设计或规划，大家能讨论就讨论、能修改多少就修改多少，校长关注的不是大家的意见和建议，而是怕损害了自己的“权威”，认为他本人才是唯一的主导；二是广大教职工和学生缺乏主动性和主人翁的责任感，广大教职工不去主动谋划、不积极地参与，要么不愿意更多地投入研究、要么在这方面缺乏研究能力，甚至有个别作为“反对者”只提反对意见、没有建设性意见，无法体现主体和主导地位；学生的参与意识本就淡薄，且因认识的高度和接受的知识面所限，难以提出建设性的建议，学校或教师怎么说就怎么办。校园文化对普通教师、学生的实际行动并没有产生潜移默化的影响，变成一味接受的客体，更没有体现主体和主导地位；三是学校“走出去”办学、开门纳谏只是形式而已，家长和社会往往认为学校文化与他们自己无关，忽略了合作者、共建者的作用，主动参与学校文化建设几乎为零，而且家长在这方面也不鼓励和提醒自己的孩子积极参与。由此可以看出，广大教

职工、学生、家长、社会知名人士等没有以学校主人的身份承担文化建设的责任，学校校园文化建设的主体、主导的定位和责任出了问题，更多地停留在校长和极少数教师的思想里，导致校园文化建设的全过程的参与面狭窄，在理解、推行和师生认可等环节出现了很大的问题，致使校园文化的影响力和渗透力大大降低。

（三）内容和形式缺乏系统性，深度不够

中职文化建设的过程本来也是一个系统育人的过程，就要用系统观去定位内容和方式，以支撑实现“系统育人”这一目标，而在实际建设过程中，更明显地表现为内容上的功利性和形式上的碎片化。其一，对校园文化的内涵和外延理解比较肤浅，内容体系的功利性比较明显，忽视了职业特色和校本特色，忽略了职业精神和创新精神，致使校园文化失去了中职特色本真；对于其概念、特征、功能的界定还比较模糊，在内容上大都为品德教育、学科教学和上级文件服务，没有着眼于为经济和产业发展培养人才，没有着眼于在学校培养和形成工匠精神、劳动精神，没有着眼于为学生未来的发展打下坚实的基础。其二，校园文化建设的形式上，从组织活动这单一的线型方式入手，没有将办学特色、校训校风、学生日常行为规范、思想道德教育、职业技能培养等多维度立体式地融合起来；没有将职业文化、本土文化、政治文化、道德文化、市场文化等多元文化交织建模于一个网格体系。甚至有些学校的校园文化等同于文体活动，每次组织的活动都局限于活动的本身和对此的绩效考核，而不注重挖掘其多元价值。

（四）外部因素影响校园文化建设的质量和效率

校园文化建设是一项内外兼修的系统工程，不仅受到学校及师生自身因素的影响，而且社会环境、家庭状况、区域经济发展水平以及居民的思维方式等诸多外部因素也为学校的校园文化打上深深的烙印。经济社会条件、地区文化基础、人们的思想观念极大地影响着校园文化建设水平的高低。另外，不良网络文化对中职学生成长的消极影响日益突出，加强校园网络文化管理就变得十分重要。因此，中职校园的外部文化建设，也是教育的一个崭新而又艰辛的课题。

第二节　中职校园文化建设守正创新的目标要求和基本原则

校园文化是学校教育的重要组成部分，是学校精神、学校活动、学校秩序和学校环境的集中体现，具有重要的育人功能。加强中职校园文化建设，对于贯彻落实党的教育方针，优化育人环境，促进中职学生全面发展具有十分重要的意义。根据教育部人力资源和社会保障部《关于加强中等职业学校校园文化建设的意见》精神，我们通过在实践中认真研究，总结归纳出中职校园文化建设守正创新的具体目标要求和基本原则。

一、中职校园文化建设守正创新的总体目标要求

坚持中职教育的社会主义办学方向，贯彻落实党的教育方针，坚持立德树人的根本任务，坚持职业教育的类型特点，以社会主义核心价值观为前提，以学校精神体系为统领，落实教育部人力资源和社会保障部《关于加强中等职业学校校园文化建设的意见》（以下简称《意见》）的各项指标要求，把校园文化建设与学校的教育、教学、党建、专业建设、产教融合、健康安全、职业规划、技能获取以及家校社一体化紧密结合，同落实共建设。发挥校园文化建设的精神激励和凝聚力量的作用，这也是达成“守正”的目标。在此基础上，发挥“职业教育人”即全体教职工、学生、家长、社区、企业和行业研究、定位、理解、宣介学校校园文化建设的总体思路和校园精神体系，在推行过程中借鉴优秀传统文化和先进的校园文化典范，立足职业教育人的岗位，结合学校实际，在形式和内容等方面进行创新，形成观点、方法和技巧上的范式，达到中职学校在物质文化、精神文化、制度文化和行为文化的各项指标要求，努力创建中职校园优质的特色文化。

二、中职校园文化建设守正创新的基本原则

校园文化建设守正创新的实质就是在校园文化的内容、特色、体系、建设过程等方面坚持守正和进行创新，体现现代学校全体师生的价值取向和精神需要。校园文化建设的守正创新既要有正确的指导思想和明确的目标，发扬创新精神又要坚持原则，并且守正创新的基本原则随着社会的发展而不断发挥其应有的

功能。

在达成目标的同时，中职校园文化建设要坚持《意见》中提出的必须坚持育人为本，师生主体、校企共建，贴近社会、贴近职业、贴近学生，继承与创新相结合的基本原则，同时，要实现校园文化建设的守正创新，还必须坚持以下几个原则。

（一）先进理论导向的原则

中职校园文化建设首先必须是把握先进文化的前进方向，必须坚持中国特色社会主义理论在意识形态领域的指导地位，坚定社会主义文化自信，培育和践行社会主义核心价值观；坚持职业教育是国民教育体系和人力资源开发的重要组成部分，是广大青年打开通往成功成才大门的重要途径，肩负着培养多样化人才、传承技术技能、促进就业创业的重要职责；要紧扣党的教育方针的要求，建立在学校具体的办学特色、传统文化和人财物的实际情况基础上，立足实际，在理论指导下进行实践、检验、总结和提高，把马克思主义基本原理同学校的办学思想和价值取向以及校园人的思想情况和学习工作的实际情况相结合，进行校园文化建设的创新；认真解读中央关于职业教育的决策、《职业教育法》和各级职业教育行政部门的文件、政策、决策等理论，理解掌握精神实质尤其是与时俱进的精神实质，并且对应职业教育的实践应用研究，并持续以此先进理论为导向。

（二）继承发展和与时俱进的原则

与时俱进是中职校园文化建设始终能够保持先进性、创造力的精神力量，它决定着学校的发展前途和办学效益。校园文化建设的创新要在思想上、行动上、理论上站在时代的前列，不断结合职业教育的新形势、新情况、新问题进行总结和提高，不断进行校园文化建设理论上的创新和行动上的创新。在校园文化建设实际工作中，应反对教条主义、本本主义和腐朽的思想。在思想上坚持马克思主义中国化的最新理论成果、科技革命的最新成果和文化意识形态的最新成果，在行动上借助先进的科技手段来进行校园文化建设的创新，永葆先进性和生命力。

对待传统文化、现代文化的最基本的思路就是在继承的基础上发展，就是校园文化建设要对中国的传统文化、国外文化的态度是批判地继承，剔除落后的、不适应的成分，保留先进的、有用的精华，在此基础上随着社会文明的进步而进步，发展而发展。继承是基础，创新是关键。传统的校园文化有许多优秀的东西需要我们发扬光大，如中华民族的传统美德和礼仪传统成为校园文化建设的组成部分，但如“一日为师，终身为父”的传统师生观念与建立平等民主和谐的现代师生教学观相矛盾，就应在先进的校园文化建设中坚决杜绝。我们必须继承和发扬那些与现代教育思想一致，符合时代发展需要的传统校园文化，吸收补充先进文化的营养，着力体现现代文明社会的要求，构建新型的校园文化体系和全新的育人观念。

（三）物质文化建设和精神文化建设相结合的原则

校园的物质文化、环境文化，能够让校园人从感官上感知，但是不能做到一目了然，还需要精神文化的阐释、凝练、升华，才能真正成为指导师生行动的思想道德和价值取向的文化；相应地，校园文化中集价值观和思想观于一体的精神文化，一定是通过具体的物质形态、生活方式和文化活动方式或者制度等形式表现，离开具体的物质形态的精神文化没有抓手，就是虚无的和不可理解的。物质文化建设的守正创新要让校园人感受到校园的环境优美健康，设施齐全并具有现代气息；精神文化建设的守正创新要体现和反映物质文化建设的层次和思想内涵。校园文化建设要很好地将物质文化建设和精神文化建设有机地结合起来，这样才有利于建设良好校风、教风和学风，形成积极向上、健康发展和具有创新精神的校园文化，发挥环境育人、教育育人、管理育人和服务育人的作用，更大限度满足校园人对物质文化和精神文化的需要。

（四）主体与主导相统一的原则

校园文化建设的目的就是为师生的成长营造积极健康的环境，凝聚校园精神力量，培养思想向上、体魄健全、身心健康、德才兼备的人才。由此，校园文化建设的主体是学生和教师，主导也是学生和教师。守正创新体现在既要充分发挥师生的主体作用又要充分发挥师生的主导作用。校园文化建设的主体和主导都不是学校层面或者领导班子层面，而教师和学生始终是校园文化建设的设计者、理解者、行动者、体验者、发展者和最终的受益者，校园文化建设的守正创新的主体与主导相互依存、相互作用，不能把主体和主导隔离开来。要避免两个误区：

一是认为校园文化建设的创新跟一般课堂教学一样，教师或校方是主导、学生是主体，把主导和主体割裂成为两个方面，就等于把教育者和受教育者分开，这就违背了校园文化建设教育者又是受教育者的统一的规律。二是过分强调一方的主体或者主导作用，会导致放任自流没有引导、高高在上脱离主创，从而导致学生或者教师群体中的不积极因素滋生和错误倾向出现，忽视了主人翁的意识。校园文化建设的创新要求主体与主导相统一，互相促进形成良性循环，这样调动了师生共同参与文化建设的积极性和创造性，双方在活动过程中都受到良好的教育和思想的熏陶。

（五）个性化与职业性相结合的原则

黄炎培先生指出，要“因职业的各个不同，与人的人性、人才、兴趣、环境的各个不同，替它分别种类，谁则宜某种，谁则不宜某种”。这种“人职匹配”的思想，在职业学校的校园文化建设中充分发挥人的才能和创造力非常重要。人的人性、兴趣等各不相同，职业所需也各不相同，因此，一个人如果能从事他所喜欢的职业，一般情况下，他会干得很好，反之，则虽经努力也不一定能干好，这是众所周知的事实。对于正处在成长时期的学生，“人职匹配”的职业教育观念在校园文化建设的守正创新中显得尤为重要。一方面，职业学校的校园文化建设处处体现产业性和职业性，无论在各类造型、口号的物质形态文化还是在各类思想、精神传达的精神文化，都是把职业的元素（包括职业道德规范、工艺操作流程、技术要领、行动安全责任等）的基本思想尽可能展现和渗透；另一方面，根据孩子的专业取向、个性特点、能力倾向、情感表达、意志力等智力和非智力因素的区别，校园文化建设突出渗透职业特点的同时，考虑区分特殊性，对活动内容方式、目标任务要求、营造氛围环境、情感体验等，有不同的选择，整体上有步骤、分类别地展开，尽量张扬个性、发展优势，今天的校园文化将为未来之就业打好基础。

（六）开放性和适应性相结合的原则

在校园文化建设的创新过程中，校园内独有的学校价值取向、思想观念、组织制度和环境建设都不可避免地要和社会价值取向和文明程度产生交融和互补。因此，校园文化建设必须积极投入社会的怀抱，吸取社会上的先进因素充实自己、丰富自己，与社会发展同步。坚持校园文化建设守正创新的开放性原则，必须做到：守先进性之正创适应性之新，进行校园文化建设创新要不断提高校园文化品位，以先进校园文化为武器，把先进的、适合本校及师生实际的加以吸收、借鉴，把落后的或者不适应的一律抛弃，自觉抵制社会不良文化的侵蚀和毒害，使学生在复杂的环境中健康成长。作为学校要自觉构建开放性的校园文化建设体系，在改革开放的国策下，既要大胆开放又要批判继承，以辩证思想对待和解决开放中的新情况、新问题。

（七）统一性和特殊性相结合的原则

校园文化建设的创新既要重视校园主文化建设，又不能忽视亚文化建设的重要作用。主文化建设是指整个校园的物质文化和精神文化的建设，亚文化建设指主体文化下辖的子文化的建设，如班级文化、宿舍文化、课堂文化、活动文化的建设。亚文化是主文化的组成部分，其建设要突出个性化和特色化，增强亚文化建设的丰富多彩和广泛的参与面，开展符合师生求知、求真欲望和喜闻乐见的文化活动内容，为主文化建设积累丰富内涵。同样，学校的所有专业文化具有普遍性，每一个专业又具有其文化的特殊性，遵循专业文化的普遍性，如思政规则、“7S”管理等，在普遍性的前提下，发挥各个专业自身的优势，打造更明显的专业特色。

总之，中职校园文化建设是提高中职学校教育吸引力的有效手段，是学校的核心竞争力所在。校园文化建设又是一项系统性的工程，学校在建设过程中必须严格遵循校园文化建设守正创新的相关原则，保证校园文化建设沿着正确的轨道守正创新。

第三节　中职校园文化建设守正创新的基本策略

校园文化建设过程是教育对文化选择的过程。《论教育家的文化选择》一文中指出，“教育家既是文化传播者又是文化创造者，所以教育家的文化选择就不是一种简单取舍，而是一种精加工，一种新的创造，其结果常常是丰富的文化新质的生成”。为了解决中职校园文化建设实践中存在的各种问题，达成中职校园文化建设守正创新的总体目标，我们须正确把握中职校园文化建设守正创新的基本思路和方法，通过对文化的加工、创造而形成文化新质，切实发挥其教育功能和激励作用、陶冶作用、辐射效应、调节作用，真正使文化入心育才，提高学校竞争力。

笔者通过实践、调研，在实践中逐步总结出了中职校园文化建设守正创新采用的基本策略。

一、明确方向，在理念和目标上以守正为主、精准创新

中职学校的校园文化建设同样要围绕“我是谁、为了谁、怎样实现为谁”的问题展开，首先要明确方向，在此基础上进行周密的思考。具体实践中，在理念和目标上，既要弘扬主旋律又要注重多样化，既要坚持守正又要精准创新。

首先，弘扬主旋律，“守正”为主。

在校园文化目标定位上的守正。一是要坚持以马克思列宁主义、毛泽东思想、邓小平理论、“三个代表”重要思想、科学发展观、习近平新时代中国特色社会主义思想为指导，坚持弘扬社会主义先进文化，培育社会主义核心价值观。二是坚持育人为本、德育为先，打造优美、实效、日新的校园文化环境，形成健康向上的校园网络环境，建设具有专业特色的文化氛围。三是在相关政策支持下，指导学生开展创业，开展各种各样的团队活动，培养学生的才干和团队意识；开展各种主题活动，形成良好的行为文化，形成职业学校特色的校园文化，促进学生全面发展和健康成长。四是全面贯彻落实《教育部关于中等职业学校德育课课程设置与教学安排的意见》和《中等职业学校德育大纲》要求，立足建设守正创新的具体的总体目标和要求，体现时代精神，为专业、为学校治理和广大师生发展提供精神动力。这是在校园文化目标定位上“守正”。

在校园文化理念和思想上的守正。笔者所在的学校坚持“德育为先，技能为重，做学合一，全面发展”的办学思路，以理想信念教育为核心，结合专业特点，分阶段利用校内外德育基地和重要活动对学生进行主题教育，立足职业教育的本质要求，梳理提炼我国职业教育发展史上取得的重大成就，挖掘职业教育的发展及其优秀人物给社会发展带来的重大影响，从而引发自豪感，激发广大师生和群

众热爱职业教育，进而认可学校的发展思路，积极主动投身于中职教育和学习之中，协助学校实现发展目标。学校通过专题教育的方式，让学生理解、认同和拥护党和国家的重大决策，传承和弘扬中华优秀传统文化、社会主义先进文化，养成良好政治素质、道德品质、法治意识和行为习惯，形成积极健康的人格和良好心理品质，促进学生核心素养提升和全面发展，为人生的出彩打下基础。这是在校园文化理念和思想上“守正”。

在校园文化内容和方式上的守正。学校通过对红寺堡区的社会经济发展、人文特点的实情和国家职业教育发展方向的分析，立足于学生成长和移民地区发展需求，确定职业教育的内容和方式。以“做学合一，立己达民”的办学理念和“尚德立本，多能立身”的校训为导引，组织师生专题考察红寺堡移民地区的发展现状、建设全国易地搬迁高质量发展区的目标措施和本地区产业发展现状及需求，并撰写学校和个人的发展规划；专题展示国际国内职业教育的发展过程，了解职业教育伟大的成就、伟大的人物，进而理解并落实国家职业教育政策；充分利用学校校园文化的软硬件资源，在反复地传播、体验和活动实践中，认知、认可职业教育的文化体系和内涵，积极践行办学思想，投身于本校的职业教育和学习的文化实践之中。这是内容和方式方面“守正”。

其次，注重多样化，适度精准创新。

学校校园文化在具体建设的过程中须注重多样化，在守正的基础上还要创新，而且进行多维度、全方位、适度、精准的创新，下面结合实际谈谈这方面的做法。

笔者所在学校的校园文化建设主题是：大力弘扬“劳动光荣，技能宝贵，创造伟大”的时代风尚，实现职业教育使人生出彩、使学校精彩。创新培养具有综合职业基本能力的自强公民、能手公民、惠农公民、学习公民、中国公民的“五维”公民；每个学生必须接受课德、网德、仪德等“十二德五不一有”过程德育。以“五维”公民、“十二德五不一有”为目标，渗透在中华优秀传统文化、移民文化以及国家和地方发展史的教育之中，积极发动学生收集故乡生产和生活的工具、民间故事、“花儿”剧、手工作品等，探索“精选当地特色，以绘画美工等形式表现出来的文创艺术特色学校”，从艺术创作入手，在素养提升的基础上，逐步开发、制作产品，推广上市，把校园文化与艺术创作、产品开发、市场运营等有机结合在一起。并把以上内容列入课程、渗透到课堂，研发出版校本教材。寓德育于国粹教育、移民文化教育、学校精神教育之中，达到人人领会、人人认同、入心入行的效果。

学校积极组织学生开展形式多样、生动活泼的文化教育活动，多宣传、深渗透，通过各种有形和无形载体彰显学校文化的总体效应。在师生中宣传倡导“敬业、团结、规范、创新”的校风、“厚生乐教，孜孜以求”的教风、“树自信，勤训练，日知新，好习惯”的学风，自觉践行“尚德立本，多能立身”的校训，规范学校章程和特色发展的表述。在学校大门及其他重要场所醒目地设置“一训三风”，通过学校广播、电子屏等进行宣传，并对作出成绩的师生给予表彰和奖励；规范校园内宣传横幅和展板、宣传橱窗的管理；坚持开展文明礼仪和法治教育等系列讲座；坚持正确引导、健康向上、文明高雅、寓教于乐的原则，有计划地开展文体娱乐活动，营造良好的校园文化氛围。使文化要素深入人心，培育师生“爱校、建校、兴校”的情怀，努力使全校形成“坚信人人有才，个个德才并举”的共识。

二、备实载体，在满足发展需求的物质条件上守正创新

校园文化建设为了达到全方位育人的目的，不仅在精神层面上，在物质层面上也要守正创新。笔者所在的学校以创建全国文明校园为契机，将文明校园创建作为学校文化建设和综合治理的重要任务，注重物质的高效使用，与提高师生思想道德素质和文化素养的硬件工程建设结合起来，进一步优化学校育人环境，在满足发展需求的物质条件上既守正又创新。

物质层面的“守正”。我们认为，物质作为校园文化的主要载体，要服务于精神文化和行为文化、制度文化建设，正确处理好传承与创新、执行规范与张扬个性、刚性管理与人文关怀之间的辩证关系。在满足发展需求的物质条件上，既要注重校园文化的外在形式，又不能忽视校园文化的精神内涵；既要重视物质文化建设，又要依托于精神文化和制度文化建设。在物质文化建设过程中，要考虑学校实际情况，不能盲目追求高档，过分讲究形式。笔者所在的学校投入必要的

经费给予满足，既增加投入又严格管控，提高硬件的利用率。加强教室、实训室、办公室等的文化硬件建设时，将各功能区域、功能室的教学设施和文化设施同步规划、同步完善。学校在物质建设中，单列议题，内容翔实、数据准确；空间布置内容、装修所用材料、设计图、预算表具体到位，注重效益、控制造价，不得过于豪华，以适应为出发点，做到科学合理、勤俭节约。注意装饰装修必须选用绿色、环保材料，将设计施工方案报当地教育局、文旅局、消防部门和建设环保局审核，请专业的文化传媒公司提出具体内容建议，在此基础上细化施工图、效果图，再根据批复的方案，成熟后招标采购。

物质层面的“创新”。笔者所在的学校本着“整体规划，分步实施；追求品位，重在育人”的宗旨，微缩相关的社会环境内容于校园，真正实现让每一堵墙都会说话，而且说真话、说积极动听的话；每一块标牌、每一个墙面变得有情有义。举几个例子与大家商榷：其一，根据学校不同设施，发挥其特有功能，进行不同的造型设计，从校门、道路两侧、外墙面、楼门厅、楼梯、门牌到宿舍、教室、实训室等室内，都逐个专题布局，既体现功能特点又与学校精神浑然一体。其二，学校的校徽、校旗、校歌等都体现了移民地区中职学校的特色，广场升旗台上为国旗、国家职业学会会旗和校旗三面旗帜。其三，校园内各专业标识牌固定在主道两侧，而且造型结构都有特殊含义，例如机电技术应用专业标识牌的造型为大脑和齿轮，给冷冰冰的机械赋予了生命的情感。其四，在园林文化建设方面，把学校打造成一座具有职业特点的园林，设有花木种植、雕塑、文化石、展牌、亭廊等，都是校园文化的重要组成部分，一园一品种、一路一特点，内外布局得当。其五，楼宇及场馆文化建设方面，楼宇建筑和各个场馆都以一定的元素体现文化内涵和教育意义，学校各楼房用校训和学校精神来命名，如恩泽楼（综合办公楼）、立德楼（教学楼一）、锄禾餐厅（师生餐厅）、安心楼（男生宿舍）等，学校里的教室、宿舍、实训室、图书馆以及食堂、多功能厅、智慧教室、办公以及教学研究场所，都有独特的文化内容与教育内涵。这里不一一列举。

三、系统谋划，在统筹协调和彰显特色上守正创新

中职校园文化建设是一项系统的建设工程，必须坚持系统思维观，构建起多

元文化育人的网格体系，力求思路清晰，突显中职教育的类型特色和市场经济的特色。我们坚持以科学技术研究的思路研究和规划校园文化，采取切实有效的措施，统筹协调，与时俱进，开拓创新，从多个方面考虑，不断丰富其建设的内容和形式，在统筹协调和彰显特色上守正创新。

第一，要因地因时制宜，彰显特色文化。校园文化活动自始至终都要贯彻主导思想，以学生为出发点，使学生的主体和主导双重地位在组织者、倡导者的指引下得以实施。针对物质与精神不统一这一现状，我们学习了优质中职学校建设特点，认真研究和借鉴先进的文化建设思路和做法，批判继承、为我所用；始终从实际出发，因地制宜，根据本校的条件、本地区的特点开展活动，包括楼宇名称、楼道室内布置，都突出学校的办学思想，简洁明了、突显特色。实现物质和精神文化的统一，传递给教师、职工、学生和家长一个既温馨传情又萌发思想启迪的信号，让人观后流连忘返。

第二，规划引领，条块整合，形成创建合力。中职校园文化建设要共同围绕职业教育“我是谁”“为了谁”“我如何为谁”这个话题，在形成合力和整体规划基础上，列出工作日程和工作职责，做到各个层面上细抓落实。在组织领导上，学校成立校园文化的创建（而非建设）领导机构，在横向上体现社、家、校合一，纵向上校、室、部、组贯通。各个条块的业务工作职责与校园文化建设的职责合二为一，定人定岗、协商沟通、加强配合，真正形成齐抓共管的组织合力；在实践过程中，深入师生、社区、家庭，认真调查、摸排校园文化建设和文明校园创建方面存在的问题，根据存在的问题，结合学校的特点，依据“创建全国文明校园的标准细则”，制订规划和分段计划，逐项研究落实，认真做好创建活动的组织、实施、检查、指导和考核、评比工作，迈进创建全国文明校园“最后一公里”。

第三，以办学理念为统领的行为文化，实现理念导引行动。始终把学生放在心上，以内容健康、格调高雅、丰富多彩为基本要求的校园文化生活为载体，融入学校育人活动的一点一滴；紧紧围绕学校教学、技能、德育，以教师发展和学生升学就业为根本，将学校精神体系和办学理念的每一个分支传承下去，将办学理念渗透到学校的其他理念之内，使之具体化、行动化。在落实办学理念中，全校师生员工配合默契、共同努力、积极行动，使办学理念得以在学校方方面面的工作中渗透、体现、贯彻和落实，真正实现“理念导引行动”。

第四，将文化与制度统一起来，前置设计、后置固本。笔者所在的学校，以职业教育的法律制度为依据，以学校章程和“一训三风”为导向，筛选与学校文化紧密结合的一部分制度，以人文情怀、规则意识、效率观念、职业规划、工匠文化、激励竞争等思想与制度文化交融，形成具有浓郁的中职特色的制度文化，以此确定学校的治理思路，走一条物质、精神、行为和制度文化综合治理的路子。在中职特色的制度文化建设中，研究出台以公平激发为原则的规章制度框架，明确岗位职责、考核评价办法，从德、能、勤、绩、学、廉等方面真正对教师进行全方位评价和肯定；通过制度文化的导引，不断增加教师和学生创新自我和展示自己的机会，实现制度文化在学校治理中的规范、约束和激励功能。在中职特色的制度文化建设中，形成科学严谨的事项决策及工作规程，依照学校章程制定《学校事项运行规则》，规范学校和师生的每一个行动都能在规则下运行，充分发挥制度文化在学校治理中的前置设计、后置固本的效能。

第五，加强校园网络文化的领导、建设和管理。互联网、大数据、人工智能等充斥新时代的每时每刻、方方面面，随时随地改变我们的生活方式和文化体系，在统筹协调和彰显特色上守正创新，就要高度重视校园网络文化的建设。时下，随着电子信息技术的迅猛发展，网络作为最强势的文化形式，正以不可抗拒的态势，进入中职校园，深刻地影响着当代中职学生，改变着中职学生的学习兴趣、生活习惯和思维方式。我们必须在实践中精细探索、趋利避害、科学利用。一是，给校园网络文化以准确的定位，成立网络环境下中职校园文化建设团队，提高教师新媒体应用和管理的水平、培养驾驭和管控学生正确使用网络的能力；二是，训练提升学生的应用和甄别网络文化的技巧和素养；三是，依托数字化校园建立综合性的新媒体平台，发挥校园主流新媒体优势。在校园文化统筹协调和彰显特色上守正创新，自始至终要加强校园网络文化的领导、建设和管理，使校园网络文化在新时代最大化发挥育人功能。

四、精心提炼，在内容和形式上同步守正创新

校园文化建设的内容和形式上，既要讲求“独树一帜”又要精心提炼。就其

本质而言就是要有“精品”意识，不断提炼出适合师生内需和情致，易于产生共鸣的内容和形式，才能引起师生关注。著名教育家鲁洁说过“文化选择是对某种文化的自动撷取或排斥”。通过文化选择，努力创造出更多的适应师生精神生活需求的、思想性和艺术性相统一的、具有强烈感染力的、深受广大师生欢迎的优秀的文化形式和内容，不断推出精品。笔者所在的学校在校园文化建设精选内容和形式上，提炼出“两挖掘”“三新”的守正创新路子。

挖掘文化浸润潜能。校园文化如春风化雨，让人身临其境，浸润其中，师生们在不知不觉中得到熏染。笔者所在的学校把校园文化分为物质形态和精神形态两大板块，下设6个“浸润”子板块：管理惠润、教学丰润、德育温润、行为悟润、生态涵润、服务养润。在“六润”建设过程中，推行“文化浸润心田”系列活动。通过潜移默化、有感染力地表达，不仅对师生的学习、生活、心理起到良好的调节作用，而且对规范学生的行为习惯，促进学生素质的提高起到潜移默化的作用。

挖掘以职业文化为基础，构建多元文化交织的育人体系。笔者所在的学校通过对多元文化交织育人过程的探索，构建以职业文化为核心，传承与发展本土文化、道德文化、政治文化、专业文化和企业文化网格化的文化体系。我们选择几个专业学部作为试点，给学生讲授有关职业道德、职业情感、职业责任、职业纪律以及职业礼仪的知识，对要素文化在职业文化的架构中所起的作用列表格分析，挖掘各要素文化的内涵和外在要求，把多元育人的系统思维切入多元文化交织的职业文化体系中，挖掘并充分发挥着职业育人、乡土育人、道德育人、政治育人、专业育人、市场育人的独有育人潜能，突出多元文化交互的系统的育人体系，结合实际展现并应用学校文化守正创新的探索成果。

志愿服务成为校园文化建设的新思路。如今，志愿服务已成为中职学生进行社会实践的重要途径。学校以社会需求为导向，坚守“奉献、友爱、互助、进步”的宗旨，精心组织、开展志愿者服务的系列活动，形成浓厚的服务文化氛围。在“学雷锋，做好事更要做好小事”的精神的引领下，成立志愿者团队，学校的每一项活动都由学生和青年教师志愿者组织并全程参加。如，上下学的文明岗值守、协助社区疫情防控，汽修专业学生主动到街道对车辆进行检修保养，设施农业专业的学生到设施农业园区参与蔬菜的育苗和病虫害防治，平面设计专业的学生义务做创建文明城市宣传牌370多块，老年人服务管理专业的学生到敬老院为老人表演节目、按摩康复，等等。经过多年的发展，学校志愿服务的领域及内容和形式在不断地丰富和拓展。

体育艺术节是校园文化建设的新措施。学校每年组织两次以上的体育艺术节，将体育与艺术相结合，融健身、竞争、娱乐和育人于一体，"以健康第一"为根本、"体艺结合"为动能、"体育艺术文化 +"为特色，在做好常规体育、艺术项目训练的前提下，推行特色项目的技能训练，开展训、演、示活动，达到一班一特色、室室有特色的效果。具体做法是：学生选择符合自身条件和场地条件的、积极健康的艺体项目或者艺体结合项目，由专业或辅导员教师指导，有目的地训练。如我校编排的体操舞《骁》，融合了舞蹈的阴柔和武术的阳刚，"以神领形，以形传神"，传达出独具中国特色的审美意韵，"移民新区、缘聚八方"，彰显了传统乡愁与现代示范区相融共进的独特魅力；按照学校"一训三风"的内在要求，在表演队伍中设计带有拼音字母的大圆套小圆的回环，每一个字母都体现了职业教育的发展要素；再以学校校歌《职业理想放光芒》伴奏。这是我们教师团队探索总结出来的"体育艺术文化 +"的新举措之一，在全区体育文化艺术节开幕式表演中荣获特等奖。体育艺术文化节以活动为表现形式、以育人为出发点和归宿点，将为党育人、为国育才和爱国主义、集体主义、建设和谐校园融为一体，通过开展丰富多彩的体育艺术活动，逐步培养负责任、强能力、善创新的综合型、应用型艺术体育人才。

展室文化成为校园文化建设的新标识。学校的主展室布局分为这几个部分：第一部分是发展中的中国职业教育，内容有三：其一，中国古代、近代、现代职业教育的发展历程，各阶段的特点，古今能工巧匠、领军人物。其二，中国当代职业教育、党和国家职业教育顶层设计、当代职业教育思想和教育取得的成就、当代能工巧匠和劳动模范的事迹。其三，古今中外职业教育文化荟萃，鲁班、墨子、黄炎培、陶行知及杜威的教育思想、德国"双元制"教育理念及观点。第二部分是发展中的红寺堡区域文化，内容模块也有三：红寺堡移民地区的社会经济和文化发展的历程、成就；生产生活中的职业教育，原各搬迁县的优秀的职业文化范式，生产中的职业教育、生活中的职业教育汇集；本区及原搬迁县的能工巧匠及奋斗历程、优秀事迹等。第三部分是红寺堡职业教育扬帆起航、扎根致远，其内容模块有五：其一，展示学校职业教育发展的电子屏轮播；其二，领导关怀和落实党和国家的职业教育的政策；其三，学校的基本情况，包括学校的办学思路和方向、项目的发展、设施设备、专业建设、师资等；其四，教育教学发展四部曲：育人立校、融合兴校、技能强校、文化润校；其五，《我们的这些事》栏目，展示了学校及师生本学年经历的趣事、要事和荣誉。“年度大事记”栏目每学年更换一次，所有的内容逐步补充和更新。

五、众志成城，在形成细节和渗入过程上守正创新

校园文化的质量提升，不但内涵要丰富、特色要鲜明，而且要在细节上下功夫。校园环境中的一草一木、发生在身边的一点一滴，都会对师生们产生潜移默化的、深远的影响。其一，在校内，我们不但通过物质文化、精神文化和制度文化发挥作用，而且通过组织开展校园的文化活动、创设校园的文化环境发力，在细微之处展现学校的办学特色和办学品位，激发师生共同参与、积极向上的情怀，这正是校园文化具有无限生命力的根源所在，也是对学校成员具有巨大影响力、感召力的根源所在。学校的所有部门、年级部、学部（系）等都发挥基础统领的作用。我们发动全体师生，全校上下群策群力，学校内外一盘棋，“车、马、炮、士、帅、卒”都出动，发挥各自的优势去下好这盘“棋”。例如，笔者所在的学校推行的“3+x+2”日常全员文化，即学校面向全体学生成立体能训练队、百人合唱队、文创艺术队3个队，若干个技能和娱乐社团，每天保持2小时的训练活动时间。对于没有参加“队”和“团”的师生，组成校园绿化美化和劳动社，开展相关活动。这个过程其实就是整合资源、增强合力的过程，充分激发群众的参与意识，将先进文化要素融入、扎根到育人的全过程。其二，借力与聚力，开展校园文化活动必须动员和组织校内和校外的人力、物力、财力资源，协调校园各职能部门的关系，体现各学部、班级、学生社团的意愿；遵从上级主管部门的决策，疏通校外社区和家长的关系；加大学校内部文化建设的投入，加强活动场所和人文景观的建设，充分利用校外的文体、旅游、场馆等资源为我所用，协调和调动开展校园文化活动的各类因素，促进校园文化的发展。其三，考评激励，校

园文化建设必须关注评比、激励和宣传，我校把校园文化建设作为对各部门的综合素养指标，定期进行量化考核，考核结果与学期评优、评先等挂钩，以调动全校教职员工做好综合治理和文明创建工作的积极性，使我校的校园文明创建呈现出“人人参与、齐抓共管、百花齐放”的良好局面。推行校园文化建设激励机制，提升教师建设、学生建设与社区建设的能力，并对建设中主动积极、成绩突出、有创新者给予表扬激励和典型宣传，发挥文化的正能量作用。

中职校园文化建设的守正创新要把校园文化诸要素有机地结合起来，有效发挥其功能和作用，呈现学校的办学特色，充分体现人类文明的发展和进步成果，让学生在先进的校园文化氛围中健康成长。因此，在推进校园文化建设过程中，学校一定要根据学校实际，结合自身特点、历史渊源和发展趋势，形成具有丰盈的内涵、鲜明的特征的校园文化，以提升校园文化守正创新的品质，使校园文化建设充满生机活力。

综上，校园文化建设存在的问题有其文化和教育发展的历史的必然，而且随着社会发展，职业教育和学校的发展过程中，原有的问题不断解决，新的问题又再出现。这就要求所有的职业教育相关的组织和个人，担负起职业教育校园文化建设改进和革新的责任，即守正创新的责任。在中职学校，紧紧围绕国家中职校园文化建设的总目标和各分项目标，树立系统思维，遵循职业教育文化建设规律和原则，关注每一个细节，浸润受教育者的心田，充分调动广大教师、学生以及家庭、社会参与校园文化建设的积极性、主动性、创造性。在理念、方法、内容、形式和过程上，全员、全程、全方位地自主守正创新，不断改进或革新存在的问题，以提升中职校园文化建设品位，实现中职师生和学校立体化的提高，实现学校与社会、企业的融合发展。

第三章　中职校园文化育人过程的守正创新

前文提到著名文学家梁晓声对文化的有一个很贴切的理解，他说“什么是‘文化’？可以用四句话表达：植根于内心的修养，无须提醒的自觉，以约束为前提的自由，为别人着想的善良”，这表明，文化首先是深入个人内心实际，而自觉形成高尚的品质和正确的处世态度；文化既是精神产品，又不能离开物质载体和制度的约束而存在，是社会实践的产物；优秀文化可以对人们的向善情怀和社会的和谐文明有积极的促进作用。校园文化体现了学校整体精神的价值取向，对人的思想和行为具有较强指导作用，是一种丰富的教育资源。校园文化建设不仅是创意设计、环境美化，更能赋予师生独立的人格和积极向上的奋进精神，通过物质、精神、行为和制度的途径，以特有的功能植根文化肥沃的土壤，培育学校的教育功能和人文情怀，对师生的健康成长有着重要的影响。因此，校园文化建设是学校内在品质和外在形象的双重彰显。

我们对吴忠市红寺堡区职业技术学校在校园文化植根于其教育价值发挥中，从校园文化在外显和内润两方面的守正创新方面作了一些有益的探究。

第一节　文化植根，外显于行

校园文化是社会主义精神文明在学校的体现，是一所学校独特的文化象征。校园文化既是“植根于内心的修养”“无须提醒的自觉”的一种精神力量，成为学校办学的根；又是“以约束为前提的自由”，以其外在的物质、行为、成效等形态表现出来，成为学校办学的繁枝茂叶。只有根深才会有叶茂，以精神理念为标尺提升校园环境品位，彰显学校特色，为学校全面创建感恩校园、强农校园、能手校园、绿色校园、平安校园发挥不可估量的作用。

我们结合学校实际，从以下几个方面进行探索：理念引领，特色的精神文化育人；牌木有情，特色的物质文化育人；行为世范，特色的行为文化育人；治理有力，特色的制度文化育人。

一、理念引领，特色的精神文化育人

学校的办学理念，就是学校的特色精神文化主题，也是学校的价值取向和行动指南。吴忠市红寺堡区职业技术学校的办学理念是“做学合一，立己达民”。

（一）学校“做学合一，立己达民”的办学理念，始终作为本校教育教学工作的价值导向

“做学合一”的含义是所有教育活动和治理活动的过程都围绕理论与实践紧密结合的原则，在做中学、学中做，做和学合在一起，使工作和学习变成很有意义的一件事。学校推行“做学合一”，把学做人和学做事合二为一。“做学合一”的办学理念有两层含义：第一层含义是做人、修身、立德。时时处处引导全体教职员工和学生，不但要懂得道德行为的规范、明白做人的道理，这就是“学道”，而且还要把懂得的这些道理、规范、方法如何时时处处落实在日常的行动和实践中，落实在一件件平凡小事中，去做一个优秀的有上进心的人，这就是“做道”。简言之，要想成人，必须做和学合一。例如，我们提倡“自信”“友爱”，不但要明白“自信”“友爱”的一些道理，还要在实际生活中真正做到自信不自卑、友爱不仇视，知行合一才叫真效果。第二层含义是做事、求知、强能。时时处处引导全体教职员工和学生，既要懂得学习知识的方法和规律，懂得如何去做事，又要在实际行动中去落实，能高效率、高质量地探求和行动。在教学中，坚持边学理论，边动手实验实训，边应用和深化知识，做和学相互结合、相互促进。简言之，要想成才，必须做和学合一。例如，党风廉政建设中，坚持做和学合一，既要明白党风廉政建设有哪些具体的政策和法律法规要求，又要按照这些政策和要求去做在日常、做在实际，一言一行都廉洁、都自律。

做学合一，是本校开展教育教学工作的主线，学是前提、做是根本。

立己达民的含义，“立己”就是使自己强大，通过一段时间教育和学习训练，广大学生不但学到真正的技能和本事，而且成就学业和人品；“达民”就是惠及民众，要时时处处立足于感恩党的民生政策，在学有所成之后回报父老乡亲、服务移民群众，把幸福给予广大民众，实现惠民、富民、强国的愿景。

做到“立己”，就是教师和学生都要做到自强自信，通过勤奋努力和发挥聪明才智，教有建树、学有本领，获得个人的成功；做到“达民”，就是无论教师还是学生，时时处处为本人、家庭、社会和当地的乡村振兴规划前程、夯实基础，付出教育人的情怀、心血、智慧和汗水。

“立己达民”二者互为条件又互为目的，在“立己”中“达民”、在“达民”中“立己”，始终作为中职学校教育工作的宗旨。

正确理解这一办学理念，必须认识其中的内在联系。“做学合一”是因、是过程、是渊源，“立己达民”是果、是目标、是成效，二者相互联系、相互依赖。在实际教育教学和管理行动中正确处理好几对辩证统一的关系：其一，学是做的指导、做是学的过程和成果，学是为了能更好地做、做是为了更好地学；其二，“立己”是“达民”的条件、“达民”是“立己”的方向，“立己”为了“达民”，“达民”为了更好地“立己”；其三，“做学合一”与“立己达民”的各个子要素是有机统一、不能分割的。

（二）在中职学校的育人实际中贯彻落实办学理念

办学理念承载着学校的办学使命、地域发展和精神文化，是一个学校行动的座右铭，用科学的办学理念指导实践，可以明确工作方向，指导教职员工以正确的方法论和教育教学行为，推动学校自觉走向成熟。主要从以下几方面贯彻落实：

1. 以职业教育的法规政策为导向对职业教育开展研究，准确把握对职业教育的理解，是贯彻落实办学理念的前提

在学校育人实践中做到“做学合一”“立己达民”的统一，必须将人的思想和行为统一起来、各种工作关系统一起来、各种社会办学的力量统一起来、奋斗的过程和幸福的结果统一起来（幸福是奋斗得来的）。共同回答职业教育“我是谁”“为了谁”“我如何为谁”这一系列问题。

为了做到“和谐地统一起来”，学校要以职业教育的法规政策为导向，有靶向、有调控地研究学校办学理念，把研究过程也作为一个统一思想的过程。首先，从党和国家近期发布的职业教育的有关法规、文件、纲要等切入，重点熟悉、理解、研究类型教育、育人方式、产教融合、“三教”改革等方面的大政方针。其次，把办学理念置于大政方针之内，找出相关理论依据，结合职业技术学校的办学规

程，选取个人的教育教学实践和职业体验的命题，进行理论实践化研究、总结。理论上提炼和应用，围绕“如何在实践中体现和落实办学理念”这条主线，以事实说话，启发学校的教育者把理论应用于实践，在实践中提炼、感知理论。再次，把岗位上好的做法、教师自己感兴趣的话题、学生发生的变化、社会和企业因此而受益等成效进行提炼，以事实说话更让人信服。最后，可以此确立申报为学校研究的课题，根据不同岗位和个人选择设若干分项，结合职业教育的大背景，研究实践“做学合一，立己达民”办学理念的过程，自然就回答了“我如何做好职业教育人”“我如何在研究中提炼、实践中应用、应用中渗透和感知启迪职业教育”这些亟待解决的问题。

研究的过程，也是布局谋篇、统一思想的过程，师生员工从思想自觉到行动自觉，为贯彻落实办学理念奠定了前提条件。

2. 始终把学生放在心上，将理念融入学校日常育人活动中，是理解、认同、贯彻落实办学理念的内生力和主线

理解和推行学校办学理念，也是经历过一个比较曲折的过程，需要经过讲解、认识、认可、实践、应用、证明、再讲解、再认可、再应用这样一个量变到质变的过程，而且这是一个曲折、螺旋上升的过程。我们学校创办之初，根据移民地区发展和职业教育的现状，提出“做学合一，立己达民”的办学理念，经过了这样一个发展过程：由校长提出、校委会研究、教代会通过后确立，在大家商讨中确定下来；提出后，笔者专门分了几个专题作详细讲解，而且在每次集体活动的发言上应用、表述、再讲解、再论证，起初只有极少数教师能理解，大多数人一知半解，极个别教师甚至连这八个字都说不上；后来，笔者发动大家尝试背诵、试行，召开应用研讨会、经验交流会，在实践中交流，在做中学、学中做；经过两三年的认知、接纳、运用，才有了效果，最终有理论的理解更有实际的成效，才可被大家认可并且自觉践行。

年轻的牛老师讲述了他的经验。牛老师所带的汽修班的一个学生小马，父母离婚，小马在社会上流浪几年没有出路，父子关系紧张，出于无奈来到学校要求上学。牛老师从不放弃每一个学生，更是加倍关注像小马这样的学生，让小马做他的副班主任，将小马的座位排在前排，把部分理论课删减、调换成汽修技能强

化训练课；鼓励小马在元旦晚会上表演拳术，并让小马的父亲到场观看，表演结束后他们父子冰释前嫌。牛老师首先把做、学统一起来，“做学”和“立己”、“立己”和“达民”统一起来，这个孩子变化特别大，学习成绩提升了，更重要的是在班里表现很好，各位老师反映都不错。也就是说，让学生把“立己”放在“做学统一”的过程中，一步一步转变，形成良好的人格。两年后小马在山东实习，企业对他很满意，跟他签订用工协议，期间小马每个月都给母亲汇款，还资助了邻居家一个身体有缺陷的孩子，被资助的孩子分类考试中又被某能源学院录取，可以选择继续升学。在交流经验时，其他老师也讲了自己贯彻“做学合一，立己达民”办学理念的做法和经验：有的利用晨会和集体活动，让学生齐读、背诵、讲解；有的将办学理念已经融入学生的一言一行中。方式灵活多样，教学育人的效果确实很好，大家都从中有所收获、深受启发。

从成功的案例，不难总结出：“中职学校要想真正做到让人民满意、让社会放心，始终贯彻“做学合一，立己达民”这个办学理念，是精神引领的一个很好的方向和动力。

由此看出，“做学合一，立己达民”这个办学理念，要一点一滴渗透、应用，用实际的变化让师生由生疏到熟悉再到感兴趣，从主动去验证、尝试有效果到自觉自如地应用，最后到全员认可。只有真正出成果才能让师生们信服，方可落实下去。

3. 紧紧围绕学校德育、教学、技能，以教师发展和学生升学预备就业为根本出发点和落脚点，才能检验办学理念的成果

学校要站稳脚跟，一步一步提高知名度，向名校靠齐，就必须符合孩子和家庭的需求、符合当地社会发展的需要，提高教育教学质量，拿出真行动、真效果，让孩子们体验到在学校上学并不枯燥而乐于学习；让社会和家庭感觉到在当地的中职学校学习是有作用、有成就的，从而乐于接受、乐于支持。

在教学上，实行“先做后学”四段适应性学习的教学模式。其基本思路是“有步骤地适应学习”，即适应新课改理念，主动推进“三教”改革，坚定人文素养、自主探究、学生中心、发现点燃等理念；适应职业教育教学的内在规律，坚持“三动”综合能力和校企“双元”育人；适应“职教高考”和“产教融合”的政策形势，

以有效地备考、备业；适应本校（班）学生的基础现状和个性发展的特点，实施分层教学；适应国家对职业技能人才的需求方向，提高终身学习、终身工作的能力。以“先做后学适应性学习”来确定对应的“学”的深度、方法、形式等，在系统总结的基础上组织运用，做之后学、学中有做，切合办学理念，检验办学理念。

学校开展“十二德五不一有”过程性主题德育，“十二德”即民德、课德、班德、仪德、会德、网德 、险德、餐德、寝德、口德、衣德、行德；“五不”即不自暴自弃、不冲动、不浪费时光、不读死书、不沉迷网络；“一有”即有闯劲。并且以“道德银行”常规惠存、存贷结合的形式落实，开发德育潜能。

实行以上教学模式和过程性德育，都是将“做学合一，立己达民”的办学理念具体化、行动化。将教和育结合，帮助补齐学生学习和家庭教育的短板；从“民德”起始、“有闯劲”落脚，以“道德银行”为介质，帮助补齐学生品德和社区教育的短板。短短四年办学历史，有4名学生获得国家奖学金、206名学生考取各种职业技能等级证，两届毕业生分别有6名、17名学生考入职教本科，升学率远高于本省（区）的平均升学率。

学校坚持在“做学合一，利已达民”办学理念的指导下提高学习成绩和德育水准，使全体学生既能学、能做，又会学、会做，在短时间内取得较好的成绩，从长远看既有前途又能回报家庭和社会。可以说成绩的取得与坚持“做学合一，立己达民”办学理念是密不可分的，足以检验办学理念真正落地生根，对学校的长足发展是必要的。

4. 办学理念统领学校精神体系，在系统性的关联中贯彻落实，是办学理念指导实践的升华

办学理念是学校对教育方向、特色品牌的一种理性认知，“它以一种精神力量、一种文化氛围、一种理性目标熏陶着学校群体成员”。学校的办学理念及育人理念、管理理念、教学理念、“一训三风”、校歌、校徽以及核心精神等，作为统一体构成了精神体系，推动着学校整体发展，其中办学理念是这个精神体系中的生命线，也是学校发展的方向，担起学校培养德才兼备的职业技术人才的育人使命。

（1）以办学理念为标尺，衍生与之对应的“一训三风”等理念以及校徽、校歌。我们从办学理念出发，确立的校训是“尚德立本，多能立身”。“尚德”即崇尚、践行美德，“立本”即立足于现实和本职，不忘本；“多能”指的是掌握多种技能、善于动手，心灵手巧、特长明显，成为制造、创造能手，“立身”即立足安身、处世为人所具备的能力，有一技之长、修炼自己、适应社会。这与“做学合一，立己达民”的理念是高度吻合的。无论什么时候，都要感恩国家的好政策，自信自强、报国为民，牢记我们职业教育的终极任务是“为了使人民群众和学生的生活更加幸福”。

再如，吴忠市红寺堡区职业技术学校的校徽就紧紧围绕办学理念，最下面是由黄色渐变为绿色的书本状大地，中间是字母“z”“j”的书法体，又似蜿蜒流淌的黄河，黄河之上是镶嵌着五颗星的蓝天。校徽的设计也处处包含着“做学合一，立己达民”的办学理念。

（2）学校精神体系是一脉相承的统一整体，办学理念要渗透学校精神体系中的其他理念之内，才能够具体化、行动化。一方面，办学理念是学校精神体系的统领；另一方面，办学理念要渗透到学校的办学目标、教学理念、“一训三风”等精神体系中，使之具体化、行动化。办学理念的渗透，要与学校的党的建设、管理创新、课程教学改革、人才队伍建设、育人环境的营造、职业规划等紧密结合，并且内化在每一项工作的具体行动之中。例如，学校的学风是“树自信，勤训练，日知新，好习惯”，教学理念是“为每一个学生提供足够营养的课程服务”，其实质都是将办学理念渗透其中，并在实际指导中具体化。

以上的思想和理论，是立足现实，通过实践中的思考、提炼、验证，同时借鉴古今优秀文化和优质学校的一些做法，形成的以“做学合一，立己达民”的办学理念为核心的移民地区中职学校的办学思想。坚持以此为导向，认可和遵守职业学校的价值取向，形成学校精神体系，加快构建学校现代职业教育体系，为移民地区的社会经济和乡村振兴培养更多高素质技术人才和能工巧匠，为培养现代化大国工匠而办好县域职业教育。

总之，办学理念作为特色精神文化和学校的行动指南，贵在贯彻落实，如果不落实，就只是一个口号。落实办学理念，需要全校师生员工的共同努力，需要大家共同行动，将办学理念在学校方方面面的工作中渗透、体现、贯彻和落实，用办学理念规范办学行为、指导学校工作，最终成为师生的精神力量。

二、处处有情，特色物质文化育人

知名学校的校园文化建设，不仅精神文化渗入效果明显，而且真正能够实现让每一堵墙都会说话，并说真话、说积极的话、说动听的话。每一块标牌、每一个墙面、每一处风景等物质文化都显得有情有义。

笔者所在学校的校园物质文化突出“做学合一，立己达民”的办学理念，坚持“尚德立本，多能立身”的校训，以雅致、启迪、实用、美观为原则，结合学校“五维”校园建设的目标，利用好校园的每寸土地、每个墙面、每级楼梯，充分展现学校特色，全面打造校园各层面的内隐文化和外显文化，为广大师生创造优良的人文环境，从而形成能够充分展示个性魅力和办学特色的校园文化，使学校成为师生愉悦身心、陶冶情操的成长乐园。

（一）标识文化建设

我们本着“整体规划，分步实施；追求品位，重在育人”的宗旨，根据学校不同的部位、不同的功能进行布局，从校门、道路两侧、外墙面、楼门厅、楼梯、

图3-1　吴忠市红寺堡区职业技术学校全景

门牌和宿舍、教室、实训室等室内进行主题布局，既体现功能特点又浑然一体。

下面举几个例子说明学校标识的构图、设计理念及其含义。

1. 校徽

（1）轴心：将“红职教”三个字的声母“h”“z”“j”进行变形，既似奔腾的黄河，又如跨步奔跑的健儿，深植沃土、撑起蓝天。也包含着感恩“共产党好，黄河水甜”的含义。

图3-2　红寺堡区职业教育中心校徽

（2）下部：红寺堡区是从一片荒漠中经过辛苦的耕耘一步步崛起的，沙漠变绿洲；学校在国家和地方政府的政策支持下，自2018年开门办学后与红寺堡区同步发展变化，蕴含着劳动光荣、技能宝贵的含义。

（3）上部：镶嵌着“五星”的蓝天。①办学思路：建设感恩、能手、强农、绿色、安全“五维”校园。②办学目标：培养自强公民、能手公民、惠农公民、学习公民和国家公民“五维”公民。③四小星环绕一大星寓意着红寺堡区群众自四面八方缘聚而来，各民族人民在中国共产党的领导下紧密团结。

（4）外围：为“尚德立本，多能立身”的校训和学校全名。

（5）寓意是脚踏大地、仰望星空，在大地上劳作、学习，用奋斗和技能改变自然和生活环境，处处蕴含着“学校是师生享受奋斗和幸福的地方”的核心理念，在党的政策指引和扶持下，接受职业教育也会有灿烂前途。校徽的设计，和学校的精神体系一脉相承。

2. 校旗

校旗整体设计理念是：扎根在红寺堡大地上的职业教育，为当地产业和教育服务，承担着育人、提质、创业、显达的使命。昭示人们热爱新生活、接受新教育，教育和创业相伴而行，对职业教育和成人、成才孜孜以求。

学校升旗仪式的一大特色是，举行升旗仪式时，将国旗与职业教育学会会旗、校旗分三次依序升起，分别奏唱国歌、会歌和校歌。

3. 校歌

吴忠市红寺堡区职业技术学校校歌歌名为《职业理想放光芒》，歌词如下：

罗山巍巍，黄河汤汤
移民新区，缘聚八方
产业兴旺，职教芬芳
志存高远谱华章
啊，志存高远谱华章

做学合一，立己达民
厚生乐教，不负韶华
心怀桑梓，热血满腔
梦想在这里绽放

罗山巍巍，黄河汤汤
移民新区，缘聚八方
产业兴旺，职教芬芳
志存高远谱华章
啊，志存高远谱华章

尚德立本，多能立身
自信勤奋，学有所长
锤炼吾身，紧握时光
我们从这里起航
啊，红寺堡职校
行健不息
梦想在这里绽放
我们从这里起航
职业理想放光芒、职业理想放光芒

4. 学校各专业标识及其含义

（1）机电技术应用专业

图标由人的脑部和齿轮组成。体现了在人脑的主动作用下，机械电子技术与计算机相结合，通过人的设计，把任务和程序付诸机电，展现人改造和利用机械的意识，赋予机电人类的思维，使机械能够像人类那样灵活动作和思考。传递了要像齿轮运转一般不断前行，改造自然永不止步的决心，做有智慧、有理想、认真负责和精益求精的人。

图3-3　机电技术应用专业标识

（2）计算机应用专业

构成要素为整个地球、网络图标 @、人群、指路灯、天地人。其寓意是在互联网时代，计算机是最基本、最常用的工具，人人都是参与者也是受益者，每个人都在应用；封闭的构图，代表了保密性和安全性。中间“@”图标象征着互联网赋予计算机专业的功能，外围的蓝色是计算机编程语言关键字的颜色，轨道上的“灯泡”代表计算机专业的亮点和前景，几个圆的轨道相交代表本专业与整个“互联网＋教育”的融合。教育学生普及掌握计算机的基本技能，利用计算机互联网创造立体的、广袤的生命空间，展现了新时代的发展方向。

图3-4　计算机应用专业标识

（3）汽车运用与维修专业

图标由环绕的六个人、互联网图标、修理汽车用的扳手，组成一个方向盘状的飞转、开放的圆。其寓意是“扳手＋互联网图标”，代表了传统技术与现代互联网技术在汽修专业中的紧密结合；周围环绕着六个不同颜色的人形，体现了来自全球不同地区的众多学习该专业的人，为车辆的驾驶维护与改进而齐心协力。整体造型看起来像一个方向盘，代表本专业的方向和前途，也含有节能环保的理念。体现学校在汽修专业中贯彻互联网思维，更具现代服务意识。汽修专业的学生作为“汽车医生”，在汽车修理行业能够相互配合、永不放弃、团结一致，专业教学要树立互联网思维和节能环保思维。

图3-5　汽车运用与维修专业标识

（4）电子商务专业

构成要素为奔跑的两个人、云端、经济带。其寓意是人伸开双臂拥抱网络云端和经济带。人们积极利用互联网便捷灵活、能准确传递信息的优势，创建经济运动方式的新模式。同时也体现了电商平台这一新的盈利模式，建立时代主流营销和交往模式。电商专业的学生紧跟时代步伐，响应国家号召，积极参与“一带一路”建设，用互联网的创新力量去继承发展优秀文化，为社会经济发展注入新的活力。

图3-6　电子商务专业标识

（5）现代设施农业生产技术专业

图标由太阳、植物、互联网图标、树木枝叶、新能源风车、云端组成。其寓意是以生态文明为大背景发展现代智慧农业，不仅融合了“互联网 +”

图3-7　现代设施农业生产技术专业标识

的理念，而且表露出在自然的阳光和政策的阳光普照下茁壮成长的农业教育（大树）取得了累累硕果。该专业的学生在学习中认识到人与自然相辉映，要把现代信息技术广泛地应用在农业中，为实现现代农业而努力学习。

（6）幼儿保育专业

图标由五个儿童、音符、五彩画点、互联网图标、风帆组成。其寓意是五个彩色的画点像五个儿童也像五个音符，代表了幼儿保育专业丰富多样的课程和生活，幼儿需在教师的教导与安全校园环境的呵护下成长。作为未来的幼儿教师，不但自己应该多才多艺，而且要关心呵护幼儿，使他们健康愉快地成长。

图3-8　幼儿保育专业标识

（7）老年人服务与管理专业

图标由爱心，老、少各一人，蓝色的道路，书，房子组成。将老年人、该专业的学生、书和房子结合在一起，寓意关心和照护老人，又发挥余热，使老有所养、老有所为，整个社会形成尊重老人、爱护老人的风尚，为老年人创造一个安全、舒适、健康的“老年人之家”。在中国社会进入老龄化和空巢老人逐渐增多的背景下，学习关爱老人，培养尊老爱老、人文关怀的思想道德修养，为将来的优质从业打好基础。

图3-9　老年人服务与管理专业标识

（8）光伏工程技术专业

图标由双绿叶托举、太阳能板、蓝天、金色太阳组成。其寓意是通过太阳能电池半导体材料的光伏效应，使得太阳光的辐射转变为电能，这是一种绿色、安全、清洁、可靠且可再生能源，太阳不仅代表了光伏效应，也代表了该专业的学生在阳光下学习成长。该专业的学生不但要学习以光伏发电为基础的清洁能源的理论原理、制造工艺，而且要培养绿色低碳、持续发展的环保理念，将来为节能环保以及碳达峰、碳中和事业的发展作出贡献，为人类的可持续发展创造条件。

图3-10　光伏工程技术专业标识

（二）园林文化建设

在绿化、美化方面，一路一品种、一园一特点，内外布局得当。校园外种植一圈垂柳，另种有国槐。校园内，主路两旁种植侧柏、银杏，树距3米；侧路种植紫叶李、紫花槐、金叶榆等，围墙周围是龙爪槐、国槐，下面种上爬山虎。湖边种有垂柳、紫叶李、南部各县区的树木，草坪适应本地寒冷、干旱的特点。

学校公园按学校职业教育育人模块栽植代表性花木，赋予具有学校精神内涵的名称，并对应道路名称。

校内五园为紫阳园（也叫“感恩园”）、杏坛园（也叫“能手园”）、稻禾园（也叫“惠农园”）、楷树园（也叫“习园”）、银杏园（也叫“国园”），各自具有育人的寓意。如，紫阳花寓意着感谢和感恩。楷树园，子贡为了纪念孔子的高风亮节，将树命名为“楷树”，用来形容那些品德高尚、受人尊敬、可为师表的榜样人物；杏坛园，杏坛意为聚徒授业讲学，桃李满天下；银杏树被誉为国树，不但具观赏性，还有经济、药用价值，全身是宝，被当作植物界中的“活化石”，银杏园启迪广大师生要爱党爱国、理想远大、德技双馨、追求卓越。公园内有树有花又有草坪，还有小亭回廊、雕塑系列，做到有景有情。

校园内的“五园五路”中，“五园”与“五维”公民（培养具有综合职业能力的感恩公民、能手公民、惠农公民、学习公民、国家公民）对应；校园道路名称与“做学合一，立己达民”的办学理念相吻合。感恩园（紫阳园）对应涌泉路，能手园（杏坛园）对应匠心路，惠农园（稻禾园）对应达民路，习园（楷树园）

对应立己路，国园（银杏园）对应致远路。

园林文化少不了文化石和雕塑。文化石由学校精挑细选，研究了其深刻寓意之后，才确定购置的。而且文化石也在一定程度上反映了、再现了学校的精神体系，是接地气的文化。

一进学校大门，眼前就是主题文化石，正面映入眼帘的是习近平总书记对职业教育的期望“让每个人都有人生出彩的机会”。背面刻有学校的基本情况和文化石的规格及寓意。

文化石灰白相间，整体纹路清晰，一匹腾起的马和水中游戏的鱼跃然其上，寓意是职业教育是生产和生活的教育，与大自然关系最为紧密；学校的职业教育者要具有龙马精神，明晰中国经典文化，学不躐等，因材施教，善于上山击石、下海治水；学校师生要对职业教育充满信心，意气风发，实现人生的飞跃。

文化石总长9.60米，寓意是学校为自治区成立六十周年大庆献礼工程，9月开门办学；也意味着“六九合”，天地和顺、团队和谐，律制规则与人文道德相得益彰；高2.2018米，寓意为学校最初由22位教师于2018年开始，经过艰苦奋斗创建起这美好校园；厚1.26米，寓意是学校占地面积是126亩、一期项目政府总投资1.26亿元，一则为了感谢国家和地方政府的支持，二则预示着在党的领导下，职业教育不断地反哺社会经济发展，为社会培养人才、提供智力支持。底座基础深2.3米、地基宽2.0米，寓意是学校背后是23万移民群众的支持，经过20年的开发建设取得丰硕成果，有着坚实的政策、人文、自然和群众基础。

主题文化石立于一进大门的中心位置，经过精心设计和雕琢，紧紧切合学校的办学思想，激励师生围绕学校精神奋进起航的目的显而易见。

立于校园中的其他文化石，也是精心雕琢，各有教育意义。

例如，在办公楼（恩泽楼）与教学楼（立德楼）之间立有一块小型文化石，名曰“兼爱石”。

兼爱石的正面书有“兼相爱，交相利”，出自战国时期著名思想家、政治家、军事家、科学家墨翟的《墨子》，基本意思是：人们相爱，交互得利，爱利相长。兼爱石背面书有“孝悌忠信礼义廉耻”，出自《论语·学而》，是我们的大成至圣先师孔子德育内容的精髓，为历代儒家尊崇，也是长期以来为人们推崇的做人的根本，是人的最基本的八种美德。兼爱石应用“八德”内容的用意是：墨子一贯被中国职业教育尊为鼻祖，让师生们认识到职业教育在中华大地上源远流长、根深叶茂，要厚植献身职业教育的情怀；强化道德教育，也是中职学校师生修身正己的一面镜子。

图3-11　兼爱石

又如，在立德楼和立本楼两栋教学楼之间立有一块名曰“培优石”的文化石。培优石正面书有“手脑并用”。“手脑并用，双手万能”是中国近代职业教育先驱和理论家黄炎培先生创办中华职业学校的办学理念，与其他理论共同构成了黄炎培职业教育思想的精髓。培优石背面书“实、活、真、创、爱、新、行、人”八字，这是教育家陶行知先生的教育思想精髓，涵盖了生活教育、创造教育的精要。培优石应用以上思想和内容的用意是纪念我国教育家、职业教育之父黄炎培先生，教育家陶行知先生做出的贡献，时时提醒和鞭策全校师生学习黄炎培先生一直致力于倡导、研究、实验和推广职业教育的精神，学习他对职业教育理论的探索和实践，以及对现代职业教育思想理论体系形成所做的贡献；学习和践行陶行知先生献身于我国职业教育的研究和实践、改革和创新的科学精神，学习和践行他“捧着一颗心，不带走一根草”的高尚的职业道德。

图3-12　培优石

学校的匠心路旁习园中矗立汉白玉鲁班雕像。只见鲁班一手拿着尺子、一手捋须思考，身挎草帽、目视前方，雕像后面雕有他的工艺成果。之所以选择这个造型塑像，主要在于突显鲁班细心思考、开拓创新，有一颗坚持执着精致的匠心，因此塑像的底座上刻有“精雕细琢、贯古铸今”来肯定他的历史贡献，以“鲁班精神”来表明其对职业教育的久远影响，对工匠精神的开拓创新。这些，对职业学校的师生的教育意义在于，既要接受理论学习，又要对技能精益求精；既要立足于教育的需要，更要着眼于技术革新和生产的发展。

图3-13　鲁班雕像

综上所述，通过园林文化的精心雕琢，把校园打造成一片有感情、有召唤力的职业文化的沃土，山、水、花、木、路、石相辉映，更是奏响职业教育乐章的乐园。

（三）楼宇及场馆文化建设

楼宇建筑和各个场馆都需要用一定的文化元素体现文化内涵和教育意义，包括楼宇名称、楼道及室内布置，以及教室、图书馆、实训基地、宿舍、食堂等场馆的文化设计和物品摆放，都要突出学校的办学思想，都要给教师、职工、学生和家长一个既温馨传情又启迪思想的效应。在这些场所的文化设计方面，要简洁明了、突显特色，让人流连忘返。

其一，学校建筑以学校倡导的精神体系分别命名，如恩泽楼（综合办公楼），立德楼（教学楼一）、立本楼（教学楼二）、多能楼（实训车间）、立身楼（实训车间）、安心楼（男生宿舍）、安居楼（女生宿舍）、锄禾餐厅（师生餐厅）。这样命名，并非多此一举或者舞文弄墨，而是出于文化感染作用的考虑。楼宇命名要注意立足办学的大格局，容易理解而不产生歧义。一是取自于学校的校训，即“尚德立本，多能立身”，教学楼、实训楼的名称就沿用校训；二是根据中职生的特点，如男生容易冲动，常常在不经意间违反规定，因此名为“安心楼”，意即警示；女生的安全防范意识要放在第一位，因此名为“安居楼”，意即提醒；三是体现中职学校办学的社会使命，启迪师生要承担社会责任，如主楼名为“恩泽楼”、餐厅名为“锄禾餐厅”等等。每一个场所都因特定的功能被赋予具有特定含义的名称。

其二，楼道和室内的文化设计，主要突出做好以下几点。

（1）功能定位与教育性。承担什么功能、属于哪个专业、有哪些人活动等，就要研究相应的表达内容和方式，如学校综合办公楼的楼梯拐角平台上，一楼放置职业教育的政策及名人语录；二楼养老育幼类专业区域，放置幼儿和老年人照护的知识和活动图片；以此类推，三、四、五、六层分别放置设施农业、计算机及网络技术、电子商务和主要展示平台、党风廉政建设等相关知识和活动图片。功能定位始终是职业教育职业性、适应性的本质反映，直接在这些地方把本楼或者场馆（室）发挥的功能、操作注意事项、责任人、安全须知等展示出来。这里切忌为了追求表象感觉而忽视了教育的实质，尽量少用或者不用大话套话。

（2）一目了然和实际易懂。所有内容一经设计和展示出来，目的是要让大家一看就明白，而且经过的人大多数都能在短时间内理解，这就有了选择上的要求：方式简单明快、内容切合实际，如学校汽修实训车间门厅就设有汽车行业巨头的事迹和本校学生参加维修大赛的图片和文字。这里切忌长篇大论、不切合实际，尽量杜绝直接从网上下载。

（3）新颖性和独特性。楼道或室内的文化布置内容和形式，在保持相对稳定的基础上，根据教育的发展趋势和政策要求不断更新，始终给人以耳目一新的感受；在突出专业或者功能共性的基础上，有学校的独创更要有教师和学生个人作品的展示。在形式和材料上，既有喷绘板和立体字，还要设计一些动态演示、虚拟仿真视觉效果等，更能够引人入胜。这里切忌照抄照搬、人云亦云，尽量减少雷同。

其三，场馆的文化建设，更要服务于人的审美观和发展需求。

下面结合笔者所在学校的做法，列举几个主要场馆的具体实例。

（1）宿舍文化。宿舍是学生的主要活动场所，我们以课余活动和生活场景为主要内容，以校园精神为主线，是一种群体文化。中职生宿舍文化建设，我们可以分表层、中层、深层三个层次。表层：宿舍内部配置人性化且实用的设施设备，以军事化的方式规范布局，保持整洁、干净，着装素雅、发型规范。中层：将美丽宿舍的标准、住宿生一日活动规范、卫生制度、值日表、手机自律使用办法等挂在醒目的位置，让学生熟悉并落实各种规范；床位定位卡和门口的信息栏上有姓名、班级、职务、床位号、照片以及人生信条、我的宿舍生活承诺等基本情况（日常行为规范记录册由宿管教师和舍长填写）。深层：用墙体布置、起居环境、言行举止、积极状态等表现出来，以测评、陈述、好人好事等方式呈现出，内容有宿舍成员精神面貌、道德风尚、团结友爱、健康状态、个性情趣、良好的个人行为习惯等。这三个层次，由表及里、逐层渗透、相互依存，住宿生是宿舍文化的主人，班主任、宿舍工作人员和相关部门要着意引导学生构建文明、雅致、美观、舒心的群体文化体系。

（2）实训室文化。中职学校实训室和实训基地文化首先应该是“7S”管理标准的实训制度文化，“7S”管理内容指整理、整顿、清扫、清洁、素养、安全、节约；主要制度有《实训室（基地）安全》《实训设备操作技术及规程》《企业规章制度》等。其次，要体现职业教育前景、劳模精神、工匠精神，以及有关职业教育的政策、内涵等，设置本专业领域内卓越人物、大国工匠的事迹和品质，本校师生的活动掠影和取得的成就。再次，还要有“企业文化”“创新创业文化”“学生创意栏目”等。最后，中职学校实训室和实训基地文化建设应该特别关注物质文化、精神文化、行为文化、制度文化的有机统一，企业规章、企业生产流程、企业愿景等与学校实训室（基地）的规章制度、操作流程、愿景相互融合，学校和教师、师傅的意愿与发挥学生的个性特长、激励学生的向上激情紧密结合起来。

（3）图书馆文化。中职学校的图书馆是学习和信息交流的主要场所，不能因为一些中职学生不喜欢读书而被淡化，反而要更加重视图书馆的建设，特别是文化建设。中职学校图书馆文化的内容及要求：一是物质文化层面。图书馆的建筑及其内饰的造型、材质等要素既要大众化又要个性化，设备既要满足常规的阅读需要，又要大幅引入应用现代信息技术和虚拟仿真阅读系统、电子阅览平台，基础设施的功能布局、美化装饰乃至窗帘、吊顶等物化形态所体现的文化氛围。二是精神文化层面。对于图书管理员，着重提高工作人员的政治思想修养、爱岗敬业、文明规范礼仪以及业务素养等，倡导勤奋和敬业精神，树立读者至上、真诚服务、默默奉献的职业精神；对于读者（主要是学生和教师），着重于读书意识、读书能力、筛选取舍能力、文化安全以及信息化要素交流研究的培养，形成勤读善读、全心投入、批判继承、传播正能量、善于将信息化和传统方式相结合的良好品质和作风。三是制度文化层面：借阅、交流和安全制度等。学校在图书馆内设置传统的书屋书架，增加电子阅览平台和虚拟仿真系统，在二期工程，设立茶座式“蜜蜂”书吧（意喻“读书学习像勤勤恳恳的蜜蜂一样博采百花、吐蜜奉献”）。四是行为文化方面：我校图书馆工作人员没有学过图书馆学、电子阅览等方面的专业，学校展开了图书馆业务知识培训、信息检索培训、安全知识讲座等专业方面的培训，以提高专业素养，确保服务质量；与教务处、学生处、团委等组织合作，开展“读者之星”“信息新秀”“书香班级”评选活动，积极组织“读书月”“读书竞赛”“读书征文”活动，倡导和鼓励学生到图书馆多读书、读好书，在活动中培养学生的阅读兴趣，增强图书馆的吸引力；充分利用信息资源，利用班级微信群、QQ群、公众号、腾讯会议等平台建立“班级微缩图书馆”，分享阅读资料、阅读成果，开展阅读讨论、读书沙龙等。举办一系列读书活动，体现了学校“一切为了师生发展为核心”的人文精神。

（4）教室文化。教室是学生所处时间最长、活动内容最多、影响最深的场所。教室文化的内容及其要求主要有：教室文化主要包括环境布置等“硬文化”，读书、节能等“软文化”，总体要求是教室文化与地域文化统一，班级文化与学校文化、专业文化统一，力求做到统一性和个性化相结合。具体表现形式为：教室内外文化墙的布置，包括教室内班级公约、特色活动掠影、图书角以及智慧黑板使用记录、班会记录等；教室门口设置班级的班牌，班牌上有班级名称、班主任寄语、班级“一训三风”“全家福”照片等。下面重点谈谈笔者所在的学校教室文化的基本情况：学校把教室文化的布局按照“统一＋个性”的原则设计，我们总结为“四角三面一自我”。第一，“四个角”分别是节能角、特色角、学习用品角、卫生角。①由于学校是全国公共节能示范单位，统一要求在全校各个班级开辟“节能角”，分为节能宣传、我的节能故事、垃圾分类和可回收物的艺术展示板块，这个角里，学生把废水瓶子、废纸、牛奶盒等摆放成各种造型，很有艺术感，而且过一段时间后学校以市场价格的2倍统一收购，收入作为班级活动费用。②卫生角：每个教室设置卫生角，卫生角就设置在教室与走廊衔接的地方，配置卫生工具挂架，扫帚拖把、垃圾桶统一摆放并围挡，使卫生角整齐划一，美观有序。③学习用具角：黑板前面一角统一专设一个柜子，包括借阅的图书、文体用品（跳绳等）、教具、演示实验用具等，尤其在这里摆放手机充电架和手机放置柜子，且柜子有密码，一般只能专人取出。④“特色角”：教室环境布置要具有当地特色、专业特色和班级特色，“特色角”辟有“移民特色”“专业特色”“班级特色”栏目，体现学校的特色办学思路等，要求利用移民地区优势，把自己收集到的丰富的原迁地的移民文化展示出来，不间断地进行“寻根”教育和感恩教育，统一要求写清楚特色名称、内容描述等，也可以与“专业技能面”合并。第二，“三个面”指的是黑板之外的三个墙面，一是“规则制度面”。社会主义核心价值观、中职学生守则、学校学生日常行为规范、健康常识和自我保护等，以及本班级的规章制度，包括班级公约、班规、班级操行分管理制度、课程表、作息时间表、值日表等，为了评选班级“文明之星”做准备。二是“我行面”，意即“我行”“我能行”，由取得的成功而树立自信，主要有学生的活动掠影、班级荣誉墙、“我的美好故事”、感言等板块，这个墙面下方安置小柜台，摆上学生的自创作品、学具。三是“专业技能面”，包括本专业有关知识、本专业典型模范人物及大国工匠、学习与创造等，也可以与“特色角”合并。第三，“一自我”，是指在各个“角”和“面”上，都渗透班集体和学生个人的作品、创意、成果（含奖励）和感悟，具有个性特征、班级情怀，具体内容由班级和师生自己决定。

（5）阵地文化。阵地文化是最好的无言的表述之地，如一楼展厅（校史教育基地），尽管面积不到300平方米，但是经过精心布局，分为“集大成厅”“善行厅”“体验厅”三部分，其中“集大成厅”内含中外职业文化与历代能工巧匠、移民文化与红寺堡区历史、行为教育与德技双馨等内容，内设一个小型触控一体化电子屏；“善行厅”意即做事有始有终、积善成德，重点是学校办学情况展示，包括学校历史发展、教育教学实践、建校以来重大事件，以及学校取得的重要奖励，也设有一个小型触控一体化电子屏；“体验厅”主要以AR技术支撑，分为“我的职业能力体验”和“特定专业体验”两个小的模块，前者以头脑风暴等形式测试目前个人的职业类型和发展状态，后者是一套虚拟仿真设备，不同专业有不同的体验软件。展厅是学校整个办学和发展的缩影，也是人们认识职业教育和职业文化的窗口，观看者从中领悟、接纳、欣赏和支持职业教育，在观摩传统的展示方式的同时享受新技术应用带来的成果，把职业文化、教育文化、移民文化和道德文化有机结合起来形成立体文化。且随着学校的发展逐渐补充完善。

三、治理有度，中职学校特色的制度文化育人

制度文化是将文化与制度统一起来，制度必然反映文化的价值、文化的精神、文化的理念，可以说，没有文化价值的制度是不存在的，没有制度形式的文化也是不存在的。按照马林诺夫斯基的观点：制度文化作为物质文化和精神文化的中介，在协调个人与群体、群体与社会的关系，以及保证社会的凝聚力方面起着不可或缺的显著作用，深刻地影响着人们的物质生活和精神生活。

随着社会的发展和进步，教育制度不断改革和完善，渐渐地产生了学校制度文化。在刁培萼先生的《教育文化学》一书中，指出学校制度文化是围绕社会主义核心价值观，要求全体教职工和学生共同遵守，按一定程序办事的行为方式及与之相适应的组织机构、规章制度的综合。

由此可知，中职学校的制度文化是适应职业教育理论和实践的组织规则和行为方式，制定出的切实可行又能保障中职教育学生学习和个性发展，还能尊重全体教职工权益的组织机构、制度规范的综合。

中职学校的制度文化是育人的重要保障，也是学校可持续发展的重要保障。

下面结合笔者所在学校的实际，谈谈特色中职制度文化在育人过程中的守正创新。

（一）培育形成“敬业、团结、规范、创新”的校风，发挥校风在制度文化中巨大的同化力、促进力和导向力作用

校风，是学校所崇尚树立的风气，是一个学校精神得以发扬与否的晴雨表。校风好坏直接决定着学校的社会声誉和形象，校风正、校风得以弘扬，学校声誉则日渐增长、教师的形象则日益高大。

学校的校风是“敬业、团结、规范、创新”，“敬业、团结”是基础，是思想领域的目标方向；“规范、创新”是目标，是行动领域的目标方向。只有把这一

思想和行动统一起来，才能提高认识的高度、增强行动的力度，才会真正形成良好的学校风气。下面结合实际谈谈如何发挥校风在制度文化中巨大的同化力、促进力和导向力作用。

1. 以“敬业、团结、规范、创新”的校风引导学校治理的思路和方向

在全面从严治党、依法治国的大背景下，法律和政策始终是学校一切治理行为的导向，要自始至终遵守规矩，任何变相和变样执行都属违规。作为基层学校，既是政策和制度的执行者，又是政策和制度促使学校发展的见证人，把制度形成文化，规范形成共同的情感气氛，最终化作治理的力量，方可彻底体会到规范才是事业成功的最大资本。

我们认为，校风应成为学校全体成员的行为准则。学校执行各种规章制度，起初是以外在的强制约束发生作用，逐渐通过“规范、创新”，在人们的心中产生约束力，进而在学校的各种场合、各种不同群体内产生一种共同的情感气氛，实现“敬业、团结”并演化成其行为结果。学校对校风导向学校治理的具体做法为：首先引入规范的制衡机制，得当地处理一些关键环节、敏感问题，符合广大教师、职工、学生的需求；学校的各项规章制度，包括“三支队伍”的管理策略，突出其应有的政策性和严肃性。例如，在职称评聘上，依据政策、依据本职称必须完成的“规定动作”和“硬性条件”，依据成绩和贡献，尽快实现制度化、经常化、公平化，使职称评聘工作走出论资排辈和重复处理遗留问题的怪圈。其次，引入规范的竞争机制，注重人文情怀，激发广大教师、职工、学生创新和进取的欲望。

我们举办职业教育，始终把培养劳动者的良好品质和培养技术、技能有机结合起来。创新德育理念，丰富教育内容和载体，注重心理健康教育，通过丰富多彩的活动教育学生热爱生活、热爱劳动。始终引导学生树立“干一行爱一行”“干一行精一行”的信念，培养学生积极乐观的态度，以适应环境、认真工作、热爱生活。研究制定并严格执行完善、合理、富有弹性的教师工作效能评价制度，以便使有为者实现其应有的价值；为了激发教职工和学生敬业爱岗、创新创造的精神和信心，形成良好的校风，注重规则与队伍建设。

教师岗位考核应定性、定量相结合，其结果应是晋职、晋级的重要依据，但

考核等次、数额绝不能与晋职指标直接挂钩，做到取舍有度、公正合规。

2. 以“敬业、团结、规范、创新”的校风来潜在感化、有序促进，使学校治理质量得到提升

不仅在思想上牢固树立并体现依法依规治校的理念，更要在行动中通过规范、团结的奋进过程形成敬业、创新的优良作风。

笔者所在的学校确立通过了推行“两项改革”（管理规范化改革、教学行动化改革）、“三个导向”（政策导向、学校精神导向和课程导向），引领师生奋斗，形成“敬业、团结、规范、创新”的校风，为建设“五维”校园（创建感恩校园、能手校园、惠农校园、绿色校园、平安校园），每一维度都有相应的规划和落实过程。校风建设，就要着重关注怎么去潜在感化，哪一方面主要由谁来负责有序促进，建设的过程中如何提升学校的办学水平？都是我们必须分步、有序实施的。

把校风建设的重点放在人才培养与教师队伍建设方面，概括地说就是“一先导四重点一工程”。“一先导”，即加强师德师风师能建设和学习为先导；“四重点”，即重知识、重技能、重方法、重配合，以落实效果为依据，以工作的实绩和团队精神为促进学校治理的切入点；“一工程”，即实施“机制驱动发展工程”，即出台政策，引入激励机制，加大投入，争取支持，建立学校“奖励基金”，以奖代补，鼓励师生参加各类技能大赛，为教师尤其是青年教师的发展、实现自我价值积极搭建平台。

把校风建设立足于实现治理能力现代化的过程中。树立并强化规则意识、效率意识、安全意识、团队意识，正确认识并处理好廉洁自律和追求卓越之间的关系：既要始终牢记廉洁自律意识和规矩规则意识，又经常提醒自己的需求是否符合规矩。在过程中，学习领会相关文件和规定精神，明确岗位职责、考核评价办法，从德、能、勤、绩、学、廉等方面真正对教师进行全方位考量；不断增加教师、学生创造和展示自己的机会，不是只强调淡泊名利而是要“淡利重名”，设立专项培养基金，通过搭建科研平台、参加高级研修班、到区内外访学和采取灵活的教学科研管理办法等方式，着力培养具有影响力的高水平教师；要树立“既然选择就当认定这个职业的优势”的思想，纵横比较、理性分析，机会倾向于优秀人才脱颖而出的工作机制。逐步形成学校治理现代化，以实现校风潜在感化、有序

促进，使学校治理质量提升。

（二）形成以公平激励为原则的规章制度，最大限度地发挥其规范、约束和激励功能

规章制度对于学校建设和发展具有很重要的作用，它是学校求得最大效益的重要保障，是学校顺利实现办学目标的有力措施。规章制度能使教职员工和学生的活动得以合理进行，同时又成为维护师生共同利益的一种强制手段。中职学校须根据中职教育的特点和自身的办学思路，形成一套体系化的规章制度，并且不折不扣地落实下去，最大限度发挥规章制度在学校治理中的规范、约束和激励作用，这也是制度文化的基本功能。

落实依法依规治校，用好制度的规范、约束和激励功能，及适度通报处罚这根杠杆，不断显现制度文化在学校治理中的向心力作用。

学校已经制订并落实的规章制度分两部分，即中职学校共有的规章制度和本校特色办学制度。共用的主要有《党风廉政建设工作方案》《中职学校机构设置及领导小组建设》《教师教学研究及培训工作条例》《专业建设实施方案》《学生管理和评定星级班级的办法》《财务管理实施办法》《平安校园建设工作条例》《学校德育工作条例》《产教融合和合作办学条例》《学校工作规程》《学生管理与奖罚制度》等。个性化的有《学校章程》《学校发展思路和精神体系》《“道德银行”建设实施办法》《“先做后学”四段适应性学习教学模式的实施细则》《党风校风与质量效益相互促进工作条例》《创建艺术特色学校实施办法》，以及《教职工工作绩效评价考核方案及绩效工资发放办法》等。无论是哪一个制度，突出奖励和激发的属性，无时无刻不发挥着其向心力和杠杆的作用。

最大限度地发挥其规范、约束和激励功能，务必做到以下几点：其一，以国家法律和规章为准绳，以学校的精神体系和办学思路为前提，在民主集中制的原则上尽可能从群众中来，到群众中去；制度内容精练、政策性强、接地气、易操作；落实重心下移，一视同仁，任务责任到人，坚持在规范性的基础上适度灵活，能经得起实践中的监督和检验。其二，在教育教学和开展活动的过程中，要按“13521”运行机制，把财务和人事管理政策用足用活，包括每一项开支的标准、财务预算的方向都要有相应的规定标准；推进人事制度和分配机制的改革，以教

师工作的量、质和配合状态为标准进行劳动分配，我们尽量考虑劳动量的绩效补给和质优的奖励，在报酬上要体现一定的区分度（班主任、超课时等等），研究并出台本校的激励政策和奖励制度，既做到令行禁止，又要积极争取政策。千万不要把制度和奖励的民心工程变成大多数人的烦心工程。其三，用好“奖励”这个杠杆。坚持以个人和集体发展为本，淡化唯物质论；坚持精神荣誉为主，物质和精神相结合的原则；以媒体舆论表扬、机会奖励、物质奖励为主要形式。这里需要说明的是：学校奖励制度的类型包括：①综合类：教学成果奖、教师成长奖（含教学研究）、发展目标考核奖、优质服务和创新奖（含办学合作）。②单项奖励：德育先进集体和个人奖、党风廉政建设先进个人、优秀教研组、党小组、文明班级、文明校园建设奖、智慧班级奖、招生工作先进个人、技术能手奖、单项活动成绩突出奖。③绩效考核奖：超工作量奖、工作业绩奖等。

（三）形成科学严谨的事项决策规程，制度文化融汇在学校治理中

学校是一个具有严格规范要求的社会组织，要提高工作效率，丰富学校的内涵，保证工作质量，就需要工作人员知晓规范和程序，不断强化依法依规治校的责任感。学校也要一个明确的、相对稳定的工作规程，这个工作规程须按照程序经讨论研究，成熟之后再决定出台，出台之后保证人人皆知、保证执行的效能，这才能体现制度文化在管理中的力量。以下结合笔者所在学校的做法，谈谈事项决策规程在制度文化建设中的运行规程和效果。

1. 学校事项运行的原则

（1）依法依规办理原则。遵守《教育法》《教师法》《职业教育法》《中职教师职业道德规范》等法律法规要求，遵守议事规则，遵守新时代中小学教师职业道德和师德师风要求，培根铸魂、启智润心。

（2）同舟共济原则。在决策过程，无论哪一项工作、哪个部门的人员，不管由谁分管，始终是学校整体工作的一部分，理解决策、维护大局，少数服从多数，积极采纳合理的建议，遵循同一规则流程，主动沟通、协调完成。

（3）谁负责谁把关原则。在具体办理过程，按照工作职责和决策流程，在集体决策的前提下，实施具体负责、部门负责、分管领导负责的层级负责制，责任到岗到人，强化“第一责任人”“主要负责人”“具体责任人”“一岗双责”等

并落实到位。

（4）质量效率为先原则。必须把握时间第一、质量第一，按照规定时间，提前一天高质量完成工作任务，提前或者如期上交。

（5）公开、公正、公平原则。公开议事项目坚持民主议事、民主决策，公开征求意见建议，公正落实工作过程，以制度为尺子公平对待，经得起广大教职工的检验，保证知情权、建议权畅通，得到广泛认可。

（6）有始有终跟踪原则。道德操守和执行工作必须始终如一，符合规范要求，自我警示和他人监督相结合，不可打折扣、越规则、前紧后松或者后紧前松。

2. 学校会议的基本要求

（1）类型及主持。①全校综合性的教职工大会、党支部委员会一般每月召开一次，由支部书记主持。②校长办公会或校务会议，一般每两周召开一次，由校长主持，有特殊情况随时召开。③“三重一大”事项或者需要多部门协调的问题，提交校委会研究，再上支部委员会讨论通过，业务或者一般性事务，召开专项会议，由分管副校长或者部门主任主持，每周召开一次例会。

（2）严守会议纪律。①与会人员会前5分钟到位签到，准时开会，否则视为迟到或旷工。②会中不得随意外出或接打电话，气氛融洽，不能有攻击或诽谤的话语，做好会议记录。③结束后，与会人员都要签名确认。④会议在没有形成公告、通知等之前，一律保守会议秘密。

（3）少开会、开短会、开高效率会。①个人发言时间控制在6分钟内、主要领导发言不得超过10分钟，不得牵扯与议题无关的话题；一般会议不得超过60分钟，特殊情况下不得超过120分钟，主持人把控，会中可以及时叫停，时间到就休会。②对于争议较大、一时无法解决的问题，可以会后继续协商或留待下一次会议解决。③比较急需或者一般事宜，可以利用互联网，以电话或者视频会议的形式解决，但必须形成会议记录和纪要，并分头签名、认可。

3. 重大事项及议事、决策流程

学校重大事项是指涉及学校人事任免、重大项目、财务支出、师德建设、教职工发展、德育、评优选先、招生与就业、对外交流与合作等，可以分为财务类事项和事务类事项两部分，由校长办公会、支部委员会依照规定程序负责召开，并履行“一岗双责”责任。

（1）财务类事项的规程。学校规范财务开支程序为“10步4会议”：学校主管部门提出方案（计划）、校务会（校长办公会）提议立项→申请上级部门批复→学校主管部门前期组织（集体询价、考察、收集资料等）→校务会议审核、决定→签协议→项目（工程）落实→验收（教师代表、支部委员、学校部门人员）→经费开支专题会议→支部委员会研究决定→报销。

（2）学校内部决策程序。①按照办学思路和上级任务→形成学校行事历→根据学校内部工作需要完善→相关部门提出实施方案（计划）或填写申请→讨论或教代会→研究通过→立即办理。②研究方案或行动计划：具体承办部门提出方案（含经费预算、申请）→部门和分管领导充分沟通达成一致（重大事项与学校主要负责人沟通达成初步一致）→分管领导审核→校务会议（校长办公会议）讨论决定（或召开全体教职工代表大会讨论决定）→公开公示→办理。

4. 各部门工作对接流程

交叉事项需共同完成，总体安排→分管领导商议→按照部门职责，牵头部门与合作部门主动协商→合作出方案（牵头部门拿出总方案、相关部门分项方案）→会议决定→分头落实→汇总交牵头部门→办理。凡学校负责人发起的重大会议、活动，由党办、政办作为牵头部门共同完成；凡是上级检查、调研、座谈、合作等，“两办”第一时间到位，做好接待和跟踪摄像工作，并保存资料。

5. 档案保存程序

方案或制度规定形成文件→公示公开→开展活动→记录、保存资料→组织学习或媒体宣传→立即形成并上报活动信息简报美篇，材料一并装订存档。

6. 文件制发

发文的程序及要求：办理部门拟稿、会商→分管领导和书记、校长依次审核、签发→办理部门和办公室共同核发、登记、用印（签署）→分装、存档、发出→处置→办毕公文。文件从草拟到出文，必须严格按照签发单流程执行，且审核领导必须负责审定、签字，有修改痕迹。若无修改痕迹，出文人员则视为最终确定的内容例行出文（原则上办公室出文不再进行修改，避免违背拟定内容情况）。

“敬业者，业精致”“敬业者，人尊敬”“没有规矩不成方圆”“以法为镜，可以断曲直”，在今天，这些真理对于中职特色的制度文化建设都具有不可轻视的作用；创新是一个人或集体有无成就的标尺，有创才会新，不创则死气沉沉；敬业就是精气神，就是我们为自己拓展空间；“有团结才有凝聚力、有和谐力，团结利于他人也利于自己，一个集体如果思想统一不起来这个集体或单位永远发展不起来。一所中职学校的制度文化在校园治理中发挥着不可替代的作用，既要遵循职业教育和学校管理的一般规律，又要理解并践行“敬业、团结、规范、创新”的校风，还需要以公平激发为原则的规章制度。实现制度文化在学校治理中的规范、约束和激励功能，还需要科学严谨的事项决策及工作规程，制度文化融汇在学校治理中的前置设计、后置固本之中。

第二节　文化浸润，内化于心

校园文化是学校的灵魂，充盈校园的每个角落，渗透校园各个领域。校园文化渗透和表达不是骤雨般的运动能够完成，而是需要润物无声地熏陶，让人身临其境，如春风化雨，沐浴其中，在不知不觉中得到熏陶。校园文化不仅对师生的学习、生活、心理起到良好的调节作用，而且对规范学生的行为习惯，促进学生素质的全面提高起到潜移默化的作用。

我们认为，有感染力、表达力和渗透力的文化才是真正的文化，有针对性、实效性和前瞻性的文化表达和渗透才是持久的真内驱。校园文化植根之后，不但发挥外显功能，而且还要以潜在的能量发挥内隐的功能。我们须精心研究探索适合本校情况的文化表达方式，不断在发挥内隐潜能的具体内容和表现形式上守正创新，突出用润物无声的表达去以文化人。

中职学生具有同龄人的一般特点，由于受到各种因素的影响，又是一个有这样那样问题的特殊群体。笔者所在的学校紧扣“立己达民”的办学理念，把“润心立人”作为校园文化建设的一个主要目标任务去实施。我们把校园文化建设分为物质、精神两个基本形态和制度、行为两个次生形态，凡是眼睛能看得见的就是物质和行为，纸上写的、心里记的就是精神和制度，这几个板块相应的内容都有对应的表达形式，都有潜移默化的渗透和润心方式。为此，对应中职学生的身心特点和行为表现，足以引起我们重视的六个文化浸润子板块：管理惠润、教学丰润、德育温润、行为悟润、生态涵润、服务养润。下面以该学校的校园文化建设为例，谈谈发挥校园文化“六润”对中职学生所产生的持久的内驱力和影响力。

一、管理惠润

学校管理是规范和优化教师、学生的思想、行为的手段，是学校机构运行和规章制度在日常行为中有效性的体现。学校管理体现学校特有的办学理念、人文精神和运行效度，是最有代表性的制度文化。以管理惠润来实现管理思想、教育理想和教育教学水平的提升。管理惠润是以管理文化惠及、促进管理双方的省悟、自觉、清爽、上进的一个文化浸润的过程和惠及他人的结果。物质形态的管理惠润是通过组织管理的过程，形成的阵地布置和物质结果，能一目了然地传达管理者的声音、区分管理效果的优劣；精神形态的管理惠润是管理的激励作用、凝聚力和民主、人文化的程度等。

中职生大部分习惯不够好、自制力不够强，有的学生易冲动或者喜欢结成小集团，他们往往不服管教且过分主张自我“权利”，甚至被有的教师在学习上忽视，而纪律上当作“重点监控对象”。为此，针对中职生管理方面的这些特点，笔者所在学校采取了一些特殊的法子，管理惠润是一个很好的过程和办法。具体的做法是：首先坚持“一个根本”，即“以师生发展为本，全心全意为师生的进步和幸福谋发展”，这是管理的总体思路。其次，强调制度的约束，“没有规矩不成方圆”，出台之后严格按照制度要求办事，奖罚分明、落地见效，在规章制度、组织机构和运行形式中，包括党建、学生管理、师德师风、“三重一大”的流程、绩效工资、职普融通等管理办法都要体现出惠润的思想。再次，注重“管理规则”的宣传教育，学校制定了议事规则“九步”、师德师风、学校精神体系、一事一议等规则，通过提炼、总结、认可后，印制挂到教室、实训室、会议室、楼道和领导办公室的显眼位置，让大家在规则的约束下行动。还有，尊重自主权利，学校切实推行民主治校，坚持大家说了就算，且按照大多数人的意见办，淡化行政意识，强化规则意识和民主意识，建设起人本、民主、科学、规范相一致的制度文化；学校的各项规章制度、各种方案、各项经费的支持等重大决策，都是在师生为本的前提下，在专业的、有经验的人士把学校的想法和意志完善之后，聚集群体的智慧经集体决策后方可问世。另外，做好周到的服务，融化不良的“坚冰”。我们推行“管理就是做好细节、做好服务，让校园管理活起来、师生成长起来”的管理理念，按照这个管理理念推行的过程管理。我们认为，要做到管理惠润，一是“管理就是做好服务”，其实质是强调以人为本的思想与科学管理手段的结合，建立以发展人的本位为核心，提升人的生命价值，形成浓郁的人文情怀；二是强化服务意识，让所有成员工作生活在一个规范有序而又富有人文气息的环境之中，在这个环境中，领导与教师、教师与教师、学生与教师相互尊重、相互理解、和谐融洽；三是强化“管理工作的精细化”，把每一件小事都当大事去做，无论大事小事都做精、做实、做高，在整个学校的文化建设中时时、事事、处处以“精实高”标准强化管理效果，一栋楼的名称、一处石刻、节目的一个动作，都要经过细致打磨，保证每一位体会其中韵味、心灵受到洗礼、精神振奋愉悦，从而在细节中打造文化品牌，把这样的管理惠润作为学校校园文化和精神育人的生命力显现出来。

为了很好地推行管理惠润，更强调创新，列举本校几个管理惠润方面的创新案例：每一栋楼都是用学校办学思想的专用名词命名，教学楼名为“立本楼”，实训室名为“多能楼”，男女宿舍楼分别叫“安心楼”“安居楼”，餐厅名为“锄禾餐厅”等；校园广播、微信平台、文化园、文化墙、文化站、文化展厅等作为展示学校文化、宣传校园先进人物和事迹、解读学校精神、弘扬正能量的主要阵地，由事业心强的人负责，突显“管理就是做好细节、做好服务”的理念，做好、做优；再如，学校的每个实训室墙上都张贴职业教育文化自信、学校精神体系、操作流程、责任须知等，要求学生和工作人员诵读、理解，时时处处都在印证着“以师生发展为本，全心全意为师生的进步和幸福谋发展”的“一个根本”。管理惠润，是构筑管理文化的惠及、召唤和省悟机制，使校园文化更有教育的规范性、渗透力、实效性和领悟的自觉性，最终达到以管理惠及人心的目的。

二、教学丰润

教学是学校活动的主场，学生又是教学的主角。学校和师生的大部分活动是教学活动，因此，教学丰润即指教学是学校的主文化，是内容丰富、时间占比最多、效果最明显、最能体现师生在成长中收益丰富的文化。

教学丰润的表现方式既有物质形态又有精神形态的。通过实践创新，丰富和发展的课程、资源、环境和室内装饰等属于物质文化；从学科教学中总结的理念、思路、方法、经验，以及教学成绩、创新和潜移默化的内涵式育人，属于精神层面。中职生基础知识掌握较为薄弱是不争的事实，大部分学生理论学习热情不高，缺乏钻研精神，得过且过、效率低；但中职生大多数动手能力较强，喜欢操作实验，喜好活动类的课程。笔者所在学校针对中职生学习的这些特点，在建设教学文化的过程中，注重这方面的实践与创新。幼儿保育专业学部以“心灵手巧”俱乐部为抓手推行学校“先做后学适应性学习”教学模式；舞蹈教师们用挺秀的花树做模练的教具训练学生的体形和舞姿；手工教师们让学生观察一个兔子塑像，发挥想象泥塑更多不同样式的兔子；口语教师带领学生深入小朋友中同讲一个故事，等等。学校始终为师生发展自己提供舞台，坚持把师生课堂活动、技能训练的作品、教学研究论文、课件、教学成果展示等作为育人文化的精神加工而表现出来的物质形态；把教师的教育教学态度、学生的学习氛围、教学的技巧方法、教学模式体系、校本教材开发、教学成果奖励等作为教学丰润，无声地表达育人文化的精神形态。通过物质和精神形态的实践创新，丰富和发展活动的课程，从学科的教学层面丰富着教学文化的内涵式育人过程。

教学模式和课程是教学丰润的保障，教学和课程是最有营养的教育。以本学校为例，实行“先做后学”四段适应性学习教学模式，凡是课程教学必须以此模式为程式和思路，落实导——做——学——用四个步骤，“导”创设教学情境和认识学习目标；在“导”的引导和框架中“做”，在“做”的基础上“学”，尝试体验、知遇困惑、解决困惑、总结方法、形成体系；而且这个过程把重点放在“做”，得经验、找困惑、列提纲，“做”为“学”很好地、更扎实地服务；最终落脚到“用”上，效果评价、实践应用。这个模式是学校所有教师和所有课堂都共同遵守的。再如，学校积极发动学生收集移民原迁地（故乡）的生产工具、生活用具、节庆良俗、民间故事、“花儿”剧、手工作品、剪纸等，并把以上内容分类加入课程、渗透到课堂，逐步研究形成乡土教育的校本教材。我们说教学和课程是最有营养的教育，形成的教学模式使得教有规范、学有所求，足以体现教学丰润的特殊魅力。

教学研究是教学丰润的内在要求，中职教育科研是教育者向职业人的蜕变。学生要发展，教师也要发展，中职学校的教学研究工作是有着激活和推进师生发展的动能。为此，笔者大力倡导构建和谐的、民族的、积极的、个性的文化环境，引导全体教职工进行专业系统学习，采取多种方式提升师生教学文化的素养。我们不断完善和优化教学文化和课堂文化的基本模式，以教学研究开发现有教学资源，丰富文化育人的内容和途径。我们致力于教学科研工作，把教科室从教务处分离出来成为一个专业部门，下设基础和专业学科教育学两个名师工作室，组建专门的教师团队进行资金支持，组建教学能力提升团队，开展教科研工作，在教学模式下，从强化启航计划、青蓝工程到领航计划、卓越工程，一步步发展和蜕变。在近两年自治区中职教学能力大赛中，取得了数学、英语、机电技术和幼儿保育等学科的教学能力大赛一、二等奖，并向国赛奖冲击，学校整体教学水平提升很快。我们认为：教育科研有助于用先进的教育思想凝聚人心、鼓舞士气，有利于营造良好的育人氛围，也有利于提升学校的领导能力和思辨水平，正体现了“学校的领导，首先是教育思想的领导和教学的领导，其次才是行政的领导”（苏霍姆林斯基语）。

三、德育温润

教育不仅仅是对知识的传授和技能的传递，也是师生在感情和心灵上的交融，更是思想和道德经受洗礼后，人格和精神的一次次升华，正所谓“传道授业解惑”。德育是塑造灵魂、端正品行、培养情感的过程，靠说教不是真正的德育，真正的德育是“随风潜入夜，润物细无声”式的倾情渗透。中职学校德育要尊重学生天性，教之以道，润之以德，启之以爱，涵养学生积极优雅的性情，以达到塑造灵魂、端正品行、培养情感。我们称之为“德育温润”。它也包含物质形态和精神形态：物质形态的德育温润是指德育所借用的文字、图片、音视频和活生生的人和事；精神形态方面是指渗透或体验过程中所产生的情感共鸣、行为亢奋和因触动内心产生的正能量。

有针对性地施加良好品行的影响，以德育文化的导引，感化、分享。中职学生因受各种因素的影响，往往不善于包容、缺乏感恩，集体意识淡薄，不善于尊重别人，急于求成，对社会回报期望值明显偏高，但对朋友讲义气、对喜好的事物执着，敢于跟不良现象作斗争。笔者所在学校，针对中职生的这些特点，立足红寺堡区移民群众在党的惠民政策下搬迁、脱贫致富和全面进入小康的现实，以各种方式，对学生进行爱国、感恩、包容、爱心和匠心等精神的培养与启迪，教育教师和学生懂得热爱集体，关爱亲友，钟爱事业、学业和职业，善于把爱和成果与所有人分享，并养成热爱生活、感恩生命、尊重协作等优良品格，无时无刻不去发挥德育文化的导引、感化、分享的功能。

校园文化对学生的影响往往是不知不觉中的，关注品行缺陷进行补课、关注品行优长进行示范，把德育文化作为一项暖心工程常抓不懈。有位名家说过，成功教育的应该是使学生在没有意识到受教育的情况下却受到毕生难忘的教育，而这种潜移默化过程中所受到的教育往往具有滴水穿石的力量。我们在两栋教学楼之间的“爱悟亭”回廊里悬挂闻鸡起舞、卧冰求鲤、鲁班造锯等故事；每一个路灯灯杆上展示“十二德五不一有”的学校主题德育的活动剪影；展馆渗透着中华优秀传统文化、移民文化、国家和红寺堡地方的发展史和教育史；学校每年举办体育艺术节、职业技能节、读书节等，在主题活动全过程渗透德育，每周表彰“德育星级班级”，选优秀学生集会讲述自己的美德故事，组织师生考察革命圣地、纪念地、教育传统标志性物件等。我们把校园文化始终作为一个暖心的文化，以德育温润，关照学生品行，在一点一滴的关爱中“补缺失课”示范“优质课”，师生和谐共处，校园生活丰富，培养学生良好的行为习惯，提升了学校的育人品位。寓德育于国粹教育、移民文化教育、学校精神教育、美德教育之中，达到人人领会、人人认同、入心入行的效果。

四、行为悟润

教育的最终效果取决于教育者和受教育者的行为优化。笔者认为，学校教育的终极目的就是培养受教育者形成合乎所处的社会和时代要求的行为，以及为实现自己的行为预期和社会规范相吻合而形成的人生观、世界观和价值观，从而最大限度地对社会发展和人的全面解放发挥积极作用。对于中职学校来说，就是以合乎规律的多种方式形成校园的行为文化，以校园行为文化影响受教育者和教育者（即学生和教师），使之得以内涵领悟、对比省悟、变化感悟、思行悟道，一步一步靠近并实现教育及社会要求个体达成的近期和长远目标。这就是校园文化的行为悟润。行为悟润也分为物质形态和精神形态，物质形态是外在表现出来的学生的日常行为、教师的教育行为、学校的治理行为以及人际关系的良好表现；精神形态是指各种良好表现产生的思想渊源以及愉悦的体验。由此看来，校园行为文化的实质是师生文明素质在学生的日常行为、教师的教育行为、学校的治理行为以及人际关系等方面的集中表现。

以问题为切入点，以正能量体验为信心点，以常规和日常为训导点，以“行路”打开心路。但通过近年来观察，有相当一部分中职学生纪律观念相对弱化、行为较为懒散，热衷于网络、游戏、追星、享乐或者吸烟酗酒等，无法对自己的行为做出正确的评价，甚至成为人们头疼的“差生”。笔者所在学校，针对中职学生的这些行为特点，首先，校、师、生层层引导深入思考行为文化活动与学校育人工作的内在联系，研究学生的行为特点，找准学生行为发展的问题，以问题为“行为悟润”的切入点和导向，创建“行为悟润”的支持环境、物质条件、活动资源和师资力量，有的放矢地做好必要的准备。其次，加强用正面事例宣传，安排活动亲身体验，提高对学校行为文化重要性和利我性的感知和认识。再次，将学生的自育与他育结合且以自育为中心，如心灵服务站、信心加油站、驾照训练场等，在教师和学校文化的引领下，学生参与自我纠偏、自我发扬等模拟训练，在身临其境的行动细节训练中，使学生感受到良好行为习惯带来的愉悦收获。还有，在专业建设中提炼专业文化的行为自悟成分，以良好的专业学习习惯为牵引，加强综合素质和学习能力的训练。据此，在全校开展“行为悟润与自我教育”的课题研究，学校和班级总结一套有效行为的训练方法。随后，学校和班级建立“道德银行”等评价机制，通过典型引领、结果评价、规则制度制约、激励推广等手段，为良好的行为文化的形成搭建规则、激奋的平台，从而强化自我教育和行为纠偏的成果，让学生自觉形成优秀端庄的行为习惯。

行在机制引导、行在专业学习、行在规矩形成，以学校的做法举几个例子说明，例一，学校推行“道德银行”建设。模仿银行运行机制，进行学生行为习惯训练、跟踪督促进步、激励并推广经验的一种德育形式，“道德银行”形成一套较为完整的评价考核内容和实施操作方法，建立智慧化管理体系，学生把做过的好人好事，取得的学习、实践、经验等成果，记到“储蓄卡”上，经过系统工具“智能分析”，计分并记录。在“存”的同时，学生也因某种不当行为而“贷”，将存与贷的数额计入一阶段的“总余额”。当储蓄卡上的余额超出某一额度时，予以发喜报、给红星、物质奖励等。余额不足达到某一额度时，将该生列为重点陪伴和培养对象，并联系家长，与家长一起“会诊”，制订合理可行的“脱贫”方案。“道德银行”看似是一种管理制度，实则是行为文化，这种行为文化，我们称作“动态策动的行为文化”。例二，我们将每一专业的内涵外显为各具形态的铁艺标牌树立在校内的主道匠心路旁。例如学校汽修专业的标牌是由环绕的六个小人、互联网图标、扳手组成的一个开放的圆盘，“扳手”代表汽修专业的学生作为“汽车医生”的使命；“环绕的人”寓意热衷于本专业的学生，在汽车修理行业能够相互配合、永不放弃，展现了本专业学生团结一致、精益求精的精神风貌；“圆盘”即方向盘，代表本专业有方向、有前途；互联网图标代表专业教学要树立互联网思维和新能源思维。这些铁艺标牌表面上看是一个静态的彩色钢制物品，实则代表了教师和学生的行动、教育教学的行动，加上解释之后，就变成实实在在的行为文化。例三，学校大门口专栏上醒目地刻着学生誓词、教师誓言，《中职学生守则》和日常行为规范，师生每天一进门就能看到，要求他们暗自读一读。这样，久而久之，通过诵读记忆、理解消化，就会变成动态的行为规矩。以上事实证明，优秀端庄的行为文化可以培植良好的行为习惯、产生良好的行为成果，这就是行为悟润的魔力。

五、生态涵润

生态文明建设作为党和国家的战略，是惠及千秋万代的民生工程，生态文明具有丰富的内涵和广泛的影响力。校园生态文明建设是贯彻国家生态文明建设战略、全面推进校园文化建设、提升学校形象的主要组成部分。生态涵润就是要创建生存和发展的良好自然环境、适合师生的心理反应和生活习性的人文环境，对校园人在生活环境、精神环境、思想境界、认知视野、精神面貌和行为状态等方面潜移默化地滋养和润泽。生态涵润使得我们沉浸于优美的生态文化中，相思在人与自然和谐共处的“天人合一”境界中。生态涵润的物质形态是指校园里优美的自然环境，标牌、花木、园林的布局以及和谐的人际交往；精神形态就是校园生态环境给人以行动上真的恩惠、品德上善的熏陶、精神上美的享受。

生态文化建设，包括构建良好的政治生态、地理环境生态、道德生态、专业学习生态和多元文化生态的有机生命体。通过观察、研究可以发现，中职学生知识基础比较差，生态文明的意识不够强，环保卫生、绿色循环等理念和习惯还没有完全形成。但并非智力和素质差，尤其情商并不低，他们思维敏捷，对新事物、新观念容易接受，适应性强，易于受到周围生态环境感染而融入，出人头地的梦想非常强烈。笔者所在学校，针对中职生的这些特点，在生态涵润方面融入国家生态文明发展理念，结合国情及教育大环境，并结合学校实际，打造具有本校特色的生态文化品牌；学校的生态文化与中职学校的特色融合，遵循人与人、人与自然、人与社会和谐共生的宗旨，在惠农、强技的职业教育的行动中融入生态文明建设理念，尊重、顺应自然和人的发展规律，保护自然环境和人文环境，丰富校园文化正能量建设的内容，制止破坏文化环境的行为，凸显校园生态文化建设在学校特色建设中的作用；在专业规划和学习活动中，融入生态理念和生态环境建设的内容，常态化理解、嵌入、认同优良的生态文化，将校园生态文化渗透在常态化学习中。注重校园的环境建设物的形态和布局，体现职业技术学校的特点、办学理念、育人理念和管理模式，突出中华传统文化、职业文化、移民文化和社会主义新时代文化的要素，把节约、环保、绿色、循环的生态理念融入中职生的专业教育之中，积极创建全国节约型公共示范单位，使校园生态文化建设起到思想感化、行动自觉的作用。

生态涵润最主要的表现为环境育人。环境文化的物态的每一处都体现出办学理念乃至学校精神，体现在挖掘一草一木的育人内涵上。现举笔者所在学校的生态育人案例说明。例一，校园环境布局的总体思路：在学校的总体规划基础上设计和建设，体现办学理念、学校精神和移民地区的实情，物质和精神形态融为一体，三季有花、四季绿植，每一处都富含育人意义，校园内设置“五园六路一湖”，

“五园”是与学校“五维”公民发展目标的名称一致的五个小公园，分别命名为感恩园、能手园、惠农园、学习园、国园；“六路”指以办学理念命名的六条路——涌泉路、立己路、达民路、匠心路、知行路、致远路；“一湖”指以学校基本精神命名的双馨湖，意即德技双馨的学校精神。公园、道路都具备了育人的情怀，置身于其中，达到环境育人的目的。例二，“五园”又另以花木命名：感恩园也叫“紫阳园”、惠农园也叫“稻禾园”、习园也叫“楷树园”、能手园也叫“杏坛园”、国园也叫“银杏园”等。“楷树”以示要学习那些品德高尚、受人尊敬、可为师表的榜样人物，真正做到花木育人。且花木的选择是有针对性的，选择学生移民搬迁前家乡所在的宁南八县区的代表性树种栽植在公园内，挂上家乡的名字，学生们自己培土、浇水、除草，以留住乡愁。学校栽植了六百棵红梅杏，命名为“杏坛”，意即杏坛处处春天，一片桃李绽放的美好景象。

六、服务养润

教育本身就是一种服务，服务于学生、服务于教师、服务于家庭、服务于社区，服务于未来，而且职业教育还要延伸到服务于产业发展、服务于社会经济。服务养润就是充分调动和不断优化学校的服务资源，发挥服务范畴内的合力和张力作用，提供足够的物质保障、经济补给、条件满足的同时，还要提供可视与非可视化的精神需求，在服务过程中滋润情感、涵养心灵，使其乐在其中、奉献其中、进取其中、享受其中。学校服务养润的物质形态包括后勤的物资、生活条件保障和经济补给，以及教学、课程、品德、技能、升学、就业等服务；精神形态包括思想受激发、心理得享受、荣誉受尊崇、情感享愉悦，以及由此产生的满足感和回馈心。

现在的中职生多是从小被家长娇养着长大的，有些是独生子女，家境优越，从小缺乏艰苦的锻炼，因此表现在心理品质上即为意志薄弱，怕吃苦、怕困难、心理脆弱、依赖性非常强。笔者所在学校针对中职生生活上的这些特点，形成“传递式优质服务”的服务文化理念。秉持的管理理念是“时时处处做好细节和服务，发现并点燃，让师生成长起来”，教学理念是“为每一个学生提供足够营养的课程服务”，教师观是“既主动抱团取暖，又积极拾柴供暖”等等。首先顶层设计一个服务文化的大环境。学校的“传递式优质服务”是层层传递：第一层是贯彻党的教育方针，学校管理确定正确的育人方向，即“为现代化建设”服务；紧扣“为人民”“为人本”服务育人，塑造服务教师、学生和社区的制度规则环境，营造服务的文化氛围。第二层是教师和职工承担好传递优质服务的角色，自觉地生成和坚持服务的意识，为了培养生产、管理和服务一线的新时代创新型技能人才，将服务文化的理念融入具体的教学、实训生产、日常生活与管理过程中，从而使广大教师自觉地将优质服务内化为信念与信仰，贯穿于教育教学和学校后勤服务工作的全过程。第三层是学生继续培养和传递好优质服务的理念，进入校园或行业，一方面把积极向上的服务生活方式、服务消费方式带到社会生活中，从而承担起传播服务文化思想、践行自觉奉献、建设为民务实的现代化国家的社会责任。另一方面以日常的自觉文明的行动服务别人、奉献社会。

特别要提出的是学校的“服务养润”重点体现在实际课程、健康和后勤服务文化建设中。由于中职学生的理论功底和理解力相对薄弱，我们的课堂教学不要求用定制的统编教材，而是我们在教学过程中推崇课程服务，选用分解性教材，基础是导学案和实训设计报告，再高一层就是校本教材和配套注解；练习，就是为了实现服务教学和学习的目的。再如，疫情期间，学校将志愿者分为吃住行、健康医疗、学习、思想纪律四个小分队，各司其职，克服困难、保护你我、服务到位。还如，后勤岗（含食堂、宿舍、维修、物资等）实行“一键式”服务，只要一按电话（键盘）键，就迅速到场，打卡，将服务者的服务质量（好评或差评）与绩效考核直接挂钩。无论是教学、健康或者后勤哪一类服务，学生和教师都有监督权、评判权。这样，服务岗的态度、速度、质量就会转化为服务人员的服务意识、服务质量，相应地也成为受服务的学生或教职工的效仿、回报和感恩、奉献的代名词，从而演化上升为次生服务文化。

学校增设“一站式优质服务”和构建的“2236”服务体系，解决了学校服务不到位，学生服务意识不强、依赖性强的问题，在服务过程中，锻炼了中职生的意志和爱心，怕吃苦、怕困难、心理脆弱、漠视他人的现象在逐步减少，学习和思想进步的自觉性和耐力也渐渐增强了。由此看来，“服务养润”可以产生次生文化，其精神实质更为明显。“服务养润”，最终会形成享受与回馈的双向服务文化。

第四章　中职学校教学文化的守正创新

教育是文化发展的基础，一个特定文化体系是通过教育的具体形式表现出来的。而学校教育总是在不断地继承、传播和创新着校园文化，为校园文化建设的发展提供不竭的动力。教学是学校教育的基本途径和主要载体，每一位教师的教学风格、治学风格都会映射出这个学校教学文化的影子，我们把学校教学涵盖的文化元素及其表现出来的文化形式和文化成果称之为学校教学文化。

第一节　中职学校教学文化守正创新概述

学校教学文化是校园文化的主体，在校园文化建设的过程中，时时处处都折射出教学文化，而且不同的中职学校，教学文化的表现形式和社会效应有所不同。要想使教学文化在校园文化建设中的主体地位更加突出，就必须坚持守正创新。

一、教学文化的基本含义

目前，对教学文化的概念没有统一的界定，不同的研究者对它有不同的解释。蔡宝来认为，教学文化的理论诉求就是关注师生主体的生活文化以及教师与学生之间的对话文化。我们认为，教学文化是一切关于教学的自觉活动及其影响下的教学环境、教学关系、教学机制、课程设置，以及教学思想、方法、艺术等的综合体现，是学校教学涵盖的文化元素及其表现出来的集体文化和价值文化。

从中不难理解，教学文化具备以下几层含义。

（一）教学文化是一种关系文化和集体文化，教师和学生是主体

教学文化是教师与学生构成的主体所产生的集体文化，是主体价值观的直接体现；教师与学生不仅是构成课堂教学文化的主体，而且是校园生活中的主体。教学文化是一种关系的文化，它通过一定的活动建立课堂内外的师生、生生、家

校之间的关系，营造了教学主体与环境之间的关系，也反映了教学情境中时代变迁与教学者和学习者的关系。站在系统论的立场看待教学文化，各种关系之间存在着融合了的、相互作用的、较为稳定的价值观，而教学文化是产生这种综合的价值观的媒介质和原动力。显然，教学文化是师生为主体的集体文化，体现的价值是师生“关于教学思维、价值、行为方面的基本认同”。

（二）教学文化以课程教学为主要范式，在教学的互动多向交流活动中产生，并且对活动延续示范，是动态生成和发展过程

教学文化是一种活动文化，它激活和创造了师生之间分享资源、传递信息、理解知识、发展能力或生成新知识等方面的行动和变化。如果从教学文化内容来讲，教学文化形成过程就是教师引领学生通过参与创造性教学活动而产生的文化成果的过程，教学文化的内容也在这个过程中产生物质和精神的形态。教学文化主要是师师之间、师生之间和生生之间在教学交往互动过程中，多向交流建构起来的教学生活方式传递信息、理解知识、发展能力或生成新知识等方面的行动和变化，这种行动和变化“形成学生对周围世界和自己的一种积极而理智的，富有情感和探索、创造、超越意识的态度与作用方式，是开发学生生命潜能的一种力量”。

（三）教学文化又是本我与世界的连体反应，充分体现物质和意识辩证统一的关系

唯物辩证法认为“物质决定意识，意识表现物质并且反作用于物质”，教学文化首先是物质的，是利用教材、教具、实验环境、互联网等通过演示、实验、讲解以及“互联网＋教学”等一系列的物质形态展示出来，是在客观环境下的显性文化；教学文化又是在这些物质形态的作用下，在教师传道、授业、解惑的同时，也传承、改造或创新了其特有的文化，这个文化成就了学生生命潜能得以成为个体发展和未来生存的条件所需要的能力、学生独立思考和面对未知领域的解析性的思维，就是自学能力和自我思维，这些都是以精神形态展示出来，是在主体变化下的隐性文化。所以，教学文化离不开本我与世界的连体反应，一种显性与隐性交融的文化。

（四）教学文化在实践中不断创新和发展，是具有校本特色性质的文化

教学文化是一种持久成形的教学传统、思维方式、价值观念和行为习惯的范式，是教学背景下师生的教学生活方式，不同学校，有着不同的办学理念、治理方式、环境条件，师生在教学关系中就会产生不同的寻找方式和价值取向，有着不同的教学文化。从学校的类型看，高校、职业院校、基础教育阶段的教学文化有着不同的特色；从学校发展的历史沿革看，不同历史时期、社会背景下，学校的教学文化有着不同的特点；从人文环境和外在条件看，不同地域的文化和行为传统、市场经济条件、人们的生活习性等，学校的教学文化表现出不同的特性。以吴忠市红寺堡区职业技术学校所处的环境来说，首先它是一所中等职业技术学校；其次它地处西北欠发达地区，信息相对闭塞；再次师生是搬迁汇聚而来，以农业为主要生产方式，是多民族生态移民区，因此学校的教学文化必须具备以下特色：首先，贯穿职业教育理念，体现理论教学与产业实践相结合的职业教育文化；其次，继承和发扬欠发达地区和移民地区人民吃苦耐劳、包容接纳、勇于进取的艰苦创业精神下的师生关系和价值体系的精神文化；再次，突出现代农业和新能源建设的专业和课程文化；还有，为升学就业和未来创业打牢基础、营造环境的自学自强文化。学校正是按照这种理念和思路来构建学校的教学文化体系的。

二、新时代中职学校教学文化的守正创新实践

新时代更加注重人的全面发展，注重教育为社会服务、为人民服务，与生产劳动紧密结合，意味着所有学校教育教学尤其是职业教育要与社会实践和生产劳动紧密结合，其服务功能日益加强。在新时代，中职教育教学，就是要在新课改的理念下，重点关注人的全面发展、注重生产劳动技能结合、为现代化和人民服务，形成服务型、技能型的新时代教学文化，并不断地守正创新。

下面结合本校的做法谈谈新时代中职学校教学文化守正创新的基本思路。

（一）基本理念和思路

教育部职业教育与成人教育司原司长陈子季在接受专访时对新时期推进现代职业教育体系建设改革的战略规划提出了五项新主张，“职业教育功能定位由‘谋

业’转向‘人本’，职业教育改革重心由‘教育’转向‘产教’，职业教育服务场域由‘区域’转向‘全局’，职业教育发展路径由‘分类’转向‘协同’，职业教育办学主体由‘单一’转向‘多元’”。这五个“转向”进一步明确了职业教育的长远规划和现代职业教育的发展思路。依据职业教育法规，结合“五个‘转向’”和中等职业学校的课程改革的理念，明确了中职教学文化守正创新的基本理念和思路。

中职教学文化守正创新的基本理念是：以发展现代职业教育的指导思想为指南，紧扣类型定位，围绕立德树人的根本任务，以职业追求导向、以知识和工作能力为本位、以完善服务型人格的综合素养为中心，构建全新任务驱动模块化的教学模式。教学文化守正创新的基本思路是：学校和教师规划教学，以国家资格标准和职业资格规范为教学依据，以培养“工种（岗位）”标准、产教融合和市场需求为教学标准；教师和学生在实施教学行为的过程中，以综合素养和职业任务为主线，“岗课赛证”一体化，把职业资格标准和规范融入课程体系中，训练学生获得工种或岗位为核心的职业能力。

提出这样的思路，一是基于新时代为党育人、为国育才的精神，是基于党和国家对职业教育的一系列重大决策，把培育和践行社会主义核心价值观融入教育教学全过程，落实立德树人根本任务的要求；二是基于中国特色职业教育的本质要求，紧扣职业教育的类型定位的服务产业和职位的功能，突出“把发展中等职业教育作为普及高中阶段教育和建设中国特色职业教育体系的重要基础”的“双基础”地位，育训结合、“双元”育人，提升职业技能和职业精神；三是遵循“职业教育规律和学生身心发展规律，关注学生职业生涯和可持续发展需要，促进学生德智体美劳全面发展；四是突出新课程改革的基本理念，即以人为本，以学生的发展为本，树立终身学习观，回归生活；在关注学生发展方面，重视以学定教，强调以学生在课堂教学中呈现的状态为参照来评价课堂教学质量。

由此可见，中职教学的理念和思路与普通高中的区别具体表现在以下几点：其一，更适应于职业教育的教学，其导向是“工作过程”而非“应试过程”；其二，教学的本位（中心）既有基础教育的知识和理论，又着重突出工作能力而非“应试能力”；其三，教学规范既有课程标准又有国家执业标准和资格标准，在此规范下培养具有综合素养的职业人，最终形成具有良好职业素养的价值观和方法论；其四，新时代职业学校教师和学生之间不仅仅是教与学、引导者与发展者的关系，还是相互学习者与合作者的关系。

为此，不难理解，中职学校教学文化是立足于学科知识和技能本身，在教学活动中师生互动形成的学习规范、价值观念、企业标准和工作方式的整合。我们要呈现中职学校的教学文化，需从校园文化、学习共同体建设、学科产业文化内涵、探究产教融合策略、师生情感沟通、家校共育等各个方面来阐述和理解。

中职学校在理解、创生职业教学文化的实践探索中，结合职业教育的本真和学校教育教学的情境来思考、研究、应用教学文化建设的理念和思路。

（二）基本路径和做法

教学文化建设要注重在传承中创新，在不同的教学理念和思路下选择不同的路径。我们认为，新时代中职学校教学文化守正创新的基本路径和做法主要落实在以下几个方面。

1. 将课程思政和“三全”育人放在首位，为教学文化建设提供可靠的保障，营造健康向上的思想政治环境

坚持把德育放在首位。深入贯彻落实“统筹推进活动育人、实践育人、文化育人，广泛开展‘文明风采’竞赛、‘劳模进职校’等丰富多彩的校园文化和主题教育，把德育与智育、体育、美育有机结合起来，努力构建全员、全过程、全方位育人格局。”“创新教学模式与方法。提高思想政治理论课质量和实效，推进习近平新时代中国特色社会主义思想进教材、进课堂、进头脑。举办职业学校思想政治教育课程教师教学能力比赛。”

坚持德育为先，全员、全程、全方位育人，具体做法是：①坚持习近平新时代中国特色社会主义思想和社会主义核心价值观，进教材、进课堂、进头脑，把课堂作为课程思政的主阵地，让全校师生熟悉并认同、知晓，渗透各学科并拓展延伸到课外，与开展“讲文明、树新风”活动相结合，与开展学生志愿服务相结合，使之内化于心，外化于行。②加强热爱学习教育和热爱劳动教育，培养学生学习兴趣、劳动意识，端正学生学习态度，引导他们养成勤奋学习、独立思考的习惯，实现全面发展，做爱学习、会学习的好学生，树立劳动光荣的观念，使他

们既会学习又会劳动，成为“爱学习、爱劳动、爱祖国”的好学生。③开展中华优秀传统文化教育：充分认识中华优秀传统文化教育在未成年人思想道德建设中的重要引领作用，教学中引入“唱响我爱我的祖国”“仁爱礼仪孝亲”“自信坚强勇毅上进”等教育内容，开展“扣好人生第一粒扣子”“争做新时代好少年”的思想和行动启迪活动，开展中华诗词诵读、读书节、汉字书写大赛、非遗文化传承等活动，使中华传统美德在校园生根、结果。④倡导教学中发挥课堂主渠道作用，每一门课程渗透法治教育，加强学生法治教育和心理健康教育；建立学生心理健康辅导、疏导制度，整合并应用心理健康教育优质资源，关爱特殊群体学生和弱势学生的帮扶工作。

2. 构建中职学校新型的师生关系（即教学主体之间的关系），刷新学习主体（学习者）与学习客体之间的关系，使教学文化守正创新具备了人文资源和物质条件

其一，先谈谈中职学校的教学文化中的新型师生关系，即教学主体之间的关系。新课改将教师定位为文化的传播者、潜能的开发者、学习的促进者、发展的陪伴者、教育的探究者。那么，学生就是文化的领悟者、传承的消化者、潜能的发挥者、互动的中心者、成就的证明者。

现代教育理念下的新型师生关系强调师生始终是平等的参与者，学生是学习的主人、学习的中心，而教师是学生的帮助者和铺路人，是学习过程的组织者、管理者、协调者和监督者。

中职学校教学文化中师生不仅具有一般意义上的师生关系，还具有职业文化特定的关系。甚至不再是教师主导与学生主体的关系，而是示范者和发展者的关系，是新型职业技能和岗位（工种）间的关系。

那么如何构建中职学校这种新型的关系呢？一是构建师生间的平等对话合作关系，其核心内容和做法是把教师从主讲知识的人转变为辅导学习、示范实操、平等对话的人；二是构建师生间的合作共享关系，其核心内容和做法是把教师从凭借经验手把手教徒弟，转变为师生合作共同研究图纸（或程序）并共享经验；三是构建师生间的融合共生关系，其核心内容和做法是把教师从课堂或者实训指导教师变为产教融合的环境下，与学生共同成长的产业主体。

其二，再谈谈中职学校教学文化中新型的学习主体和学习客体之间的关系。教学文化本就是主客体统一的活动文化，是由教师和学生按照规范的教学标准、预设的学习目标和学习内容，通过师生对话、互动、共享和激活，完成学习任务，并对任务进行评价这样一个由表及里、由此及彼、由物及人的过程，它构成了教学文化主客体间的相互作用。

教学文化的主体就是学习的参与者，主要是教师和学生，以及其他接受培训学习的人；客体是学习依赖的工具、实施过程和生成结果，主要是学习的标准和目标、学习内容、学习工具（教材、学具、设施设备等）、学习手段（方法、措施等）、学习结果及其评价等。中职学校的“规范标准”主要是国家和地方关于职业教育的指导性文件、课程标准、人才培养方案等。

对于学习目标，笔者认为中职教学应该达到“五维”目标：认知维度（领会知识、观察思考、解答问题等）、技能维度（技能的获取及手工技巧、动作行为等）、过程方法维度（互动、实操、评价的过程和方法等）、情感态度价值观维度（注意力、意志力、接受度、道德品质、思想境界、价值认同等）、职业岗位维度（教学应用于职业的效度、工种、产教融合程度、职业生涯规划和交往等）。这里需要说明几点：一是“五维”目标与普通教育的“三维”目标的区别在于把技能目标从第一维度提出来列到第二个维度，明确技能是由认知——做——“认知＋做”的上升，更加突出技能在中职教学中的重要地位。二是专列“职业岗位”目标维度，意思是职业教育是区别于普通教育的教育类型，从一诞生就直接指向职业、练就职业、交给职业，学校与职业一脉相承，遵循了《职业教育法》（新版）对职业教育概念的界定，“职业教育，是指为了培养高素质技术技能人才，使受教育者具备从事某种职业或者实现职业发展所需要的职业道德、科学文化与专业知识、技术技能等职业综合素质和行动能力而实施的教育，包括职业学校教育和职业培训”，因此很有必要将之单独作为一个目标维度，更能够引导职业教育和职业教学。三是把“交往”“工种”“产教融合”“学做结合”等指标也纳入教学目标之中，满足现代职业教育“以职业需求为导向、以实践能力培养为重点、以产学研用结合为途径”的要求和专业教学的需求。

其他构成要件与普通教育一致，不再一一赘述。如图所示：

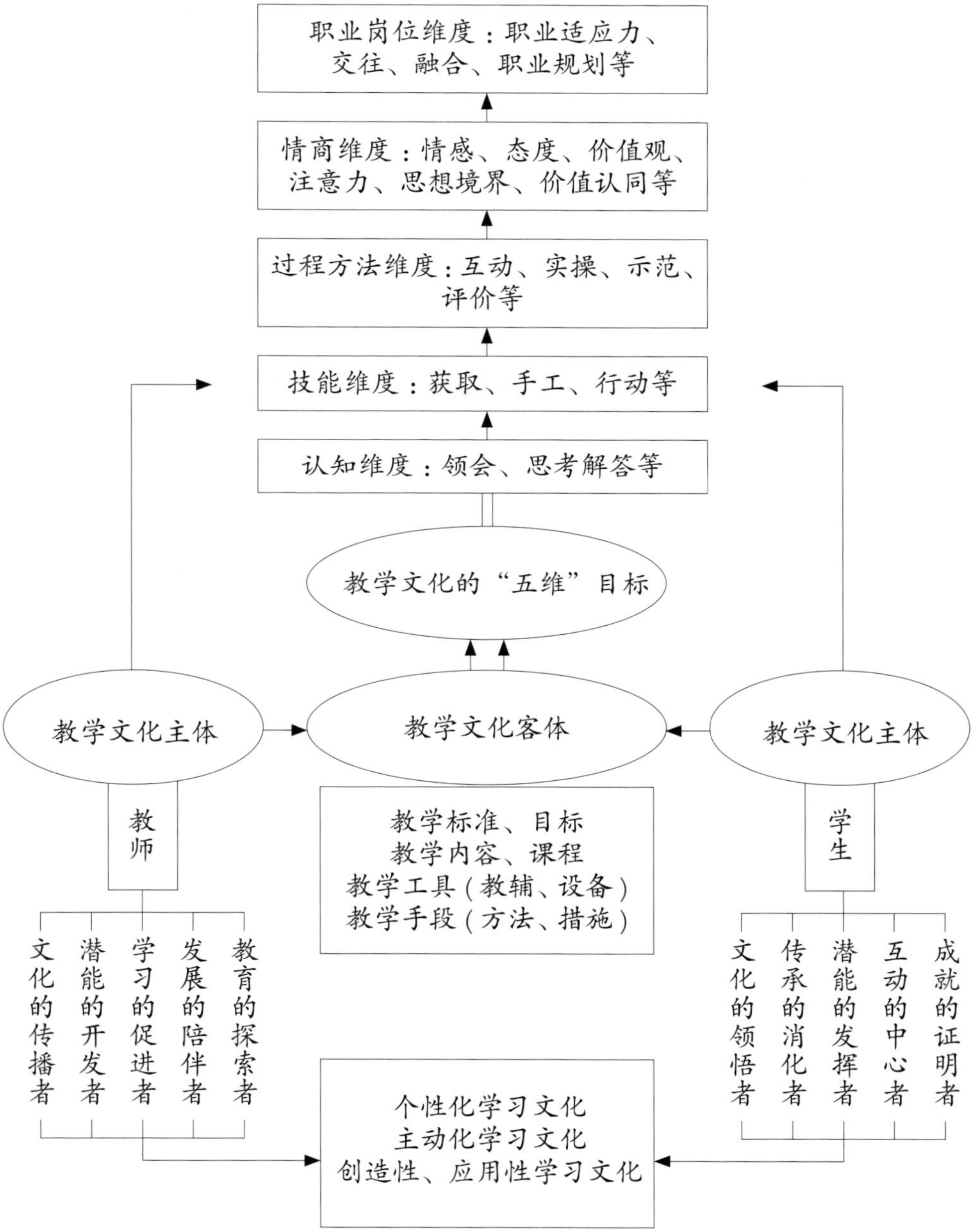

图4-1　教学文化主客体关系及学习目标导图

中职学校教学文化的主体和客体是相互作用、相互促进、共同指向的关系，那么如何构建中职学校教学文化中学习主体和学习客体之间新型的关系呢?

一是建设并形成个性化学习的文化。

中职教学的开放性和职业性，决定了中职生学习更注重个性化。中职教学文化建设必须遵循学生身心发展规律，将学生看作具有独立性和自主性的个体，是在客体作用于主体发生个性化改变，表现为个性化学习的文化。

教学中怎样开发学生的独特资源，形成个性化学习文化呢?

吴忠市红寺堡区职业技术学校总结和运用“先做后学”四段适应性学习的教学模式，其中“适应性学习”就是针对中职生的基础、习惯、意志力、情感以及家庭影响等特点，采用分层分类教学。在具体实践中，首先，制定弹性学习目标，即在规范目标的前提下，根据分层分类完成不同的目标即可，但无论哪个层次，目标的维度不能减。其次，实行差异化的辅导、布置阶梯化的作业，即根据学生的学习层次和专业偏向，要求完成不同的课内外作业，以专业和文化学科为单位分成多个层次，分别施以不同的技能训练科目，最终趋向培养熟练型、精练型和卓越型三个层次，以适应和应用于不同的岗位。再次，尊重兴趣差异自选学法，即个体已形成的学习习惯和个人喜好等的差异决定学法应该存在差异，学法大致分为以演示和实验的动手型为主、以讲述和书写动笔型为主、以探究和想象动脑型为主，其他学法为辅的“重兴趣学习法”，鼓励按个体的基本情况和兴趣选择学法，这样，每个人都可以获得更好的学习效果。另外，开发情感资源内外激励机制，总体上来说，中职生尽管文化基础相对薄弱，但情商比同龄人略高，开发情感资源显得更为重要，通常采用“外激励”和“内激励”等多种开发方式，“外激励”主要就是“学分银行”分值衡量、奖励、发喜报、当众表扬等，“内激励”即自我学习、启发、英模工匠事迹反思和决心、完成自设的目标、自我表扬等。

周弘在《赏识你的孩子》一书中，非常动情地介绍了自己对女儿周婷婷——一个听障孩子的成功教育经验，提出了赏识成功的教育观念、教育方法。也就是说，相信每一个孩子都是天才，相信每一个孩子通过自己的努力都能够成功。周婷婷亦是赏识教育创造奇迹的典型。

无论哪种个性或者基础的孩子，都希望得到别人和社会的赏识，中职学校教学文化的守正创新，要求教师针对学生的学习节奏和步伐，采取切实可行的异步策略和赏识策略的理念，使学生在各自现有水平的基础上都能得到发展，并且都愿意去发展。在教学中，教师应采取切实可行的措施营造赏识文化的氛围，帮助学生形成独立的人格和良好的个性，以使所有学生在各方面都得到充分发展。

二是建设并形成自主学习的文化。

中职教学活动不仅为了传授知识、训练技能，更重要的是教会学生自主学习、自主活动、自主发展。在课堂教学有限的时间和空间内，教师尽量激发学生兴趣，让学生发挥无限的学习潜能，从而实现课内向课外延伸。我们提倡“先做后学”的模式，就是先在教师导引下根据教学任务自主地去“先做”，找出兴趣点（收获）和痛点（困惑），再根据目标去学习，实现课内向课外延伸。教师应有意留下让学生可以自己去回味思考的内容，让学生产生“言有尽，意无穷”的愤悱之感。为此，教师在教学中应创设“欲做似能而又不全能”的教学境界，让学生产生主动解决问题的欲望和心理需求。引发了做和学的心理需求后，在“后学”的阶段萌发新的学习欲望，就会自然进入下一个学习阶段，学中能做、做中愿学。以教会学生自主学习、培养自学能力为着眼点，采取灵活多变的教学手段促使学生积极动手、积极思考，激发学生的学习热情和学习动力，解除束缚和惰性，既可以减轻教学负荷，又能使学生真正担负起学习主体的责任，形成自觉学习、自觉思考、自我解答的学习氛围。

在自主学习的同时，引入发现式教学，更多关注的是学生在学习中有新的发现，这种“发现学习”，以学生的自主探索、合作学习为主要特征，在学习过程中，学生在原有基础上，在认知、动机、行为等方面都能积极有效地参与。德国著名教育家第斯多惠就曾提出：“科学知识是不应该传授给学生的，而应当引导学生去发现它们，独立地掌握它们”“一个差的教师奉送真理，一个好的教师则教人发现真理”。

三是建设并形成创造性和应用性学习的文化。

新时代的教学越来越重视对学生创造性的培养，把创造性教学看作主体性教学的重要内容。中职教学又是以工种和岗位为本位，更注重学习过程的实践创新和学习结果的实践应用，把培养创造性学习贯穿于教学过程的始终，把应用性学习贯穿于创造学习的始终。创造和应用包括学习方法、学习工具、学习条件和环境的创造与应用。

青少年精力充沛、思维敏捷、富有创造力，他们大多数好奇心强、动手能力强，教师必须清楚地看到他们的这一闪光点。吴忠市红寺堡区职业技术学校基于这一点，在采用发现式教学的同时推行赏识性评价，授之以“鱼”和“渔”。在课堂教学过程中，在实训实习、社团活动中，教师应注意通过设计启发性强的问题、设置职业特征明显的情境提问、讨论或者动手实操，来建立师与生、生与生的和谐友爱关系，让学生各抒已见、畅所欲言。课堂是创造和应用意识培养的集中地，又是创造性学习的源流地，课堂创造和应用性学习分为展示学习成果、交流收获、检测学习效果、评估学习状态、体验学习成果、激发学习兴趣几个部分。学生动脑、动手，通过讨论、演算、证明、实验、口述和质疑问难等途径，在教师和同伴的帮助下，理解掌握重点、化解突破难点。困难和疑点是学生在练习中遇到的而不是教师强加的，且一遇到困难就马上有人帮助——要么来自教师、要么来自同学，一旦成功或有创新就会得到恰如其分的及时肯定。每个人都希望肯定和赞美，为下一步学习和走上岗位打下坚实的基础。

诚然，中职学校个性化、主动性、创造性、应用性的学习文化一旦建立起来，就会实现“七个像”，即学校像企业、教室像车间、课堂像工段、教师像师傅、学生像学徒、教案像图纸、作业像产品（教育部原部长陈宝生针对我国探索发展现代职业教育提出的）。这为未来中国职业教育的新模式奠定了基础，也启发我们形成中职教学文化建设新的主客体关系。

3. 研究、遵循和应用规则，构建合乎新时期中职“三教”改革的新型的规则文化，教学文化守正创新具备了政策资源和制度条件

近年来，职业教育的重要性日益凸显，人们对职业教育的重视程度逐步增强，国家对职业教育的规范化、法治化的改革进程在空前推进。职业教育的教学文化能否更好地守正创新，一切都源于政策的规划与支持。

有学者分析了我国的职业教育深受国家宏观战略、社会经济背景以及教育事业发展需求三个方面的影响。新中国成立以来职业教育可以分为五个发展阶段：经济整合阶段（1950—1978年）、规范初创时期（1978—1984年）、快速发展时期

（1985—2001年）、内涵发展时期（2002—2013年）、现代职业教育体系建设和高质量发展时期（2014年至今）。

2014年，国务院出台《关于加快发展现代职业教育的决定》，明确了我国现代职业教育体系建设的目标，描绘出体系的框架和建设路径，从此，我国职业教育进入了新时代。随之，教学改革也进入了新的历史发展时期。

2019年1月，国务院印发《国家职业教育改革实施方案》，指出“职业教育与普通教育是两种不同教育类型，具有同等重要地位”，正式确定职业教育在我国教育体系中是一个单独类型的教育。提出职业教育教学改革思路：“把握好正确的改革方向，按照‘管好两端、规范中间、书证融通、办学多元’的原则，严把教学标准和毕业学生质量标准两个关口。”“完善高层次应用型人才培养体系。”“启动 1 + × 证书制度试点工作。”其中对教学改革的许多举措都是第一次提出。修订版《职业教育法》以及出台的《关于推动现代职业教育高质量发展的意见》《关于深化现代职业教育体系建设改革的意见》等一系列政策和法规举措，强化了教学改革和教学文化建设的保障措施，明确了新时期的职业教育教学文化的建设应该向哪个方向走、怎么走、达到怎样的效果。

我们从教学文化创新的规范化思路、专业建设及课程设置、教学内容等方面谈谈推进新时代中职教育的教学规范化改革、推进学校教学文化的守正创新。

（1）教学文化规范化的守正创新，首要条件是以新理念引领的教学思路统揽教学文化，形成明晰的文化架构。《国家职业教育改革实施方案》明确指出，“把职业教育摆在教育改革创新和经济社会发展中更加突出的位置。”“把发展中等职业教育作为普及高中阶段教育和建设中国特色职业教育体系的重要基础。”必须“牢固树立新发展理念，服务建设现代化经济体系和实现更高质量更充分就业需要，优化教育结构。”我们不难看出：政策指导方向，方向造就理念，理念决定思路，思路指引行动。笔者所在的吴忠市红寺堡区职业技术学校的办学理念是“做学合一，立己达民”，与之相适应的校训是“尚德立本、多能立身”，派生的教风是“厚生乐教，孜孜以求”、学风是“树自信、勤训练、日知新、好习惯”。为了在教学中践行校风、校训、教风、学风，实施了“‘先做后学’适应性学习”教学模式。我们的思路是：以国家职业教育改革政策和理论为依据，以新课程改革和学校办学宗旨为依托，以新理念引领下的教学思路统揽教学文化，形成明晰的教学文化构架：我们学校的教学思路是什么？是知行合一、德能兼备的教学。重点是什么？重点是教学的岗位化。教学为了谁？为了适应学生的发展性学习。如何践行？先做后学、勤信知习。目前在哪个阶段？目前在普通教育向职业教育转换的阶段。向哪个方向走？向高质量就业、服务现代化、立己达民的方向前进。学校的教学使命、方向和内容、方法有了明确的定位，学校的教学文化建设就沿着这个定位运行下去，而且渗透师生的认知领域。在初始阶段把功夫下在促使师生参与到对学校教学文化的构架的学习、接受、认可、巩固、落实、优化的全过程，这样教学文化规范就成为有本之木和有源之水，学校的教学文化守正创新就成为鲜活而接地气的文化。

（2）教学文化规范化的守正创新，要专注于专业建设、课程设置，实现基础课与专业课对接，实现专业人才培养方案和课程安排对接。专业和课程，是教学工作遵循的一条主线。国家《现代职业教育体系建设规划（2014—2020年）》中明确指出："职业院校可以在政府和行业的指导下对接职业和岗位需求自主设置专业……扩大学生选专业、转专业的自主权……建立真实应用驱动教学改革机制……推动教学方法改革，通过真实案例、真实项目激发学习者的学习兴趣、探究兴趣和职业兴趣。"中职学校的专业课教学紧贴市场需求和孩子未来发展的需求，同一个学校的不同专业，因就业方向等的不同，选择不同内容、不同方法、不同地点、不同来源的指导教师，展开不同的实训实习和授课形式。中职学校的文化课教学内容应以岗位应用能力为主，不同的专业则要求不同的文化课基础素养，既是同一门文化课，在不同的专业里内容也要有取舍、形式有异同。专业课也是根据目前的升学和未来的岗位需求，在课时、授课内容的重点及教学的方法方式上做灵活的调整。我们调整了专业课时间的分配，把大部分专业理论与实习实训课课时比由原来的2∶1调整为1∶1，有的专业课时比甚至调整为1∶2，如机电技术应用、汽修等专业理论与实训的课时比为1∶2，而计算机应用、设施农业等专业理论与实训的课时比为1∶1。增加实习实训时间和内容，增加在企业的实习时间，这有利于提高学生的岗位适应能力。课程设置与调整为专业建设服务，专业建设为育人服务、为社会服务，因此，课程运行、专业建设，以适应岗位应用能力为目的的规范化和灵活化相结合的过程，是中职教学文化守正创新的重心。

（3）教学文化规范化的守正创新，是在遵循教育规律的同时，依托于时代育人需求来更新教学内容、改进学习方式，落实“岗课赛证”综合育人机制。学校在遵循教育规律的前提下，随着时代对培养目标的更新决定了教学内容的改革，教学方式的改进适应教学内容的改革和教学目标的更新。中职学校紧扣专业培养目标，围绕就业岗位、满足行业岗位对学生知识和能力的需求，实现教学与就业岗位需求的对接，那就需要建立和落实一套综合育人的机制，而“岗课赛证”的综合育人机制就应运而生了。2021年4月，全国职业教育大会上首次提出“深化‘三教’改革，‘岗课赛证’综合育人，提升教育质量”。同年10月，中共中央办公厅、国务院办公厅印发《关于推动现代职业教育高质量发展的意见》，进一步指出，“改进教学内容与教材。完善‘岗课赛证’综合育人机制……及时更新教学标准，将新技术、新工艺、新规范、典型生产案例及时纳入教学内容。”看来中职学校的教师、教材、教法改革的重点就落在围绕就业岗位、满足行业对人才的需求，落实“岗课赛证”四位一体的人才培养模式上，将岗位需求、课程设置、比赛活动和职业技能等级证书相结合，以提高学生的职业素养和实际岗位适应能力，将工作岗位（工种）——课堂及课程体系——职业技能大赛——职业技能证（“X”证书）四者统一设计、并行落实，内容和方式上达到“四位一体”。“把职业技能等级证书所体现的先进标准融入人才培养方案。”学校根据“‘岗课赛证’一体化育人”的要求，提出了“以岗定课、以赛领课、以证验课，综合提升课程教学的培养质量”总体要求，把《职业技能大赛标准》纳入学校人才培养方案和各专业建设方案中。我们先在设施农业生产技术和幼儿保育专业的部分学科进行试点，综合农作物育苗育种或者幼儿教育等各自岗位的任务需求（企业行业的评价规范）、国家大赛标准和职业技能等级认定标准，按照这些标准选择教学内容、设计课程模块，这样，课堂教学涵盖大量的岗位工作的内容，并且在课堂教学的过程中辅导技能大赛和技能等级考核内容，结合“1+X”证书试点，增强了教与学的针对性，提高了教学效果，帮助学生奠定了职业能力和岗位能力基础。如学校设施农业专业的“蔬菜生产技术”课程中，把“掌握蔬菜的种植、养护、采摘等技术（岗），蔬菜生产技术、蔬菜管理与营销专业核心课（课），按照国赛标准在课堂、社团活动和实训中设置学生蔬菜栽培、嫁接、采摘技能大赛（赛），把考取初级、中级、高级农艺、园艺工证书的培训内容安排在课程教学中（证）”四者综合为一体进行教学。在这个过程中，又把“专业标准”“国家大赛标准”“技能证书合格标准”融为一体，形成了岗位标准，有了标准、有了日益完善的配套政策的支持，才有办法去改进更新学习方式。根据时代育人需求来更新教学内容、改进学习方式。把“岗课赛证”综合育人机制具体化、时代化，使得学校教学文化守正创新有了合乎规律和时代需求的载体。

4. 不断改进学习方式，构建符合中职教育特点的行动导向教学动能，使教学文化守正创新具备了动力支撑和技术资源

学习方式的不断改进，是教学文化守正创新的一个重要方面。行动导向教学是一种基于实际工作的教学方法，是以活动为导向，以人的发展为本位，从完成某一个任务着手，通过引导学生完成任务，全面提高中职学生综合能力的主要学习方法。

教育部《关于深化职业教育教学改革，全面提高人才培养质量的若干意见》（教职成〔2015〕6号）中指出，“要普及推广项目教学、案例教学、情景教学、工作过程导向教学”。提高职业教育的教学质量，我们必须自始至终落实行动导向教学。中等职业学校要创办自己的办学特色，提高人才培养的质量，提高就业率，那么教学方法要以工作过程为导向，以岗位能力为本位，通过任务驱动型学习方式，在一定的知识和理论的指导下，使学生获得工作实践能力。这是以工作过程为导向的教学思路和方法，是提高职业教育质量的主要教学形式。

吴忠市红寺堡区职业技术学校推行“12335”的办学思路，其中“2”是“不断推行教学行动化改革和管理规范化改革两项改革”。坚定推行教学行动化改革，一是贯彻行动导向教学的思想和方法，尊重学生学习主体的地位、激发师生的首创精神、注重实践。做到与生活联系紧密，教学任务常常是以学生生活中的实际问题为模板，通过生活化的教学有效地锻炼学生解决生活问题和实际问题的能力；教师需根据学生的实际情况布置相应任务，真正实现“因材施教”；重视小组合作，课堂任务一般都由学生自觉动手完成；包容性强，包容不同的教学方法，

具有较高的普适性；分工明确，以学生为本，在教学中，教师的引导者地位得到凸显，而学生在任务中也具有较强的主体性，师生分工明确。二是推行行动导向教学，实施“先做后学”四段适应性学习的教学模式，学生从“先做”中开启求知欲望，在“做”中感受学习乐趣、解除困惑。“先做后学”，体现了行动导向教学的思想，适合中职学生形象思维特点。其基本思路和操作步骤见图。

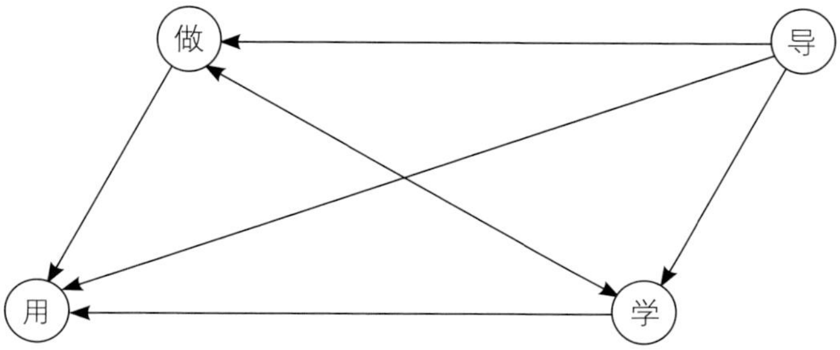

图4-2　四段适应性学习示意图

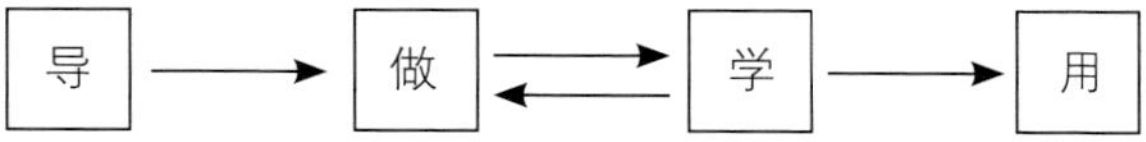

图4-3　四段适应性学习过程示意图

“先做后学”的基本思路和步骤是每节课程必须先安排指导让学生“做”（实训、实验、实践、讲故事、演话剧、搞辩论、放视频、谈经历等），在“做”的过程中学生掌握了一部分，也有一部分仍困惑或无法掌握。在“做”中获取的体验，如果已经掌握就不用在课堂上重复，只讲解“做”的过程中体会到的困难和问题，帮助学生理解困惑或者不会的地方。进入了对应的“学”，学习过程中，再经过系统总结，对症服药、因人施教、提高效率，引起学生学的兴趣。组织教学，必须贯穿“导——做——学——用”四个阶段相互交织的主线。这是组织教学所运用的思路、手段和方法，是“做”“学”过程必备的工序。如图所示，四个端点相互衔接、相互渗透，组成一个四边形，既是一个闭合的、联系的过程，又是相对灵活的、开放的、赋予个性化学习的过程。主要特点是：导后做，做中学，学中做，相互结合；做融于用、学必于用，而且对于其中的每一段都必须通过“用”来体现。这反映着中职教学中实践为主、以教为学、分类分层的思想。“适应性学习”，形象地说就是“看菜吃饭、量体裁衣”每一个人跳一跳都能摘到桃子”。在具体教学过程中，适应新课改理念，学校和教师主动推进“三教”改革，坚持人文素养、自主探究、学生中心、发现点燃等理念；适应职业教育教学的内在规律，坚持动手、动笔、动心（脑）“三动”综合能力和校企“双元”育人；适应“职教高考”和“产教融合”的政策形势，以有效地备考和备业；适应本校（班）中职学生的基础现状和个性发展的特点，实施分层教学；适应国家对职业技能人才的需求方向，提高终身学习、终身工作的能力。

我们以行动导向来引导学生，以“做”为基础、以“学 + 做”为目的、以“适应”为手段、以“四段”为路径，形成相对固化的模式，规范学生的学习行为，激发学生的学习兴趣，培养学生自主学习的能力，完成学习任务是为将来完成工作任务打好基础，为教学文化的守正创新提供了动力支撑和技术资源。

第二节　吴忠市红寺堡区职业技术学校教学文化建设守正创新的实践

一、实践一：学校的教学理念导引，形成并践行“厚生乐教，孜孜以求”的教风

中职教育作为高中阶段教育的重要组成部分，为未进入普通高中的学生的升学和就业打好基础，塑造具有良好品德和情感、有初步职业理想和生涯规划的新型人才。而教师和学生是中职教育赖以发展的主力军，是切实践行教育使命和学校精神，促进学校事业得失成败的关键；学生是成为生产、服务岗位的高素质劳动者和技能型人才的核心力量。因此，笔者所在学校的教学理念是“为每一个学生提供足够营养的课程服务”、落实和形成的校风是“厚生乐教，孜孜以求”，作为学校精神体系的重要组成部分，自始至终融入和践行在学校的办学环节中，坚守形成适应的中职学校学风和教风，是非常必要和可行的。

（一）理解、践行、恒定“厚生乐教，孜孜以求”的教风，丰富学校教学文化守正创新的内涵

根据中职学生的学习特点和中职教学规律，我们提出了必须确立并践行“厚生乐教，孜孜以求”的教风。

1.“厚生乐教”的含义与应用

“厚生”一词，最早出自典籍《尚书・大禹谟》：“正德，利用，厚生，惟和”。古代学者孔颖达对“厚生”一词的解释是：“厚生，谓薄征徭，轻赋税，不夺农时，令民生计温厚，衣食丰足，故所以养民也”。三国魏嵇康在《答难养生论》中言：“祗足以灾身，非所以厚生也。”这里的“厚生”指的是给民众之利，使民众幸福。中华文化生生不息的关键在一个“厚”字，从育人的场所和路径，我们可以扩大其内涵，“厚生”指珍视爱护生灵，对同胞、对全人类，甚至对整个宇宙，都要关心厚爱，给其以福利；做人要以厚生正德作为基础，益于大家和谐幸福，才叫价值。学校对教师、教师对学生给予真挚的爱和倾心负责，真正把学生的学习、健康和前途放在心上，才是真正的厚生。正如教育部原部长陈宝生所言：对职业教育和接受职业教育的人，高看一眼、厚爱一分。

“乐教”一词，见于《礼记・学记》中“勤于施教，安于乐教”。“勤于施教”说的是教师要勤于学习并掌握教育规律，从学生实际情况、个别差异出发，有的放矢地进行有差别教学，使每个学生都能扬长避短，获得最佳发展；“安于乐教”说的是把教育融入乐趣中，在课堂上创造快乐的气氛。在诸多论述中，教育先贤把“乐教”作为育人的最高境界教育。我们今天依然要“安于乐教”，首先教师从内心认可自己的工作岗位，乐在其中，乐于探究；其次，因材施教，实行差别化的教育，寓教于乐，把最佳机会和方法给予每一个学生，使他们能够快乐学习，得到最好、最适合的发展；再次，在教师新颖的教学手段下，充分发挥学生的主观能动性，师生们带着自信，轻松走进课堂。这里要强调的是，乐教与乐学相互依存，调动学生的积极性，提高学生的学习兴趣，让学生在乐中学、乐中思、乐中练，在轻松的教学环境和过程中掌握专业知识和专业技能，陶冶情操，提升思想境界，制定自己的职业规划。

2.“孜孜以求”的含义与应用

“孜孜”出自《尚书·益稷》，禹回答舜的问话：“予何言？予思日孜孜。”意思是：“君王，我说什么呢？我只想每天努力工作罢了。”唐初十八学士孔颖达言：“疏：‘孜孜者，勉功不怠之意。’”意思是以教育授人知识，勤奋努力，不敢怠慢。我们对古今名人经典的解释做进一步理解：孜孜，勤勉的样子；孜孜以求，比喻不知疲倦地探求，不能有丝毫怠慢，指人学习态度端正、工作认真，不断探究、成效显著。“孜孜以求”，要求中职教师始终如一地坚持爱心浇灌、崇德精技、研无止境，在追求的路上永不停歇。做到“孜孜以求”，首先，作为中职学校的教育者，必须充满感情，不但在学生的学习上投入大量精力，更要在学生的身心健康、为人处世、高尚人格和正确的价值观、择业观的形成等方面充满爱心，始终保持强烈的责任感和永恒的定力，以赤诚之心给予学生无微不至的大爱和关怀；其次，教育教学研究需持恒久之心，教育形势、教育目标、教学内容、课程以及学生的心理、行为和学习状态在不断变化着，教师应该把教育教学研究放在一切业务工作的首位，只有坚持不懈、与时俱进地研究，方能自如应对、与日俱进；再次，教师的人格和技能在不断地完善和优化，职业教育日新月异的变化和学生的多样化发展需求，要求教师在教学技巧日益精妙、人格魅力逐渐增强、知识能力不断更新的同时，创造出属于自己的教学特色，影响一代又一代的学生成为道德高尚、技艺精湛的优秀劳动者。“孜孜以求”，既是教师最基本的态度和素养，又是“工匠精神”的基本要求。

3.培育和形成“厚生乐教，孜孜以求”的教风，是职业教育者的基本要求

在中职学校教学中，教师立足于给学生最好的培养和发展，坚守精致课堂和精准实训主阵地，狠抓基础、强化训练，厚植关爱、点燃自信，勤学竞技、精于工匠，因材施教、寓教于乐，导人健行、师生同进，锻造整个学校良好的教学风气和教育作风；学校衔接未来，尤其在快节奏的现代化生活中，倡导“工匠精神”，兢兢业业、孜孜以求、究其极致，这种良好的教学风气和教育作风，更不能被摒弃。在学校每一位教师眼里，对人才质量精益求精、对育人过程一丝不苟，既是职业上的大智慧，也是教学上的大文化。

（二）在教学全过程，秉持和贯穿“厚生乐教，孜孜以求”教风的必要性

教育的中心任务是提升教学质量和育人水平。提升教学质量的关键在于教师，根本保障在于教学风气和教学条件；提升育人水平的重点是教师不断提高自我、完善人格，学生能够具备不断适应和实现远大目标的能力和习惯。而职业教育以就业为导向，更重要的是为学生长远的职业生涯考虑，为他们的就业、择业、终身发展打好基础。

1. 贯穿“厚生乐教，孜孜以求”的教风，培植和形成中职特色教学文化，是中职教育的使命，是落实国家加快发展现代职业教育的大政方针的需要

党和国家历来重视加快职业教育发展，尤其改革开放以来，坚持“十分重要”，必须“高度重视”。党的十八大以来，更是从“大力发展”到“加快发展”，出台了一系列保障性的法律法规和文件、决定，把现代职业教育高质量发展摆在更加突出的位置。职业教育的教学文化建设，就是要顺应历史赋予我们的使命，紧扣“国民教育体系和人力资源开发的重要组成部分”、紧扣“广大青年打开通往成功成才大门的重要途径”、紧扣“培养多样化人才、传承技术技能、促进就业创业”、紧扣“为实现‘两个一百年’的奋斗目标和中华民族伟大复兴的中国梦提供坚实人才保障”，充分认识并担负起职业教育的重大使命，形成和培植“厚生乐教，孜孜以求”的教风，把国家关于加快发展现代职业教育的决策部署落到实处，为产业升级、创新创业、乡村振兴的时代要求做出基础性贡献。

习近平总书记要求：“广大教师要严爱相济、润己泽人，以人格魅力呵护学生心灵，以学术造诣开启学生智慧，把自己的温暖和情感倾注到每一个学生身上，让每一个学生都健康成长，让每一个孩子都有人生出彩的机会。”从中可以看出党和国家对广大教育工作者提出了极高的要求。“润己泽人、严爱相济”“呵护学生”“学术造诣”“温暖和情感”都是“厚生乐教”的思想指南和理论基础；“润己泽人”“让每一个学生都健康成长”和“人生出彩”都是“孜孜以求”的思想指南和理论基础。陶行知先生在回复程仲沂校长的信中写道：“学生是学习人生之道的人。学以厚生则可，学以伤生是断乎不可的。”陶先生在这里把“厚生”与“伤生”相对，强调了厚生一词中“珍惜、爱护生命”的意思。这一切，都是“厚生乐教，孜孜以求”的理论依据。

2014年6月23日，全国职业教育工作大会召开，提出："让千千万万拥有较强动手和服务能力的人才进入劳动大军，使'中国制造'更多走向'优质制造'、'精品制造'，使中国服务塑造新优势、迈上新台阶。"并要求"打造具有鲜明职教特点、教练型的师资队伍"。就中职教育的历史使命而言，是在发挥为产业发展培养技术技能人才的同时，努力完成另一个很现实的任务，就是给普通高中阶段学业暂时失利的学生提供另一条较好的生活出路，通过教师们有针对性的精心教诲，使中职学生坚定积极追求人生的信念，从而缓解教育焦虑。因此，中职学校承担着国家职业教育的主力军任务，要缓解教育焦虑，实现"中国制造"从"优质"到"精品"的转变，学校必须要有与之相适应的良好的教风，以此把握学校教育基调、带动优良学风。笔者认为，贯穿和落实"厚生乐教，孜孜以求"的教风，培植和形成中职特色教学文化，能够使中职学生热爱中职学校，全身心投入学习、钻研技术；打造具有职业教育特点的教练型教师队伍，为每一个学生提供足够营养的课程服务，使每一个中职生拥有较强动手和服务能力，未来技能强国才有落地的希望。

2. 贯彻落实"厚生乐教，孜孜以求"的教风，培植和形成中职特色教学文化，是基于中职学生自身对接受良好教育的需求，是落实学校精神体系的体现

我们要认识到，职业教育本就是面向普通人的教育。用晏阳初的话来说，就是平民教育。中职教育一直在默默承担着很多被公众忽视的社会职责。因为很多人不了解中职教育，认为中职生是"弱势群体"、中职学校是"问题生"收容所等等。其实，他们忽视了中职学校的再教育、再就业功能。如果所谓的"问题生"流入社会中，在社会大环境下，有可能成为社会问题，影响社会稳定。所以，中职教育一个很大的功能是，学校以明确的思想认识、超前的教育理念和体系化的教育策略，来满足学习暂时处于弱势的人对良好教育的需求，让成绩不理想的中考生在中职教学的层面找到自信、找到方向、实现自我，为他们提供升学或者就业的渠道，减轻社会压力，缓解社会矛盾、弥补教育的短板。

诚然，中职生的学习能力不占优势，学校和社会不能忽视他们通过继续学习而实现的转变。在办学思想上，关注普通老百姓，把学校办得更好、更有吸引力，首当其冲的是培养良好的教风和学风，对于中职学校的教学，要立足给学生最好

的学习和发展，坚守精致课堂和精准实训的主阵地，狠抓基础、强化训练，厚植关爱、点燃自信，以教促产、产学结合，勤学竞技、精于工匠，因材施教、寓教于乐，导人健行、师生同进。锻造整个学校良好的教学风气和教育作风。不仅要教给学生专业知识和专业技能，更重要的是让学生形成坚定的政治信念和社会主义核心价值观，养成良好的行为习惯、学会做人，使他们在思政教育和养成教育中提升适应社会和生存竞争的能力，成为社会需要的有用之才。

金陵女子大学曾经把“厚生”一词作为学校的校训，时任校长吴贻芳先生说：“当时学校用‘厚生’作为校训，立意为：人生的目的，不光是为自己活着，而是要用智慧和能力来帮助他人和社会，这样不但有益于别人，自己的生命也因之而丰满。”可以说，“厚生”作为学校精神体系的一个重要组成部分，在不同时期、不同的学校有着不同的内涵和外在要求。它是随时代的发展、社会对人才、群众对教育的需求的变化而在发展。笔者所在的学校确立和奉行的“12235”办学思路，围绕“一个根本”即师生发展为本，一心为了师生的进步和幸福，落实“做学合一，立己达民”的办学理念和“尚德立本、多能立身”的校训，坚持“为每一个学生提供足够营养的课程服务”的教学理念，形成“树自信、勤训练、日知新、好习惯”的学风，学校的教师观始终是相信人人有才，能够德才兼备；既主动“抱团取暖”，又积极“拾柴供暖”。在此基础上提出“厚生乐教，孜孜以求”的教风，这些思想都是一脉相承、相互促进的，共同构筑起学校的精神体系，形成中职特色学校文化。

为了适应中职教育和学生的发展，为了群众能够生活得更好，围绕中职学校“高中阶段教育和职业教育体系的双基础”的定位，改进职业教育的教学理念和教学方式已经上升为国民教育的发展理念之一，中职教育迈向贴近民生的教育。实现“中等职业教育除了育人的基本功能，民生功能占主导地位，服务面向广大平民，促进个体终身发展”。作为中职学校的教师，要围绕“厚生乐教，孜孜以求”的教风，形成“关注民生”“为国育才”“职业强身”的职业教育和教学文化氛围，把中职学生和其他接受中职教育者更好地升学和就业作为教学工作的核心任务和主攻方向去落实到全过程。

（三）落实“厚生乐教，孜孜以求”的教风，提高教学质量，推进教学文化的守正创新

通过认真研究职业教育教学的本质功能和相关政策的定位，不难看出，中职学校的教学文化应该是“谋业”和“人本”的集中体现，是为“职业”而“教育”，中职学校的教师奉行和落实“厚生乐教，孜孜以求”的教风，是适应中职教育的功能本位的必然。为了突出职业教育的类型特点，相应的教学应以教学的技巧和方法表现、以教学的质量和效益证明。

随着社会的不断发展，吴忠市红寺堡区职业技术学校恒定地贯穿“厚生乐教，孜孜以求”的教风，提高教学质量，推进教学文化的守正创新，作了一些有益的尝试。以下为学校落实教风的案例。

教学文化转变人生

——记2019级计算机1班学生马杰

马杰喜欢机器人，班主任从网上购买有关机器人科技的书籍，叮嘱他把团队利益放在首位。一系列“厚生”“乐教”之举，教会了马杰团结、友善，教会了他爱学习、爱创新，为同学提供有效的帮助，如带同宿舍感冒的同学去医院看病、下雨天给同学送伞、帮同学完成工作任务等。同时在学习的几年里，他性格脾气得到了很好的磨炼，遇事也不像以前一样，没有开始就要放弃、一拖再拖。马杰第一个月的实习工资是四千多元，工资发了就给家里面给了两千元，为家里做出了贡献。之后每个月实习工资都达到六千多元，基本每个月会给家里面给三四千元钱。经过老师坚持不懈地努力，马杰成长了许多，改掉了眼高手低的毛病，真正地从基础做起，一头扎进实训室，刻苦训练，有时为编一个程序，整整一宿不合眼。在全区技能大赛中，取得了一等奖的好成绩。

马杰同学的转变验证了我们推行“厚生乐教，孜孜以求”的校风取得了一些

成绩。

这源于我们力推“三教”改革，达到创建优质中职学校的各项指标；各专业都在常规管理和课堂教学中应用“‘先做后学’适应性学习”模式，并提炼课例、总结经验。职教高考中，毕业生考入应用型本科院校的人数稳步增加，在教师教学、班主任能力比拼和学生的技能大赛中实现一等奖的突破。而且一届比一届强；教师承担自治区、市、县级职业教育教学的课题研究，写出典型案例并推广经验。

在实践中坚持和形成“厚生乐教，孜孜以求”的教风，关键要做到厚、乐、恒、融。

1. 厚生：厚德、厚识、厚能、厚职

教师职业的最高境界是塑造灵魂、塑造生命，要推进教学文化的守正创新，改进职业教育的育人方式，提高教育教学质量，必须夯实符合未来职业人才需求的基础，其最直接的、最有效的方式是学校和教师通过厚德、厚识、厚能、厚职，锲而不舍地追求“正德厚生”“手脑并用，知行合一”，最终实现“臻于至善”。

“厚生”首先要“厚德”。职业教育功能定位由“谋业”转向“人本”，更加注重人的全面发展。学校始终秉持“做学合一，立己达民”的办学理念，成立“道德银行”，采用积分兑换制激励学生养成良好的道德素养，落实“十二德五不一有”过程德育，在常态教学中融入思政教育、“三进”工作，把培养对社会有用的、优秀的人放到育人的首位。教学中处处渗入厚德教育，首先，促进教育者人格完善。引导学生正确认识中考失利，树立积极态度；积极响应和推进国家倡导的素质教育，切实减轻学生过重的学业负担，提升学生的生活质量。我们促成中职生人格完善的方法主要有内省慎独法、见贤思齐法、自我激励法、积善成德法等。其次，把中华民族优良传统和各科教学紧密结合。政治课教学是对学生进行思想教育的主阵地，培养学生良好思想品德是学校德育的主要目标。例如，各年级可以结合所学知识摘抄箴言、警句、格言、名联等，也可以举行优秀传统文化的知识竞赛、书法比赛、诗歌诵读、话剧表演等活动，开展多种形式的中华民族优秀传统文化教育，首先通过“厚德”而“厚生”。

“厚生”的前提是“厚识”。也可以称之为“厚知”，即基础掌握扎实，知识面更广。《教育部关于深化职业教育教学改革，全面提高人才培养质量的若干意见》强调：中等职业学校要按照教育部印发的教学大纲（课程标准）规定，开齐、开足、开好德育、语文、数学、英语、历史、体育与健康、艺术、计算机应用基础等课程。笔者所在的学校推出“三全”育人与“五育”并举：智育方面，学校积极推进教学改革，融合“互联网 + 教育”；多措并举，支持教师和学生考取技能证书，常态化备战技能大赛和职教高考，教学质量提升很快；体育方面，学校作为教育部认定的篮球体育传统特色学校，招录体育特长生，开展校园运动会，弘扬体育健身文化；美育方面，学校成立艺术名师工作室，申报吴忠市艺术特色学校“文创产品融入艺术教学”项目，选拔一批特长生进行艺术培养，组建社团、汇报展演，让每一个学生都能在艺术氛围中修身养性；劳育方面，学校成立红寺堡区中小学职业技能体验基地，让各年龄段的学生在实践中寻求认知，与海信集团、京东集团、富阳农业集团、荣光科技集团等企业合作，每周组织学生参加校内外劳动，锤炼技能，磨炼意志。

把职业院校分类考试中能够拿到较好的成绩作为“厚识”的牵引力。为了能让更多的孩子升入理想的高职院校和本科院校学习，我们从学生一进校就开始准备，以适应分类考试为导向，积极备考。通过实践总结了分类考试“七备法”：①备政策。其实就是了解职业教育“打开学生上升通道”的政策，了解符合政策、大纲和课程标准的教学实施的方向以及教学资源和工具。分类考试的政策主要有省（区）关于分类考试招生工作的文件和方案，招生考试大纲、报名须知等，尤其要在选报专业时候注意研究，包括录取的动向、就业分析、学生现有水平等。中职生绝大多数来自农村，学校要在这方面帮助他们把握好、研究好、参谋好。②备考纲。主要是研究近三年的考纲和命题，深入研究考纲和与命题之间的切合点、体现点；考试命题的题型、训练点、考核方式、难易程度等。③备学生。对本届学生的学习基础、学习习惯、方法技巧、学习优势与不足等，教师和学校都要掌握，予以针对性的教学和引导；对临界生的所有学科都要分类抓、一起抓、重点抓，这样才可以事半功倍。④备进程。在做好以上几方面的研究基础上，研究当年的教学进度、教学完成情况，研究往年的考点、题型，从而总结出规律，比较恰当地安排授课和备考进度、技能测试和基础学科的教学内容和进度，准确把握，并有计划、有重点地完成教学和备考进度。⑤备协作。分类考试与普通高考相同的是：所有学科都要共同研究教法，每一门学科都要尽可能取得最好成绩。分类考试较之普通高考更为复杂之处在于：内容上既有基础课和技能实操测试，形式上既要在本区域统一设置考场，又要在外校设置多个考场，因此协作显得尤为重要，包括学部内部的协作、各学部之间的协作、校际的协作缺一不可。⑥备命题。把前三年的考题和考纲一一对比，分析当年的考纲如何体现课程标准和专业建设方案，当年的考纲以何种命题形式呈现，命题的难易程度怎样体现出来，命题如何联系产业或者生活实际，专业技能的考点和教学点的契合点或差异点？分析清楚后，比对当年的考纲，把握以上几个“如何”，切入备考实际和政策动向，基本上就可以把握当年的考试命题了。⑦备功夫。俗话说“铁棒磨成针，功到自然成”，没有扎实的教学过程是不可能取得成绩的，首先，教师集体备考要落实，不能走过场。其次是课堂上、实训室讲练结合、反复训练。再次学生课堂认真听讲、课后反复记忆和磨炼，必要时教师监督学生当面背诵、做题，该搞题海战术时还得搞“题海战术”。另外，本校的学生、学科和教学的优劣势都要梳理出来，对如何发挥优势、培优补劣要心知肚明。

厚能。随着社会对未来人才的综合素养日益重视和迫切需求，在中职学校，夯实基础知识的同时，加强学生基本技能和创新精神的培养，是当务之急。中职生除了应具备语言表达能力、计算机应用能力、团队合作能力、动手实践能力等基本的能力，还要具备社会交往能力、技术运用能力、环境适应能力、经营管理能力、勇于竞争能力和创新能力。这些能力主要是在教学过程中培养出来的。在互联网时代，翻转课堂、慕课等新型的教学模式应运而生。教师可以利用网络上丰富的教学资源，运用现代化的教学手段，拓宽中职学生的视野。单纯的知识的学习并不能满足学生学习的愿望、引起学生学习的兴趣，但学生对多媒体等信息技术很感兴趣，教师可以搜集一些宣扬工匠精神的纪录片在课堂上播放，例如央视新闻频道推出的《大国工匠》系列节目，讲述了一些平凡的劳动者追求职业技能完美的故事等。最重要的是加强社会实践活动，可以采用校企合作的方式，让学生真正去企业实习学习。校聘的农业专家王文举教授（宁夏大学硕博研究生导师）针对黄花菜的新品种选育、栽培、水肥管理等技术领域，到合作的企业（农场），全面细致地为学校涉农专业的教师、学生进行讲授。师生纷纷表示校企合作获取信息量大，操作性、针对性强，对能力提升十分有益。产教融合和校企合作将为深度培训打下基础，促进学生技能的提升；参与企业产品生产、设计、制造，提高相应的技能水平，在实习的过程中体会自身的价值。

厚职。如今职业教育改革的重心由“教育”转向“产教”，更加注重服务经济社会发展。而中职教育是为了未来更好地就业而打好基础。

我们经常将企业文化融入教学中，将就业的美好前景和挑战在课程学习和课堂上综合展示给学生，激发学生学习的欲望和对困难的研判，让学生对学习充满热情，充分准备。为了学生将来有好的职业，我们和同学们探讨这门课在现实生活中的运用，探讨同学们学了这门课后，能从事什么样的职业，现实生活中从事这个工种收入怎样；让学生们知道学习了这门课后，可以从哪些方面创业，以后他们也有可能成为第二个“董明珠”，成为中国飞机制造高级技师“胡双线”，成为创农业品牌、助群众增收全国乡村振兴青年先锋“李臣果”，等等。上好每一节课，让学生们很快就爱上这门课。让企业走进学校、让专家走进课堂、让学生走进科学，校企合作走向深度融合。将企业的先进理念、科学技术支撑与学校教学相融合，培养一支技能娴熟、业务精湛的教师队伍和勇于创新的学生队伍，帮助年轻教师和学生掌握新型生产技术知识，提升自身竞争力，为将来成为真正的各个行业技能型人才奠定基础。

2. 乐教

古人说过：“知之者不如好之者，好之者不如乐之者。”鉴于中职学生的学习状态和习惯，要优化职业教育的教学方式，提高教学质量，在推进教学文化守正创新的过程中，教师必须更新教学观念，把激发学生的学习兴趣放在首位，投入更多的精力钻研教学；教师带着好奇心设计教学，才能够活化原本乏味的内容、推出趣味横生的方法，才能激发学生的好奇心。学生带着兴趣进入学习状态，更容易喜欢上学习。这进一步说明“乐教”是产生教育兴趣的源泉，兴趣是教和学的最大动力，是开启求知远航的航空母舰。接下来，教学中的一切问题都会迎刃而解。因此，教师要回答自己三个问题：“我是否适合做教师？”“我是否真正愿意做教师？”“我是否能够成为一名好教师？”而这三个问题的答案就是教师对本职工作是否“知之”“好之”“乐之”的最好诠释。

鉴于中职学校、教师和学生的特点，在实际教学中，学校、教师如何引导学生才能做到“知之”“好之”“乐之”？以下从教师和学生的角度出发，谈谈如何做到“乐教”和“乐学”。

（1）培养师生情。把人本理念渗透在日常校园管理工作中。教学的主宰者始终是教师，学习的主人公始终是学生。学校负责为教师搭建平台、创造条件、排除障碍，帮助教师发挥个人教育价值，让学生在更好的环境中实现成长目标。同样，师生关系是否融洽是影响教学目标达成和学习效率的重要因素，“亲其师，信其道”，赢得学生信任的教师在教学中势必事半功倍，学生视教师为师长、父母、朋友，对其言行具有一定的倾向性。平等和相互尊重的师生关系有助于形成轻松愉悦、生动活泼的课堂气氛，这样的课堂充满激情和热情，既有利于学生的学，也有利于教师的教。另外，构建校园情感文化，比如学校在校园橱窗、办公楼和教学楼楼道、办公室等人员来往密集的地方挂上每个教师的先进事迹、专业特长和取得的优异成绩等，定期更换，多面宣扬；班级在教室的墙壁上张贴劳动模范、优秀毕业生、创业有成者的照片和故事，这都是培养情感的一种潜移默化的途径。

（2）激发师生趣。哲人说过，每个人都不会拒绝快乐，由此以快乐为载体的事物也让人们无法拒绝。教学是如此，学习更是如此。“兴趣是最好的老师”，学校教师要会采用激趣教学方法，有的教师专业能力很强，备课认真，讲课投入，但讲的内容不适合学生学习，影响了学生的学习热情和积极性。学校的学部或者领导在评价教师的时候，更多的是找出其敬业、教学方法新颖的优点，给他们以肯定，然后专设研讨话题，让大家给出激发教学兴趣的好的建议，还可以派教师外出观摩学习，给他们关怀，激发他们的兴趣和信心。“兴趣是最好的老师”这句话更适用于学生，教师在教学中可采用多种方式激发学生的兴趣，如展示图片、讲述故事、播放影片资料等。然而，激发兴趣是最浅层次的，维持兴趣从而达到逻辑思维的层层递进、理性认识的升级才是最重要的。维持兴趣需要主体的自我卷入，即主动积极地参与活动。

（3）激励师生成。心理学研究表明，人的现有水平和潜在能力之间存在差异，此差异即最近发展区。我们认为，最近发展区就是人的成功区，教师和学生都有他们各自的最近发展区。中职生本身就要耗费教师更多的精力和情感，往往会消磨教师的信心。学校最关键的是激发教师们的成功欲望，让他们面对现实中的学生，享受成功的荣耀感和快乐；职业教育以能力为本，鼓励教师参加技能竞赛或考取等级证书，以国家技师的身份做出卓越贡献。同样，教师也要激发和利用学生的最近发展区，在引导过程中，可以激发学生的积极性、主动性和潜能。例如，在评述实习报告或者批阅作业后我们常会写上一些鼓励性的批语、画个大拇指或者当众表扬等，当学生得到这样的肯定后，无论多大年纪、哪个专业的学生，我们都可以从他们的眼神中看到快乐、愉悦和回敬。

（4）调动师生行。要关注教师的想法与做法，给予支持，支持不到位或者没有支持，就不可能有行动。尊重教师，要在宣扬有效行动的实践上下功夫。校领导和工作人员要多与一线教师沟通，提供必要的物质条件，因中职学校专业和教学的差距比较大，关键时刻不能一概而论，要特事特办，让教师能够按照规则制度和自己的创新想法开展工作。同样，对学生而言，教师要运用多种教学手段，丰富课堂内容，调动学生学习和探究的积极性。利用集图、文、声、像于一体的多媒体、课件、动画、网络等具有现代教学气息的教学手段，通过大量的图片、内容丰富的实训操作、适时的视频教学、便捷的网络，优化教学效果，把复杂的问题简单化，使学生易于接受教师所教授的内容，学习积极性大大提高，实践应用的积极性也大大提高。

综上所述，乐教乐学的教学理念从古贯穿至今，尤其在“三教”改革的时代背景下，乐教乐学思想的有效实施更为重要，我们尤其要在重视实践上下功夫，更加注重师生双向积极情绪的调动，使教师乐岗乐业，学生乐师乐学，这对我们建设现代职业教育、培育技能人才具有积极意义。

3. 持恒

要推进教学文化的守正创新，提高教育教学质量，学校和教师必须把教学研究和实践培训作为重中之重，以提升教师综合素养，以应对职业不断发展对人才的需求。而这里的勤奋、探索和坚持十分重要。毛泽东主席说过，世上怕就怕“认真”二字。“认真”能够让我们无坚不摧，克服工作中的种种困难。只有从内心认可自己的工作岗位才能真正扮演好角色，无论我们所做的工作是不是自己所喜欢的，既然选择了这个职业，我们就应认可它、研究它、激活它，否则我们工作起来就会有一种混日子的嫌疑。一旦有了这种想法，再简单的工作也会做不好。

中职教育处于高中和整个职业教育的双基础阶段，也是为未来“谋业”和终身“成业”打下扎实基础的阶段。因此，对于基础知识的掌握和更好的教学方法显得越来越重要。我们最需要的就是孜孜以求的韧性。

下面以学校教学中的实例引发思考。

越钻研越喜爱

李老师本来是体育专业毕业的，学校开门办学初期，因缺少汽修教师，学校出于无奈外派他先后到邻近的职业院校、汽车维修企业跟岗学习三个月，回来以后就直接上岗，跟另一位专业教师同时上专业课。他在学校交流研讨时谈了自己在外校学习的经验，总结起来就是：听课、研课、磨课、集体备课，参加沙龙、反思、互动，上手尝试、集训、小结、总结评价……形式多、次数多。他感慨道：“当时还难堪过好多次呢，但后来都变成了财富，这三个月对我太重要了！”

诚然，越钻研越喜爱，持之以恒对于教师形成“厚生乐教”的文化心理和教学作风是十分重要的。教师带着感悟、困惑、疑问自然地聚拢前来对话，或围绕一份教学设计谈设想，或围绕试教情况查找问题，或就某一教育现象倾心思索，或与自己实际教学对比，或与所闻的优秀案例相比……在一次又一次研讨和沙龙中，在一堂又一堂课中，教师一起反思，一起实践。最终教师收获的不仅是一堂堂比较成功的展示课、研讨课，更重要的是在整个过程中一起思考和成长。事实证明，这样的全程性教学研究、团队型教学研究方式，让青年教师在不断的研课中提高自己的课堂驾驭能力，实践新的课程理念，领悟教学真谛；让中老年教师紧跟新课改的步伐，施展老将才华。同时，中职学校不同的学科组教师也在交流与碰撞中收获新的思想、萌发新的构想，学校的整体教学研究能力也得到了提升。

这样日复一日地坚持、有针对性地研讨，一个有着浓厚的互助氛围、健康的体系，就在坚持和展望中形成了。

一根神奇的焊条

一位学部主任讲了一个这样的故事，小马同学原在中职二年级焊接专业学习，因举家搬迁，转学到一个新的中职学校。因新学校没有开设焊接专业，只能报到机电专业。可小马同学入学之后，因不喜欢语数外基础课和几门专业课，成绩一般，但是却非常喜欢焊接技术。起初他找到了焊机和焊条设备反复练习，后来学校为他做了一个焊房。从此，小马一上完课，就一头扎进焊房，常常让同学给他带个饼子，就着开水当作晚餐。焊工教师深感其诚，一边跟他合作，一边帮助他，半学期过去了，焊房门口堆了一大堆焊条柄。小马平时不但帮汽修专业同学完成钣金焊接、帮机电专业焊接机电模型，而且自己独立焊接了一台比较大的农用播种机，另外还有金属花、鸟、笔盒、蛋糕等，真是惟妙惟肖。

勤业就是持恒。就是要坚守住岗位，这是奉献的根本，没有坚守就不能享受成功。勤业就是在自己的岗位上要兢兢业业，不断去提升自己，让自己能够跟上甚至超越岗位所需要的职业技能和职业素养。同时，不管是单位还是个人，单打独斗是不能适应社会需求的，必然会被淘汰。勤业就是要有团结包容的工作态度，有为才有位。工作中有时会抱怨自己的岗位不重要，领导不重视，认为自己是配角无足轻重，做事情敷衍了事、得过且过，当一天和尚撞一天钟。其实，工作并没有重要和次要之分，只是分工不同，每个人都在同一个起跑线上，都是为了共同的目标，谁有高度的自信心、持恒心，谁就能将工作干好。只有在岗位上勤业持恒有作为，才能有地位，才会被领导器重，才有可能让你挑大梁。

勤于思考也是持恒。雕塑大师罗丹的《思想者》，反映的就是对于思考的崇尚，思考的目光穿越了百年的时光隧道，引领我们不断探索世界的奥秘。因为不停地思考，人类才会不停止地进步。在工作中勤于思考，多想分内事、明天事、未来事，对与自己所在岗位息息相关的事情更要谨密、细致地思考。

有位哲人说过：这个世界不缺会干活的人，缺的是会思考的人。要养成勤于思考的好习惯就务必从点点滴滴做起，从专一做起。工作中遇到问题多思考、想到问题勤思考、出现问题深思考，边思考边工作，这样才会最大限度地减少失误。每个人的智商差异并不大，差距就在于看谁思考得多、思考得深、思考得对，不断提升自己的情商。

4. 融通、融合、相融

职业教育作为类型教育，最明显的标志就是融通、融合、相融，以达及师生共融。要推进教学文化的守正创新，提高教育教学质量，必须借助企业、产业和行业等服务对象和同层级学校的实践指导和环境熏陶的教育力量。新修订的《中华人民共和国职业教育法》第十四条“国家建立健全适应经济社会发展需要，产教深度融合，职业学校教育和职业培训并重，职业教育与普通教育相互融通，不同层次职业教育有效贯通，服务全民终身学习的现代职业教育体系”，《关于推动现代职业教育高质量发展的意见》等纲领性文件也都有相关的规定，要求改进职业教育的育人方式，提高教育教学质量，必须把融合、融通的思想落实到教育和教学的实际过程中，每一项都由社会与学校、行业与教育、校内师生共同完成。

推进现代职业教育体系建设改革是一项系统工程，需要坚持系统观念、统筹推进。陈子季司长提出现代职业教育高质量发展必须“推进‘三融合’，就是推进构建职普融通、产教融合、科教融汇的现代职业教育体系”。形成“厚生乐教，孜孜以求”的教风，把普通教育与职业教育彼此通联，发挥普通教育与职业教育各自的教育优势。同理，产教融合把职业教育与行业产业融合、职业院校与园区结合，行业产业和园区为职业教育提供设备、实训教师、就业岗位等资源。

吴忠市红寺堡区职业技术学校在产教、普职、专业三个方面融通、融合，贯穿“厚生乐教，孜孜以求”的教风，做了一些有益的尝试，也取得了一些引人注目的成绩。在“三融”实践中有以下做法：

（1）职普融通。吴忠市红寺堡区职业技术学校与红寺堡区罗山高级中学实施职普融通，成立四个融通试点班，试点班共有学生180名，两校共同设计课程、互派师资，通过管理融通、课程融通、教师融通、学习环境融通四个方面，实现资源共享、学分互认。

①具体做法。A. 循序渐进。先选定职业技术学校的计算机应用、机电技术、设施农业3个专业为试点专业。按照先行先试、边试边行的原则，及时研判试点工作开展情况，循序渐进地推进试点范围逐步扩大。B. 双向共进。明确普职融通的最终目标是实现普通高中、职业教育教育资源的共享互用，试点学校以融通班为重点，开设融通课程为纽带，以升学为导向，推进试点双方在课程开设开发、师资队伍建设、教材教法改革、考试考核等各环节合作。C. 多元发展。锚定普职融通的目标，准确定位学生“多元化发展需求”，实现学生在专业技能、学历教育和就业选择等方面的多元发展，为不同层次、不同优势、不同需求的学生找到最佳的发展路径，赢得学生更广阔的未来。

②融通内容。主要采取三种形式的融通试点，内容一：在中职招生中单设普职融通班，高一第一学期转籍分流、第二学期转课分流。内容二：普通高中一部分班级开设职业技能课（不少于班级总数的1/3）。内容三：普通高中的学生选择接受职业技术教育（高二第一学期结束前）。试点学校共同设计课程、互派师资、学籍互通。

（2）产教融合。产教融合既是职业教育的特征也是职业院校提高育人质量的本质要求。宁夏回族自治区《关于深化产教融合推进职业教育改革发展实施方案》提出：“加强校企协同育人。全面推行现代学徒制和企业新型学徒制，推动学校招生与企业招工相衔接。促进‘引企入教’，支持引导企业深度参与职业院校教育教学改革，多种方式参与学校专业规划、教材开发、教学设计、课程设置、实习实训，推进企业需求融入人才培养环节。”

学校十分重视校企“双元”育人，形成了培、服、赛、研、学、产“六位一体”校企合作模式。主要做法如下：①与宁夏荣光集团校企共建了智慧农业研学产培实训中心和农业实验室，学校利用职业教育质量提升项目投入，企业主要投入用于配合学校弥补设备不足、补给教学实验易耗用品，分学科安排技能型教师常年驻校指导教学，开展学、研、产和培、服、赛活动。②引进京东电商集团驻校教学、定向培养，培训合格后学生可以持“绿卡”选择在京东就业或者自主就业，并建成红寺堡区特产馆，学生带货直播、推销产品，网上直销本地和宁夏特产，学习运营知识的同时获取收入。③与青岛海信集团实现校企合作，学校挂牌成立“海信日立培训基地”，企业与学校达成一致，重点是学生毕业后也可以选择在海信集团就业，环境好，学习收益很大。④以工促学，成立学校广告制作中心，在学习、实训、教学操作之余，学生和教师承接、制作户外广告。在吴忠市创建文明城市之际，红寺堡区大街小巷布置学校制作的公益宣传牌，得到了一致好评。

（3）专业相融。为了提升教学质量，强化专业之间的相互融通，建设“保育保健”和“智慧农业”两个专业群。本着基于学生职业发展的原则，①构建了以护理专业为核心专业的“保育保健”专业群：以传统优势专业为龙头，整合资源、优势互补、协调发展。做强护理、做优助产向健康服务升级的同时，扶持医学营养、健康管理、老年保健与管理等新兴现代健康服务专业，打造既有自身的专业特色，又能资源共享、相互促进的专业群，并带动专业群课程体系重建、实训基地重组和师资队伍优化，逐步建成涵盖全生命周期、突出母婴和养老照护的服务产业特色专业群体系。②根据国家乡村振兴战略和自治区“六特六优六新”产业发展的决策部署，以服务红寺堡区农业产业转型升级，坚持校企共建、产教融合的原则，将设施农业生产技术、新媒体营销、计算机平面设计、物流运输等专业资源进行融合。对接行业标准，打造以农业信息技术为核心，以农业物联网应用、农产品电子商务、物流运输、农业大数据技术与应用等前沿 IT 技术为支撑的信息技术专业群。

在三个融合的过程中，师生达到了紧密共融，通过这三个融合，形成了浓厚、共融的教学文化氛围，体现了“厚生乐教，孜孜以求”的文化自信，体现了中职教育的根本功能。

“厚生”与“厚师”始终紧密结合。在以上有益尝试中，“厚生乐教，孜孜以求”达到了新的水平，并且在“厚生”的过程中又特别增加了“厚师”的过程。学校在落实以上四个“厚”的同时，将厚生与“厚师”结合起来，逐渐在教师之间落实了科学工作生活的“6635工程”，即教师一日常规“六个好”：敬业精神好、工作方法好、教学设计好、课堂质量好、“做学合一”落实好、遵纪守法品行好。兼职工作一日常规“六个好”：全面巡查好、沟通协商好、解决办法好、听研上课好、实训效果好、师生反映好。强能增效“六个一点”：学习多一点、说服力强一点、考虑周到一点、积极主动一点、为他人多做一点、自我价值提升一点。调整心态“三多”“三不”：多为成功创条件、不为失败推责任，多为言行守规矩、不为失衡忙抱怨，多为美德留痕迹、不为私利损名声。幸福生活“五个一小时”：每天锻炼一小时、轻松调节一小时、读书交流一小时、亲情体验一小时、营养调配一小时、幸福生活一辈子。这一些类成套的精神体系，促进了“厚生乐教，孜孜以求”教风的形成。

贯穿和落实“厚生乐教，孜孜以求”的教风带来了可喜的变化，我们看到，教师普遍敬业，能力有所提升，有很好的创新的想法，管理越来越熟练、方法越来越多，部分班级学习要求严、学风好（学生上课认真、闲暇时间也在学习），晚自习和早读有教师辅导；注重实训教学和学生辅导的教师在增多，例如贺泊森老师坚持学生的体能和体育特长训练，阮艳、郭薇雯、牛冠祥等老师主动承担专业技能和参赛训练，汽修和平面设计专业也开始了实际训练等等。在开展“为每一个学生提供足够营养的课程服务，落实‘厚生乐教，孜孜以求’的教风”系列活动之后，部分年轻教师的教学功底显现、思路清晰，动手能力强。在三个融合的过程中贯穿了“先做后学适应性学习”教学理念，学生在实训室积极主动，充分参与学习，有趣也有实效；年轻教师学习进步的欲望强烈，能够主动学习、跨学科合作教学，在教学能力大赛、省赛国赛、分类考试以及文明学校的创建中，涌现出了一批先进典型。

二、实践二：从东西部教育帮扶的实践看教学文化的守正创新

国家近年来特别重视东西部协作发展。党的十八大以来，全面打赢脱贫攻坚战中让世界瞩目、国人振奋。尤其在教育等民生领域扶贫协作，力度大、重视度高、落实得好，真正是一项功在当代、利在千秋的德政工程，深得人心。东西部教育帮扶，从最初的点对点的教育扶贫到如今的教育人才“组团式”帮扶，东部地区都对西部地区在教育观念、方式手段、教育资源、师资水平、专业建设以及劳动力素养等方面给予了无私的帮助和扶持。这些年的实践证明，东西部教育帮扶真正发挥了阻断贫困代际传递的作用，切实巩固了脱贫攻坚成果同乡村振兴的

有效衔接。

（一）东西部职业教育教学帮扶的实践

在红寺堡区的东西部帮扶，是闽宁教育对口支援的一部分。根据《教育部、国务院扶贫办关于印发〈职业教育东西协作行动计划（2016—2020年）〉的通知》（教发〔2016〕15号）要求，从2017年学校筹建至今，福建德化职业中专学校、福建罗源高级职业中学、福建惠安职业中专学校、福建泉州华侨职业中专学校，分别作为帮扶院校。前三个学校先后派了26位教师来学校进行为期3—10天的指导，德化职校在吴忠市红寺堡区职业技术学校建立了陶艺大师工作室，由曾映雪等名师担任辅导教师。学校先后派57位教师、18名学生分六批次分别到罗源职高、惠安职校跟岗学习，主要学习专业建设、落实人才培养方案；教师到合作企业跟岗，接受技能实操培训。在东部地区的职业学校的前期教育帮扶下，取得了一定的成绩，先后有19位专业教师考取了电商、食品、电子电工等技能等级证书；3名学生参加技能大赛培训，并获得宁夏大赛一个一等奖、两个二等奖。

中新网于2022年12月1日发布了一篇报道，题目是《宁夏红寺堡：山海携手推动教育共荣》，报道提出“自2012年宁夏吴忠市红寺堡区被纳入闽宁结对帮扶对象后，福建省泉州市晋江市、德化县、惠安县先后与红寺堡区结对帮扶。泉红两地人民跨山海、用真情、下苦功，架起了一座山海携手、教育结对的友谊桥梁，奏响了一曲山海协作、教育共荣的动人乐章。”报道小结指出：“据了解，十年来，红寺堡区在教育方面共投入闽宁帮扶资金1135万元，在办学条件改善、教学质量提升、教师队伍建设、困难学生资助等方面取得显著成效。福建省援宁工作组共选派23批次95名教师来红支教，特别是2022年，有11名骨干教师在中组部‘组团式’帮扶政策号召下，来红帮扶助力，他们把爱留在红寺堡这片大地。”

下面重点以东西部教育人才“组团式”帮扶为例谈谈东西部职业教育教学帮扶的实践。

自2022年7月开始，为响应国家教育人才“组团式”帮扶政策，短短一年时间，福建省泉州华侨职业中专学校的总支书记兼校长陈志雄带队一行10人参加到帮扶队伍中，陈志雄被任命为学校的校长（法人）。福建省的帮扶团队的组成人员有书记兼校长、副校长、信息中心主任、汽修专业德育主任和一线骨干教师，成员平均教龄27年，与宁夏选派的五位骨干教师一起“组团式”帮扶。他们扎根职业教育教学一线，在学校管理和教学方面经验丰富。

东西部职业教育教学帮扶的主要措施有：一是修订人培方案，深化教学课程标准体系建设。帮扶团队来校后根据教育部专业设置标准对学校9个专业的人培方案着手进行修订，目前进入认证实施阶段。二是推进“1+X”证书制度，着力提高人才培养质量。根据教育部等四部委《关于在院校实施“学历证书＋若干职业技能等级证书”制度试点方案》要求，鼓励学生在获得学历证书的同时，积极取得多类职业技能等级证书，学校开展“1+X”证书制度的培养模式，目前学校成为电子商务网店运营、CAD零件测绘、汽车网联、幼儿照护等9个专业“1+X”证书试点学校；组织开展“1+X”证书认证，幼儿照护职业技能、网店运营推广职业技能等项目79名学生全部顺利通过，“1+X”证书考评员由3人增加到9人。三是完善“岗课赛证”综合育人机制，提升师生技能竞赛水平。为完善学校“岗课赛证”综合育人机制，开展以岗课融合为主体，以赛课融合为辅助，以竞赛为标杆，提升学校教师教学能力水平。泉州华侨职业中专学校与吴忠市红寺堡区职业技术学校教学能力比赛团队帮扶结对，教师们结合自己的比赛经验，围绕参赛选题、教学设计、教案撰写、实施报告、课件制作、课堂实录及整体把握等方面进行具体的指导。四是有计划地选派本地学校教师到东部帮扶学校跟岗学习，先后到福建惠安职业中专学校观摩及教学研讨，前往福建省德化职业技术学校交流学习，中层领导结成对子跟岗研修，聆听校外专家程智宾教授的讲座，为教师了解在线精品课程打下理论基础，提供价值导向，进一步深化了新发展阶段闽宁教育协作交流，续写了闽宁教育“山海情”。

在一次研修活动中，东部帮扶学校的张昌通、江芃芃等教师为我们带来极具艺术魅力的示范课。大家感触颇深，在交流中真诚地表示，张老师的声乐课以饱满的热情和积极向上的感染力，充分展现了声乐从艺者的歌唱热情；江老师的云南花灯“扇花训练组合”课程呈现了知识性、思想性和艺术性的完美结合，引领和带动我们转变教学观念、明确教学方向。本校刘金福老师代表全体学员表达肺腑之言：“借组团式帮扶的东风，搭载组团式帮扶的列车，我们满载而归，在两周的学习交流活动中教师们认真学习、查找差距、补齐短板、开阔视野，用实际行动践行职教人的育人初心。”

教育人才“组团式”帮扶仅一个学期（四个月），帮扶团队举办各类活动52场次，其中座谈交流会10场、线上线下专家讲座11场、示范教学观摩课13场、专题调研7场、专题培训5场、其他教育教学6场，14人前往福建参加教学能力提升培训。在2023年自治区学生技能竞赛中，学校取得了历史性突破，实现了4金8银18铜的优异成绩（之前从未获得金牌），其中两个赛项进入国赛。在帮扶团队教师的共同努力下，2023年学校分类考试也取得了优异成绩，参加考试98人，9名学生本科上线，本科上线率9%（比上一年上升3个百分点），高职上线率100%。

（二）东西部教育帮扶，推进教学文化守正创新的策略

1. 问题切入：正确对待东西部教学文化方面的差距

由于地域文化、办学历史、专业水准、人才来源以及市场发育程度等的不同，教学文化存在着很大差距。笔者所在的学校办学时间短，尚未根据教育部专业设置标准和专业人才培养方案，制订与实施适应本土人才培养的人才培养方案。其中存在一些亟须解决的问题：其一，中职特色不明显，学校办学理念和学校管理、教学管理存在思想观念差距，办学理念相对较为落后，缺乏相应的、健全的管理机制。在教学上，专业课程设置不科学，教学研究和教材开发严重缺乏，不重视教材内容的改革、教学方法的改进。其二，市场经济条件不同，产教融合度不高，较之西部地区，东部地区市场经济比较发达，学校长期以来与企业的融合度紧密，“双元”育人的长效机制真正落到实处，企业参与人才培养方案的制定，学校与企业切切实实形成了一对一、一对多的人才输送模式，而西部地区的中职学校在这方面大多数浮于表面。尤其是学校对实践教学课程、场地缺少开发，学生实践课程较少，实践能力较差，难以适应现代职业教育产教融合、校企合作。其三，教师的专业发展水平有差距，较之西部地区，东部地区“双师型”教师的标准更严、数量更多、比例合理；而受帮扶的学校教师队伍经验不丰富，缺少高素质的教学管理团队，只注重师资队伍增量建设，忽略了教学管理团队的建设。

2. 对策：东西部教育帮扶，大力推进西部教学文化的守正创新

东西部中职学校的帮扶，重点帮什么？怎么帮？帮到什么程度？教育帮扶重在理念更新，实在“造血”功能建设上。福建省援宁工作组通过来红支教教师

的“师带徒”形式，把八闽大地先进教育理念、方法带进来、留下来。鉴于受帮扶学校从中受益匪浅，继续推进西部学校教学文化上的守正创新，形成了比较成熟的经验和模式，契合地区和学校的现状，以及帮扶双方的基本情况，选择符合教学实际需求的方式方法和过程要点，不断总结经验，形成比较完善的方案和机制。根据近年来的教育扶贫和帮扶实践，帮扶团队重调研、查短板、找弱项，从严执教，规范管理；突出帮扶的针对性与实效性，以“一德四新”为基本内容，即师德教育，新知识、新技术、新工艺、新方法，坚持以教学为中心，坚持“三教”改革，全面推进教育教学改革。西部学校的教学文化守正创新的方向更明确、措施更可行。

下面列举笔者所在的学校开展教育人才“组团式”帮扶的实施以说明。

根据《教育部、国务院扶贫办关于印发〈职业教育东西协作行动计划（2016—2020年）〉的通知》（教发〔2016〕15号）和《闽宁职业教育协作助力脱贫攻坚工作实施方案》的要求，根据宁夏回族自治区教育厅、自治区财政厅《关于印发〈自治区中等职业教育优质校和优质专业（群）建设实施方案〉的通知》精神和国家乡村振兴重点帮扶县教育人才“组团式”帮扶工作要求，重新梳理学校现有的人培方案、课程建设、师资队伍建设、实训基地建设，坚持以核心素养与学校的育人目标相结合，以可持续、可深度发展的课程体系建设为目标，制定符合现代职业教育的人才培养管理体系、质量标准体系、监控体系、评价体系。

（1）教学帮扶的总体目标是：其一，提升专业建设水平。坚持立德树人，德技并修；以产教融合校企合作为主线，以办学体制机制改革创新为动力，全面提高人才培养质量；专业（群）与国家战略需求和区域经济发展对接更加紧密，集聚效应和服务功能充分发挥；科技研发能力不断提升，服务发展水平不断提升，建成具有中国特色、优质的品牌专业（群）。其二，促进专业教学。严格执行技能教学标准和专业课程标准，规范选用课程教材，探索使用新型活页式、工作手册式教材。推进课堂改革，应用好案例教学、情景教学、项目教学、仿真教学等方式，实践性教学课时比例和学生顶岗实习时长达到国家标准和自治区相关要求。其三，提高技能水平。根据自治区职业教育双优建设要求，大力开展职业生涯规划教育和创新创业教育，培育和传承工匠精神。积极参加自治区、国家职业院校技能大赛，提升学生、教师的专业技能；指导学生参加创新创业类竞赛，进行双创作品创作，争取申请专利。通过“以赛促学”“以赛促教”，在竞赛的引领作用下促进教育教学的发展。

（2）教学帮扶具体有四个方面的措施：

①专业建设方面。根据《宁夏回族自治区中等职业教育优质校和优质专业（群）建设实施方案》要求，大力推进职业院校优质专业（群）和课程建设，结合学校实际，制定切合区域经济特色的专业建设帮扶措施。其一，严格执行技能教学标准和专业课程标准，规范选用课程教材，探索使用新型活页式、工作手册式教材。其二，健全专业建设与运行机制。开展前期调研，完善修订专业动态调整方案和专业调整管理办法，形成《专业人才需求分析和预测调研报告》和《专业设置的必要性和可行性分析报告》，制定论证各专业建设五年发展规划。其三，促进产教融合与校企合作。加强学校与企业在人才培养、就业创业、技术创新的合作，推进校企深入合作。开展企业文化进校园活动，共同开发课程、材料、企业案例及信息化教学资源库，推动企业需求融入人才培养全过程。其四，强化人才培养与改革创新。根据教育部《关于职业院校专业人才培养方案制订与实施工作的指导意见》《职业教育专业简介》，动态调整优化各专业人才培养方案并及时公开更新。

②专业教学方面。推进“三教”改革的重点放在课堂改革，应用好案例教学、情景教学、项目教学、仿真教学等方式，进行专业课程建设。其一，落实立德树人与课程思政。开展“思政课程＋课程思政”课题立项研究，探索特色鲜明的思政课教学改革。其二，实施新型教学模式和教学方法。开展优质课评选、校级片段教学比赛，发表教学改革论文，开展教学改革的专项课题研究。其三，完善课程教学与质量评价。制定校教学评价改革工作机制，开展教学工作诊断与改进工作。其四，制定学校“1+X”试点建设工作机制。推进“1+X”证书制度试点项目，选派教师参加“1+X”相关培训，各专业人才培养方案中融入证书培训内容。其五，搭建专业核心课程资源和共享平台。搭建闽宁两地学校专业群内课程共享平台，协同建设1—2门核心课程，开展跨专业模块化教学。

③师资队伍方面。其一，促进教师成长。制订《学校教师成长实施方案》，

推进学校骨干教师、专业（学科）带头人、教学创新团队、名师工作室建设与管理，构建可借鉴、可复制的高水平双师队伍建设长效机制。其二，落实新教师培养。继续推进新教师职前培养、入职培训制度，教师在职研修制度、教师职业道德规范、课程思政、教学技能、班主任能力、信息技术应用能力、教师专业化成长。其三，加强企业实践。严格落实教师定期赴企业实践、挂职锻炼制度，每年至少1个月在企业或实训基地实践，每年在企业或实训基地实践教师数不低于教师总数的30%。

④技能竞赛方面。其一，学生技能竞赛：每学年开展校园技能大比拼，提升学生专业实践能力；选拔专业技能素质高的学生参加竞赛培训；借助“组团式”帮扶政策，成立技能竞赛指导团队，由帮扶学校对参赛团队进行指导，促进闽宁两校技能竞赛能力提升；组织参赛团队到国赛、区赛赛项成绩突出的兄弟院校进行交流、拉练。其二，教师技能竞赛。坚持以赛促教、以赛促学、以赛促改、以赛促研，充分发挥比赛的引领示范作用。组建由闽宁合作学校教师参与的教学能力参赛团队，邀请福建国赛专家指导团队对学校教学能力参赛团队进行赛前培训指导。

主要的保障措施。制度保障：学校制定专业建设方案、教育教学评价机制、教师成长方案、师生竞赛管理制度等，对教学工作实施监督与指导，为教学质量提高提供制度保障。经费保障：学校年度经费预算中，为教育教研、师资培训、师生竞赛、竞赛耗材等安排专项资金，保障相关工作顺利开展。

（三）从东西部教育帮扶实践看教学文化的守正创新

笔者认为，东西部教育帮扶的实质是以学校的管理和教学为抓手，不断地将理念、方法、技巧渗透，信息资源传递与共享，启迪思想、点燃精神欲求的文化浸润过程。东部帮扶团队促引领、强示范，补短板、强弱项，助推教师素质提升，全面推进教学改革。参加教育帮扶工作的教师把课堂教学当作主战场，努力帮助受帮扶学校迈出高质量发展的第一步。强示范促引领，助推教师素质提升，以“教材赋能、教师赋新、课堂赋活”的“三教”改革为目标，突出抓好骨干教师建设、特色专业建设。“组团式”帮扶强调帮扶工作要重视前期工作调研，摸清受帮扶学校存在的问题，紧紧围绕受帮扶学校劣势及短板精准出击，始终坚持高标准、严要求，根据帮扶地实际情况，制定切实可行的年度及三年帮扶工作方案，做到真正精准施策。

通过东西部教育人才“组团式”帮扶对学校管理和教学极其负责任的、扎实认真的教育作为，给我们的启迪是：碰撞生火花，牵手出感情，造血助重生。

1. 碰撞生火花，队伍团建组合出最美风景

一是帮扶团队开展课堂示范引领，闽宁云上教研。充分发挥帮扶人才专业特长和自身优势，强化示范引领，开展示范教学活动数场。2023年，邀请福建省泉州华侨职业中专学校国赛一等奖获得者、省赛裁判等专家团队开展课题研究、教学能力提升的云讲座7场；开展“同上一堂课”教学活动6次；开展信息化教学培训、课题研究申报培训5场。二是建立团队带团队，师傅带徒弟机制。开展校际深入帮扶，闽宁两地教师组成教学团队，建立团队带团队、师傅带徒弟机制。九个专业学科（电商、计算机、汽修、幼儿保育与老年人服务、语文、英语、数学、思政、体育）均开展了团队带团队活动，并进行线上互动教研；自治区内外10位帮扶团队的教师与学校28位教师结成师徒关系，组合出最美的风景。

2. 牵手出感情，帮扶打造最强技能

帮扶团队组织技能大师进校园，助力帮扶育英才。福建泉州华侨职业中专学校、宁夏职业技术学院、宁夏开放大学的技能大师工作室来校开展“技能大师进校园”活动，包括专题讲座、技能攻关、技能培训、带徒传技、研讨交流等九个项目。通过强示范、促引领多措并举，全面提升教师教学技能。实现教师互访常态化，互帮互学促成长。为了进一步细化目标任务，确保“组团式”帮扶工作精准推进，组织受帮扶学校的教学教研团队前往福建省泉州华侨职业中专学校开展学习交流活动。泉州华侨职业中专学校邀请校外专家入校讲座，由校内优秀教师讲座，进行教学观摩、教学研讨、导师带教辅导，到福建惠安职业中专学校观摩及教学研讨，让整个教学教研交流活动丰富高效。分批、分次外派前往福建省泉州华侨职业中专学校，每期开展2—3周的学习交流活动。通过大师指导、两地互派，进一步增进两地、两校教育人的感情，为技能大赛和分类考试取得的丰硕成绩乃至学校的全方位发展奠定了坚实的基础。

3.“造血”运重生，精准“造血”发挥帮扶工作最大效能

聚合力、建机制，联动协同。在援地上级组织部门、教育部门的高度重视和大力支持下，统筹整合力量、政策各方面资源优势，推动“组团式”帮扶工作发挥最大效能。立足“组团式”帮扶工作目标，精准梳理受援学校需求，详细制定发展规划和任务清单，努力构建优势互补、长期合作、上下联动、互利共赢的新格局。将“输血”与“造血”有机统一。教育“组团式”帮扶强调把人才培养作为帮扶工作的重中之重，提高工作标准、传递先进理念，不仅要选派优秀人才去帮扶，更要为帮扶地培养更多的本土人才，通过跟岗培训、线上交流、线下研讨、公开课示范教学等方式，着力提升先进教育理念、管理经验和教学模式，培养一支带不走的教师队伍。

在帮扶交流互动中，教研室主任李老师感慨地说：“我们通过交流，不断学习东部帮扶学校的先进理念、以生为本的思想、新颖实用的教法和一丝不苟的敬业精神，为我们今后在专业建设、应用在线精品课程等方面指明方向、提供方法、拓展思路。我们将继续以课堂为主阵地，备好、上好每一节课，优化自己，在同样的时间内给学生最优的信息和收获，为学生的成长之路赋能。”这不仅仅是李老师的心声，更是东西部教学文化渗透、革新、驱动，产生久远影响的证明。

第三节　中职学校教学文化改革守正创新的实践

中职学校教学文化是校园文化的一个重要组成部分，是落实校园文化建设各项任务的主阵地。而教学文化建设水平和存在的问题，直接影响着学校文化育人功能的发挥及其效果的优劣。因此，不断探索中职学校教学文化建设走向规范化的改革之路，对中职学校教学文化建设存在的问题进行诊断和改进是十分必要的。

一、中职学校教学文化建设的问题诊断

经调查研究，加上对现实的思考，我们研究了教学文化的子概念项，即教学环境、教学关系、管理机制、课程设置，并对教学思想、方法、艺术等存在的问

题进行归纳，有针对性地提出解决的办法，促使中职教学文化守正创新不断走向规范化。

下面对存在的问题进行归纳、诊断。

（一）教学环境不够完善

在中职教学文化建设中，尽管整体上教学环境良好，但社会对职业教育的认识不深，致使对职业教育积极支持的大环境还没有形成。过多的非教育事务进校园，学校和教师非教学任务过多，精力不济，无法潜心研究教学；相当一部分孩子来自“问题家庭”，主动学习和“比、学、赶、超”的氛围不浓，学生基本的文化素养不扎实；教师在教学上缺乏准职业的竞争，有些课程实训不主动，缺乏训练，学生的能力较弱；教师的责任心和教学能力参差不齐，教学要求不严，作业任务和课外训练任务少，大多数学生上自习无所事事，存在教学质量降低的隐患。

（二）教学关系不够融洽

新时代职业学校教师和学生之间本应该既是融洽的教与学、引导者与发展者的关系，又是相互学习者与合作者的关系，更是职业生涯预备大军中的师徒关系。但实际上，在中职教学文化建设中体现出来的仍主要是教与学、学习者和引导者之间的关系，其他关系并没有渗透。教师是绝对的主导，学生是主导下的主体，师生之间的关系传统老旧，往往不够融洽；因关系中学生主体的缺失，学生学习态度消极被动，影响了合作探究缺乏深度和持久力。学生的素养差距大，使教师不能顺利开展教学甚至产生消极怠工情绪。与此同时，在教师配备上也存在不符合教学需要和学生发展需求的情况，跨课兼课甚至转专业、非专业上课；没有按规定实施“专业教师每五年进入企业轮岗培训”，教师缺乏企业实践的经历等。学校、教师和学生关系不和谐，导致教学关系产生裂痕。

（三）管理机制不顺畅

在中职教学文化建设中，管理制度是重要组成部分，也是教学工作得以顺利组织开展的基础保障。在管理实践中，学校不断地优化和完善管理制度，以适应国家对中职教育改革的要求。然而目前包括笔者所在的学校等一些学校尚未结合时代发展变化进行管理制度升级完善，制度偏约束力而指导力弱化，有时即使有一套完整的教学制度，但没有落到实处，形同虚设；在考评、衡量和干部人事任用方面，中职学校跟普通中小学甚至幼教机构的考核标准通用，将“教学分数”放在首位，没有考虑中职教育的特殊性，缺乏对中职学校的类型特点的评价和引导。中职学校保障教学有序高效运转的条件差距很大，有些地方不能按照“职教20条”等政策落实学校的绩效工资，导致教师心理落差大，积极性受挫。在政策落实和属地管理、学校管理方面存在问题，在机制上缺乏疏导和激发。

（四）课程设置不尽合理

课程是教学文化建设的主线和风向标，学校能够按照国家《中等职业学校课程标准》设置课程，但受招生困难、地方教学导向、师资力量以及学校领导对中职教育的本质研究不足等因素的影响，出现以下问题：在落实立德树人的根本任务上，尽管对思政课程有一定的安排，但在具体的教学实践中，更注重“知、技、训”等学习任务，政治教育、传统美德教育等思政元素体现不足，严重影响了学生思想政治、道德水平的提升；在课时分配上，偏向于基础学科，轻视专业技能课程，两者达不到基本比例1∶1的要求；在专业课的门类上，侧重于按教师专业而设置课程，专业教师紧缺的专业就不开课，影响了学生的发展；教学内容安排上，更注重分类考试和职教高考的内容，综合素质、技能和职业规划边缘化，甚至体育、美育和劳技课都成为副科，可上可不上，某种意义上成了第二个“高考训练场”，普教化严重；教学方向上，“岗课赛证”脱节，学校主管部门和各个学部都有自己的相关安排和一套做法，消耗了大量的教学资源和教学精力，不符合现代职业教育的方向和政策要求。

（五）具体的教学思想、方法、艺术实效性不强

教学思想方法和技巧，直接影响教学效果和师生关系，新课程改革和现代职业教育改革需要不断更新教学思想、改进教学方法、提升教学技巧。但在中职教学过程中，存在以下问题：①“重教轻学、做学合一”等思想没有形成，德能体美劳全面发展的思想没有根植，没有把学校的“厚生乐教，孜孜以求”的教风落到实处，没有强化“为每一个学生提供足够营养的课程服务”的教学理念，不能满足中职教学的需要和中职生的需求，尽管在持续培训，但彻底转变和形成，还需要一个过程甚至很长时间，要做到与时俱进还得下功夫。②在教学技巧和方法

上，尽管掌握了基本的教和学的方法，但是还存在着一些问题，通过听课和研究集体备课，发现很多问题，如处理教学目标时，把学习目标等同于教学目标，而且更多的是让学生知道目标且按部就班为靠近目标教学，而不是学生主动去完成目标或者去尝试着超越目标。再如，汽修钣金等实训教学仍然是讲得多、安排练的机会少，学生出现问题便直截了当指出来甚至批评，没有让学生自己找原因，没有让基本功好的学生带动演示，没有发挥“兵带兵”“兵练兵”的作用等等。这些都是方法欠缺的表现，而且在各门课程、各个教师的课堂上都或多或少存在。

上述以教学文化改革的守正创新为线索，以调研的学校为代表，对中职学校教学文化建设存在的问题进行分析，启发我们今后在具体实践中有针对性地改进。

二、中职学校教学文化改革守正创新的策略

学分制是把规定的毕业最低总学分作为衡量学生学习量和毕业标准的一种教学管理制度。学分制打破了规定的学年制同化教学的模式，既能使学习具有一定的自主性和灵活度，又可以发挥中职生的个性特长更好地因材施教。中职学校要顺应职业教育改革和发展的大局，选择性地推动学分制改革，以“学分银行”建设为抓手，保证学校教学文化建设的质量提升和持续健康发展。

下面借鉴名校实施学分制管理的经验，以笔者所在学校的做法为例，探讨推行学分制校本化改革对提升教学文化建设质量的作用。

（一）中职学校实施学分制，建设“学分银行”的基本思路和基本模式

1. 基本思路

鉴于中职学校学生的特点，在学分制的诸多类型中，不能与大学完全一致，最好选择“学年学分制 + 附加学分制”相结合的方式，业界称之为弹性学年学分制。弹性学年学分制既保留了传统教学的计划性和严密完整的专业分类，又具有学分制的课程选修、在一定范围内的自由学习等长处；同时要在评定内容上纳入学生参加学科能力竞赛、思想品德、创新活动、文体活动以及社会公益活动等内容，更加符合现代职业教育高质量发展的要求，即附加学分制。另外，在学分的评定上，把学校实施的过程德育和职业公民意识也作为一项主要评价内容，突

出中职学生的职业理想教育和道德解困教育，为培养未来的职业人，提前打下坚实的基础。我们的目的是既关注对优秀者的提携，又关注对困难者的激励，不让一个学生掉队。

2. 实施弹性学年学分制的基本模式

（1）学生在校学习年限设定有弹性，获得毕业资格的时限为2.5年、3年、4年，也就是说最少可以两年半，只要完成所有学分就准予毕业，可以提前半年离开学校进入企业实践或者学校批准自主安排；对学习确实有困难或者有特殊原因的，也可以推后一年毕业。

（2）制定具有更大弹性的教学计划，以培养基础扎实、知识面宽、能力强、素质高和具有较强适应能力的中初级专门人才为原则，注重对学生持续发展、个性发展和创新能力的培养；学生必须按专业教学计划，学习规定的必修课和限定选修课，达到规定的培养目标和毕业标准，取得学分；实践教学要注重加强学生理论联系实际、分析问题、解决问题能力、工程实践能力、创新能力的培养；一、二年级按专业门类设置课程，三年级按专业或专业方向设置课程（模块化）。

（3）弹性学年学分制的教学计划将课程分为必修课、限选课和任选课。必修课程包括文化基础课、主干专业基础课和实践课，除国家课程标准和学校人培方案规定必须完成的课程，道德品行、职业生涯规划、技能或技能竞赛、写作或口语要达到一定的学分。选修课程分为限选课和任选课，限选课是指与专业理论、专业技能相关，构成专业特色的部分课程组合。学生根据个人爱好、专业定位、学校开设课程，在限选课组合模块中选修若干课程；任选课是培养和发展与学生兴趣、特长、潜能和拓宽知识面的课程，学生根据自身发展需要、爱好，在教务处和教师指导下，选择学习，取得规定学分。

（4）限选课安排在第一学年下学期到第二学年下学期，任选课在第三学年上学期集中安排；必修课所占比例不高于70%，选修课不低于30%（其中限选课略高于20%、任选课在10%左右），作为必修课的德育、语文、数学、计算机、英语、体育等基础课程约占总课时的40%。

（5）学校按照规定进行规范的体系性评价，转化为学分作为毕业的主要依据。学生所修读课程均应参加考核。凡正常完成课程学习，参加考核，考核成绩在及格以上方可获得相关课程的学分。成绩考核分为考试、考查两种，必修课一般为考试科目，选修课一般为考查科目。考试成绩采用百分制计分，考查课程成绩采用优、良、中、及格、不及格五级制计分。考核合格一般指考试在60分以上，考查在及格以上。考核不及格可以补考，补考不合格、考试作弊，学分按零分计，可重修该课程。

（6）毕业。学生须完成本专业必修课程和限选课程的学习，取得各门课程学分，并修满学分方可毕业。对于在规定时间内未修满学分或因故停学的学生，允许其延长学习时间，一般延长二到三年。获得必修课、限选课总学分60% 的学生可先就业、创业，在允许延长的学习时间内，回到学校补修满学分后，可以毕业。

（二）实行校本化的学分制，建设学校“学分银行”

吴忠市红寺堡区职业技术学校学生在校应修的学分分为学业课程学分、社会实践学分、技能证书学分、实习设计学分四个基本部分和奖励学分、“道德银行”学分等部分。

必修课程（含体育）以18个课时为1个学分，选修课程以27个课时为1个学分，实习实践以36个小时为1个学分，技能证书（含岗位资格证书）按国家级和校级确定学分值。

“道德银行”学分属于必修项。学校实施的过程德育和职业公民培养的主要评价体系，在完成学业期间，通过平时“道德银行”建设中的“道德存款”和“道德借款”的代数和进行折算，毕业前合计赋分，共10学分。

奖励学分，即加分，是对学生学习的更高要求，奖励学分可以通过参加各种竞赛获奖、思想道德表现特别突出、有重大贡献、获得超出规定的创造发明等途径去取得，共10学分。

学生毕业应修不低于160学分（含加分）。

表4–1　学分、学时分配表

类别	基本学分								奖励学分
	必修课	限选课	任选课	技能证书	社会实践（含劳动、文艺）	实习（生产毕业）	“道德银行”学分	合计	
基本学分	105	20	10	7	3	5	10	160	10
基本学时	1890	540	270	—	240	400	—	3340	—

学生的学分考核评定及量化：

学校对于学生个人学分的考核评定及量化主要分为学业评定、技能（能力）评定、实习实践（含劳动、文艺）评定、思想政治和职业道德评定四个方面。

1. 学业（含体育）考核评定

由任教教师根据学生考试（考查）成绩、平时的学习态度和测验（含理论和实操）成绩、作业（含文本作业和实操作业）以及平时出勤和态度综合评定成绩后确定。

（1）适用于有期中考试科目：总平均成绩 = 期末 ×40%+ 期中 ×20%+ 平时 ×20%+ 作业 ×10%+ 出勤及态度 ×10%。

（2）适用于无期中考试的科目：总平均成绩 = 期末 ×50%+ 平时 ×25%+ 作业 ×15%+ 出勤及态度 ×10%。总平均成绩及格（合格）才能取得相应学分；成绩不及格者，可通过补考或申请重修，在成绩合格之后才能获得相应学分。对于自治区统一实行学业水平测试的科目须通过，所取得的学分才能计入总学分；不合格者，必须参加自治区学业水平统一测试补考，只有合格了才能取得相应的学分。凡自治区安排的学业水平测试的学科，必须合格，不能重修。

2. 实习实践（含劳动、文艺）考核评定

对于参加学校组织或者批准的跟岗实习和顶岗实习，以实习部门指导人员和驻厂带队教师（统称实习指导教师）评价为主、班主任评价为辅，实习指导教师会同实习单位对实习学生的工作表现和实习情况做出书面评定，成绩合格，取得实习学分。实习成绩 = 出勤、态度和纪律 ×30%+ 学习过程 ×50%+ 作业（实习

报告 + 实操作业）×20%。实习总成绩 = 跟岗实习 ×30%+ 顶岗实习 ×70%。对于专业特点或者其他原因学校不安排顶岗实习的，相应的分值以6：4比例分配到学业成绩加分和专业技能加分。

3. 专业技能证书学分

对于学生取得的相关的国家职业资格证书、技能等级证书，可以折合成相应学分。按照国家、自治区、县校三个行政级别，分别取得的高级、中级、初级三级赋分。可累计加分，不封顶；将行业颁发的证书、地方文体活动的证书，等同于同级技能等级证书。

4. 思想政治和职业道德评定

即操行学分评定。由班主任和学生处负责，以学校“道德银行”总得分为主，另外征求学生考评小组（或班委会）、任课教师以及家长的意见取得操行学分。

（三）实行校本化的学分制建设学校“学分银行”的应用

学校实行学分制，建设“学分银行”，实行加减分共存的存贷相抵机制，对于取得成绩或者表现优秀的加分，汇集为“学分存额”；对于表现较差又难以转变的或者成绩持续下滑，汇集为“学分借额”，且存、借额可以相抵。是以教学部门和班主任为主，所有部门和科任教师都要参与。

“学分银行”除了作为能否毕业的依据，还应用于升学、就业、推荐国家和各级奖励的条件之一。

学生选课每学期不低于25学分（最后一学期除外），最高不超过40学分。操行学分需要常态化地分配，三个学年分别为3、3、4个学分。

推行弹性学年学分制，导师应指导学生选课和学习，学生在导师的指导下，按照本专业的教学计划和公布的开课计划进行选课。

应在每学期放假前4—6周公布下学期各年级、各专业课程开设计划及各课程的学分值，使学生合理进行课程选择。

学生所修读课程均应参加考核。成绩考核分考试、考查两种，成绩均采用百分制。考核合格一般指考试在60分以上，考查在及格以上。考核不及格可以补考，补考不合格、考试作弊，学分按零分计，可重修该课程。

（四）实行校本化的学分制建设学校“学分银行”的实践经验与反思

学分制在大学阶段已有比较成熟的历史和经验，作为教学管理也作为大学教学文化建设的一次具有里程碑意义的改革，更加具有其适应性。对于中职学校，我们结合“学分银行”建设，突出了“三全育人”、推进“五育并举”，兼顾所有做到“一个都不能少”，更有其现实意义。

通过我们的规划和实验，得到的经验和反思如下：

其一，选择“学年学分制＋附加学分制”的弹性学年学分制模式的原因及益处之一，从整体上来说切合中职生的特点，具有一定的自主性和选择性，同样在学习时间内，有了选择性学习，会学得更愉快、学到更多。首先，学生在校学习年限适当有弹性，只要修完所有的学分就可以获得毕业资格，可以提前半年，一方面可以缩短在校学习的时间，提前进入企业实践或者自主安排；另一方面安排学生开放性学习，有这个做动力，可以激励学生一进入学校就有好的学习状态，有助于整个学校形成良好的学风。其次，对学习确实有困难或者有其他特殊原因的，也可以推后一年毕业，这样可以尊重并照顾到人的差异性，鼓励更多的学生就读中职学习。

其二，校本学分制及“学分银行”建设，对学生平时考核评定和毕业判定进行动态评价，塑造个性化、职业化和主动发展的新人，突出“三全育人”，起到纲举目张的作用。首先，课程选择上更规范、更注重“三全”育人，学分制规定，根据课程标准选修课程，并且把政治道德品行、职业生涯规划、技能或者技能赛、写作或口语、计算机和体育作为必修课程并要求学生达到一定的学分，况且学生应修满的学分包含的四个部分必须都要合格，哪一部分不修满都不行，这样体现出全员育人、全过程育人和全方位育人。其次，要突出学习为中心、能力为本位，注重结果更注重过程。“学分银行”建设的“存、借额”是根据学生平时学习状态进行考核评定，要达到不低于160的总学分才能毕业，必须平时认真学习。况且，所有分值里平时的学习和表现占有比较大的比例，也会影响毕业，这样学生在平时的学习中，始终如一。另外，“加减分项”引导拓宽学生的学习视野，关注弱势群体，采用灵活的动态机制。学生的学分实行加减分共存的“存贷相抵的计算‘存额’”的机制，学生想要得到更多的“存额”，必须加强“存”而减少“借”。

对于有突出成绩或者良好表现的优秀者额外奖励加分，汇集为“学分存额”；对于表现较差且难以转变的或者成绩持续下滑的减分汇集为“学分借额”，存、借额可以相抵，既鼓励所有学生再接再厉，又让学业成绩较差且提升困难的学生，通过“好人好事”等良好表现在一定程度上弥补，学生有更多的选择。还有，要在法规政策的规定范围内，权衡大局，兼顾特殊，并非一把尺子量到底。例如，凡自治区安排的学业水平测试学科，必须合格，不能重修，只能继续学习参加补考，贯彻落实教育的大政策；对于因专业或者其他问题，未参加学校组织或者批准的跟岗实习和顶岗实习的，分值分散到“学业评定”和“技能评定”项，也突出学习的重点和引导的方向，还是比较客观、公平的。

其三，校本学分制将“道德银行”与“学分银行”结合，强化“道德银行”在“学分银行”建设中的重要地位，落实中职教育立德树人的根本任务。在实践中，学习贯彻习近平新时代中国特色社会主义思想主题教育进校园、进课堂、进师生头脑“三进”任务，学习贯彻党和国家的政策方略，树立并践行社会主义核心价值观，继承发扬中华传统美德；把学校精神体系的理解和落实与学校实施的过程德育和职业公民意识教育，也作为学分的一项评价体系，突出了思想政治和职业道德在中职教育中的重要性，加强中职学生的职业理想教育和道德品质解困教育，为培养未来的职业人打下坚实的基础。因此，“道德银行”属于必修项而不是奖励加分项，是基于强化德才兼备的未来职业人的持续发展考虑的。在“道德银行”与“学分银行”的结合过程中，三个学年分别分配3、3、4个学分。我们注重人人参与、人人共享教育，参考任课教师以及家长的意见，以学分牵引家校共育、合力育人；我们关注时时处处有德育、人人事事讲德育，德育操行学分每一时刻都要监督、评定，既需要常态化地分配，更注重不断进步和提升。

其四，校本“学分银行”建设不能缺少实习、实践，更不能缺少劳动、文艺、体育。我们推行学分制改革，建设“学分银行”，突出“五育”并举。在具体落实过程中，技能证书可累计加分，这样做的意图是激励学生尽可能参加所有的技能大赛或常规能力比赛，参加各类文娱体育活动和展示活动，以技促教、以赛促学，通过引导自然而然地学到技能。把行业证书、地方文体活动证书等同于同级技能等级证书，这样就可以避免“没有国家行政部门安排的大赛就无法参与训练和展演，也就无法取得学分”的尴尬和失落。把劳动、文体活动（不等于体育课学分）也纳入实践实操，赋分考核，把劳动、文艺、体育开展的情况和取得的学分，以考核评定的形式表现出来，重视劳动教育、艺术素养教育和身体健康教育。建设“学分银行”，改革教学评价机制，牵引“五育”并举，回归到教育的本真，真正实现了中职学生德、智、体、美、劳全面发展。

校本学分制改革和“学分银行”建设的具体落实过程和应用要求，见《吴忠市红寺堡区职业技术学校“学分银行”建设暨考核评定方案》，这里不再赘述。

当然，这样的弹性学年学分制模式，还有不足之处：首先，给学校教学管理、学籍管理以及班级授课制的管理增加了工作量，也带来一定的困难。其次，学生提前毕业之后的就业和安全等受到了一些挑战，对于升学愿望强烈的学生，在系统化性学习上也有缺失。我们研究采取灵活安排时间统一到比较成熟的企业实习，达到毕业资格后，参与同专业班级的职教高考前的学习等策略，逐步予以解决。

综上，我们认为，中职教学文化是教育的百花园，不是“矫正补习所”。以上我们从中职学校教学文化守正创新的基本含义理解、吴忠市红寺堡区职业技术学校的教学文化建设守正创新的有益实践和中职学校教学文化建设的问题诊疗和规范改革三个方面，对中职学校教学文化改革的守正创新进行了研究。我们要把立德树人、安全健康和全面发展的理念贯穿于教育教学的始终，在教学环境、教学关系、管理结构、课程设置，以及教学思想、方法、艺术等方面综合发力，把孩子教成好人，教育成有技能、有希望、有舞台的人。要诚心地爱、相信和转变每一个孩子，扬长补短；要以教学的自觉活动，影响和实现行为价值发生的集体的、无意识的变化。相信中职生具备很强的意志力和进取心，他们也能成为大师、成为社会所需要的工匠。

第五章 新时代中职校园文化建设的守正创新

我国已进入了中国式现代化建设的新时代，数字革命的到来，信息化、智能化水平突飞猛进地发展，势必带来教育的重大变革。学校教育和管理也要适应新时代新形势要求，校园文化建设在内容、方式、手段等方面也要跟随时代的步伐不断地守正创新。但实际上，由于校园文化的相对稳定性，在内容不断更新的同时，方法和手段上还相对滞后。因此，很有必要在校园文化建设上革新、升级以适应中国式现代化的大环境，使文化建设充满活力，助推育人质量的提升。

本章主要阐述校园文化建设适应新时代“互联网 + 教育”、社区参与学校教育、东西部教育合作和心理健康教育下的守正创新。

第一节 “互联网 +”背景下中职校园文化建设的守正创新

校园文化是学校办学历史的积淀和凝结，是全体师生共创共享的精神财富，是学校的象征、品牌的标志。现在社会已经进入“互联网 +”的历史阶段，“互联网 +”作为世界性潮流已经排闼而来，对人类的工作、生活、学习以及生产等产生了便捷的、积极的推动作用。在教育领域，教育信息化的颠覆性变革已悄悄发生。在这样一个时代发展的浪潮中，一个不借助于互联网发展的学校是没有未来的学校，一个脱离了互联网的校园是沉寂甚至倒退的校园，中职学校也必须要用“互联网 +”思维来思考校园文化建设的未来。

由此看来，“互联网 + 校园文化”是中职特色校园文化建设的时代要求。

当今，在互联网环境下，新媒体技术和网络技术逐渐成熟和完善，已经渗透教育的方方面面，如视频软件、公众号、数字影视、云计算、6G 技术等新媒体的涌现，为校园文化的发展提供了更广阔的空间；新媒体全息化、数字化、网络化、信息发布实时等特性，使校园文化的发展更迅猛、传播更便捷。互联网条件下的新媒体的个性化，受众选择性、交互性正在推动着校园文化交流、研究和建设方式的改变。新媒体的这些特性与现代中职校园文化发展的本质要求不谋而合。互联网技术正推动着中职校园文化的现代化进程，逐渐成为中职校园文化的重要组成部分。

一、中职校园文化建设利用新媒体技术存在的问题及“守正”策略

新时代中职学校的学生是“互联网 +”时代的主人，从小就伴随着移动互联长大，上网已经成为他们学习和生活不可或缺的重要手段。培养和塑造这样一群“互联网 +”时代的主人，让他们成为适应这个时代发展的职业人，就必须要求中职学校本身具备“互联网 +”时代的特征，营造“互联网 +”时代的特色校园文化。

（一）新媒体技术应用于校园文化建设的现状分析

我们以调查研究的数据和现象分析学校在“互联网 +”环境下运用新媒体技术开展校园文化建设的手段和策略，我们选取自治区三所中职学校40名教师和210名不同年级、不同专业的学生作为研究对象。通过对“互联网 +”环境下中职校园文化建设的现状进行访谈和调查问卷等，从新媒体应用意识、校园文化了解程度、新媒体对校园文化建设的促进、运用新媒体开展校园文化活动现状这四个维度入手，深入了解“互联网 +”环境下中职校园文化建设现状，分析存在的问题及原因，针对问题提出一些可行性的意见和建议，为中职学校在新媒体环境下的校园文化建设提供有价值的参考，并针对性地提出“守正”的建议和策略。

调研一：教师在“互联网 +”环境下运用新媒体技术开展日常教育教学活动的调查。

表5–1　教师在“互联网 +”环境下运用新媒体技术开展日常教育教学活动的调查

选项	小计（人）	比例
所带班级有相应的教育活动专设网站	3	7.5%
运用 QQ 群、微信群、短视频等开展教育教学活动	30	75%

续表

选项	小计（人）	比例
通过微信、QQ、邮件和学生进行交流、讨论	28	70%
利用平台为学生建立德育档案、进行个别指导	10	25%
指导学生运用互联网获取信息和资源	25	62.5%
邀请专家利用新媒体开展专题讲座	5	12.5%
利用新媒体组织学生参与校园文化活动	11	27.5%
运用微课、码书、码课组织教育教学活动	9	22.5%
其他	8	20%

由表5-1看出，教师主要运用QQ群、微信、短视频群开展教育教学活动，通过微信群、QQ邮件等与学生进行交流、讨论，指导学生如何运用新媒体获取信息和资源。但是，大部分教师并没有运用新媒体技术为所带班级建立相应的德育网站；没有利用新媒体为学生建立德育档案，邀请德育专家利用新媒体开展专题讲座；没有利用新媒体组织学生参与校园文化活动；没有运用微课、码书、码课组织教育教学活动。这说明大部分教师都在尝试"互联网+"环境下运用新媒体技术开展教育教学活动和校园文化建设。但是这种尝试不系统、不深入，仅停留在比较浅的层面。一方面说明教师运用新媒体推动校园文化建设的意识还不够强烈，另一方面说明教师的新媒体运用水平还不够高。

调研二："互联网+"环境下运用新媒体技术开展家校文化建设的合作的调查。

我们从三所中职学校选了20位家长、20位教师和45名学生，针对"家校文化建设的合作"设计了6个问题，通过新媒体发布、网上问卷和实地走访，并将结果作了统计，具体数据见表5-2。

表5-2 “互联网 +”环境下运用新媒体技术开展家校文化建设的合作调查表

选项	是		否	
	人数	比例	人数	比例
①是否积极主动地利用新媒体技术就校园文化建设进行沟通。	教师6人	50%	教师1人	8.3%
	家长2人	10%	家长15人	75%
②家长愿意并通过班级 QQ 群、微信等参与学校的文化建设。	2人	10%	18人	90%
③学校是否通过网络平台，针对社区和家庭传播学校文化取得建设的内涵及其育人功能。	家长5人	25%	家长15人	75%
④家长对学校精神和中职学生守则等的知晓率。	1人	5%	19人	95%
⑤学生作为校园文化建设的家校纽带发挥主动联系作用的情况。	4人	8.9%	41人	91.1%
⑥校园文化建设对于学生教育的作用发挥很大。	教师10人	50%	0	0
	家长2人	10%	家长14人	70%

由此可以看出，运用新媒体对校园文化建设开展家校合作，学校的教师在认识上比较清晰，并且能够积极沟通，但总体上家、校都不主动合作开展。家长大多数不愿意采取新媒体技术参与学校的文化建设，导致家长对学校精神和中职学生守则等的知晓率低，认为校园文化建设对教育学生没有多大作用等，说明家长的认识很不到位，不愿意付诸行动。利用互联网技术开展家校合作，教师积极性不高，家长更是没有投入精力。

调研三：学生校园文化信息获取途径的调查。

我们针对学生获取校园文化信息的途径，在三所中职学校中选了150名学生进行调查分析，并统计结果，具体数据及分析如下。

表5–3　学生校园文化信息获取途径的调查

项目	是（人）	比例	否（人）	比例
学校宣传栏	105	70%	45	30%
学校微信公众号	48	32%	102	68%
班级一体机学校资源	146	97.33%	4	2.67%
专题讲座	75	50%	75	50%
学校电子展示牌	120	80%	30	20%
班级微信群、QQ 群	48	32%	102	68%
校园广播	82	54.67%	68	45.33%
校外渠道	13	8.67%	137	91.33%
其他	33	22%		

由上表可以看出，学生大多数是通过班级内一体机、校园电子屏、学校宣传栏等直接发布的途径获得，并且学生并不是积极主动地去获取信息，而是通过教师和学校的行为被动获得。学生没有更多地获取学校微信公众号等信息的便利资源，教师也不积极主动推送校园文化等资源，信息渠道相对狭窄，也是亟待解决的问题。

总之，我们通过对互联网环境下运用新媒体技术进行校园文化建设的研究发现，在不背离校园文化育人方式的基本原则和规律的前提下，继承优秀传统的基础上创新的，在这个新旧交替的过程中，新媒体技术已经介入中职校园文化的建设中，并且发挥着不可替代的作用；中职校园文化的传播者和接受者都对新媒体的介入持积极的态度。

但是，依然存在着一些问题，如中职学校新媒体环境的构建不均衡，水平整体不高；师生的信息素养有待提高；缺乏对新媒体的整合，新媒体的育人功能没有得到最大的发挥；新媒体增加了校园文化建设的运行成本，加大了校园舆情监管的难度，少数学生往往借此机会沉迷网络，带来不良影响等。

（二）新时代“互联网 +”环境下中职特色校园文化建设“五正”的思考

互联网运行有其自身规律，而网络环境下的优秀文化又是保证规律健康发展的“防火墙”。在媒体技术日新月异态势下，如何塑造学校的信息监管、舆论生态和师生的人文价值、法制精神等文化软实力？如何防范和抵御网络应用安全、信息安全、数据安全等给学校和师生带来的潜在风险？归根到底，就是保证互联网环境下文化建设的“守正”：要正确使用网络工具、网络交往健康进行、自觉避免沉迷网络、养成网络自律精神、自觉学习和遵守有关互联网的法律和道德规定，做到网络来源正、使用工具正、上网意识和目的正、用网途径和方法正、产生的效果和社会效应正。

新时代“互联网 +”环境下的中职特色校园文化建设的阵地，坚持上法定的、正规的网站浏览正能量的网站信息，坚持“一个主站，三个微平台”。“一个主站”即校园网站及其公众号，“三个微平台”即微博、微信、微视，这也是中职学校特色校园文化宣传的主阵地。对于中职学生来说，要会利用新媒体查阅资料、传递信息，不能局限于社交、娱乐，而要培养建设健康的校园文化、班级文化、集体文化的意识。引导和监督他们应用新媒体技术收集，以及建设优秀传统文化、新时代社会主义核心价值观为中心的核心价值体系，以及地方、学校优秀文化和精神的资源库，这就是“网络来源正”和“产生的社会效应正”。

中职特色校园文化的构建要牢牢抓住这些平台，充分利用这些平台，随时随地向师生和家长传播优秀传统文化和新时代新思想，向社会传递学校的声音，树立学校健康向上的形象与追求卓越的品牌；在推行“互联网 +”特色校园文化建设的进程中，要把“培养师生信息化素养”作为最基本的宗旨，培养教师在校园文化建设中对新媒体的应用的主动性、技术能力和甄别能力，这就是“上网意识和目的正”。

新时代“互联网 +”环境下中职学校特色校园文化建设需要一定的条件支持，学校增加对校园文化的硬件建设的投入，提高新媒体环境的构建水平，以满足新时代校园文化建设的需求。在建设过程中，既要充分利用新技术开创新局面，与时俱进，紧跟时代潮流。也要充分预估由此带来的新问题和新挑战，积极主动应对，避免落入信息化的陷阱，这就是“用网的途径和方法正”。

从仅发布信息和交流互动的层面解放出来，发挥微视、AR、VR 等技术的作用，以文化引领，达成文化教育化；正确引用网络信息资源，正确使用微信公众号、QQ 群等工具，结合学科学习和学校精神提升自己的文化素养和价值观，这就是“使用信息工具正”。

校园文化的建设者们要对新媒体进行整合，校园网、视频连线、微信、微博、邮件等在校园文化建设中都要应用，且发挥最大功能；在教育教学、活动组织、家校合作、校企合作等方面要充分发挥新媒体合力育人的功能，即“产生的效果正”。

只有做到网络来源正、使用信息工具正、上网意识和目的正、用网的途径和方法正、产生的效果和社会效应正，才能使“互联网 +”环境下广泛运用媒体技术保证中职校园健康有规律地发展。

二、“互联网 +”时代的中职特色校园文化在“守正”中“创新”

“互联网 + 教育”，即智慧教育。不是简单的两者相加，而是利用信息通信技术以及互联网平台，让互联网与教育的各个环节进行深度融合，创造新的发展生态。目前，最为常见的就是在线教育、翻转课堂、人机交互模式、AR、VR、人工智能等，“互联网 + 教育”带来的不仅仅是教育技术的革新，更有教育观念、教育体制、教学方式、人才培养过程的深刻变化。面对“互联网 +”时代给出的新机遇、新挑战，如何培养中职学生的信息化素养和互联网意识，在校成为合格的文化人和职业预备师，将来成为这个时代合格的职业者和建设者，校园文化的创新将是一个非常好的切入点。

（一）构建职业化的智慧校园环境

《教育信息化十年发展规划（2011—2020年）》提出“以教育信息化带动教育现代化，破解制约中国教育发展的难题，是加快从教育大国向教育强国迈进的重大战略抉择”。建设职业教育“三通两平台”，即“宽带网络校校通、优质资源班班通、网络学习空间人人通、教育资源公共服务平台、教育管理公共服务平台”，促进教育信息化和人人享有的公平。构建智慧校园环境，既是教育信息化发展的必然选择，也是时代赋予学校校园文化建设的新特征。

智慧校园指的是以物联网为基础的智慧化的校园工作、学习和生活一体化环境，这个一体化环境以各种应用服务系统为载体，将教学、科研、管理、实习和校园生活充分融合。构建智慧校园环境，以泛在的网络环境作为“连接一切”的通道，以先进的信息化硬件设备作为学习和应用的载体，以智能的软件平台系统作为教育和教学的应用，从而打造无处不在的网络学习、融合创新的网络科研、透明高效的校务治理、丰富多彩的校园文化、方便周到的校园生活以及快捷智慧的实习教学。构建智慧校园环境将是“互联网 +”时代下，中职学校校园文化必须营造的氛围，也是开展其他特色校园文化的基础和保障。构建智慧校园环境可以有效地改变传统教学方式，带来教育技术的革新，影响教育观念、教学体制的变化，以及对教师和学生在接受新事物、使用新技术、应用新的教与学的方法等方面的深刻影响，传递“互联网 +”时代的职业精神要求，养成独立思考、勇于探索的良好行为习惯。

（二）渗透德育过程，建设“道德银行”

校园文化建设是学校德育的重要途径，开展德育是传递校园文化的重要措施。随着“互联网 +”时代的到来，网络技术的应用丰富了德育的内容，促进了德育手段的现代化，也使我们更好地真实了解学生的思想动态，从而提升德育工作的针对性。同时，伴随着互联网用户的低龄化，未成年人沉迷网游甚至沉迷成瘾问题日趋严峻。中国青少年网络协会第三次网瘾调查研究报告显示，在我国青少年网民中，网瘾青少年超过2400万人，1800多万青少年有网瘾倾向，70% 以上的青少年犯罪与网瘾有关。网络是一把“双刃剑”，网络的监管和运用都很重要，在“互联网 +”时代，特色校园文化在德育过程中的渗透已经刻不容缓，“互联网 + 德育”则是特色校园文化的具体体现之一。

在“互联网 + 德育”的过程中，笔者所在的学校利用互联网建设“道德银行”，进行道德管理。思路是：秉承“尚德立本，多能立身”的校训，依托数字网络平台，以学校学生信息管理系统为基础，设立道德储蓄项目，号召全体学生积累身边可以积累的善行，发掘身边的好人好事，储蓄良好道德行为习惯，更好地引导、激励学生积极追求和养成良好的道德品格。“道德银行”以形成性评价为重点，促使学生自视行为；以银行存折为镜子，促使学生养成良好习惯；以张扬个性为依托，促使学生不断超越自我，培养学生道德责任意识，为社会做贡献。故“互联网 + 德育”的出现，真正让大家感受到了学校实施“道德银行”巨大的魅力。

学校要积极引导学生学习互联网道德规范，明确互联网道德要求，强化学生互联网道德责任感。学生是社会中最有潜力、最有作为的群体，面对网上各种不良信息的冲击，尤其是世界观和价值观还没有形成的中职学生，他们的道德责任感会不断淡化。因此学校教育工作者应从理论和实践上对学生道德责任感进行引导和培训。通过学习，结合网络活动中的实际问题，让学生明白互联网道德规范中所“禁止”“提倡”“鼓励”的要求及践行的重要意义，让他们能够树立正确的上网意识，自觉抵制网络的不良影响，时刻牢记遵守网络道德规范是网络时代赋予学生的责任。

对于德育工作，运用互联网这个平台既是一种手段、一种方式，也是一个平台、一个阵地，更是一种机遇、一种挑战。中职学校需要用好这个平台、占领这个阵地，更需要适应这种挑战、抓住这种机遇。开展“互联网 + 德育”的特色校园文化，学校可借助学校官网、家长网上学校、各类 QQ 群、各类微信群、校讯通、校园智慧班牌、LED 显示屏等相互补充衔接；推广微博和微信公众号、微视频、移动客户端、在线平台、慕课平台等互联网、新媒体在德育中的广泛应用；搭建专门的德育系统和德育信息管理平台，打通德育的信息传递和师生互动的渠道，构建一个立体化、多样化综合性德育环境。

笔者所在的学校“道德银行”实行信息化管理，网上积分。由各层级管理员管理学生，得分信息添加的功能具体描述为：①单个添加，管理员可单个添加学生的道德量化得分信息。②批量导入，管理员可通过批量导入方式添加多个学生的道德量化得分信息。③导入模板，需根据学校设定的得分项内容自动生成导入模板。得分信息导出的具体功能描述为：①支持导出全部学生的得分信息。②支持导出通过指定条件检索出的部分学生的得分信息。

总之，“互联网 + 德育”可以把学校教育、家庭教育、社区教育、社会教育更好地有机结合起来，把集体活动、个别引导、心理咨询密切地联系在一起。学校可以设计丰富多彩的德育平台，不断创新德育内容，搭建多样化载体，让学生人人参与，乐在其中，让校园中始终充满浩然正气、蓬勃朝气。在“互联网 +”时代下，特色校园文化在德育过程中的作用任重而道远。

（三）变革信息传播途径，着力打造“一个主站，三个微平台”系统

“互联网 +”环境的核心特质就是“连接一切”，互联网技术的发展将人与人、人与物、人与信息、人与服务连接在一起，让人们可以及时沟通，让信息可以及时传递，让服务可以随时发生。在“互联网 +”时代，中职学校特色校园文化的开展要充分利用“连接一切”的互联网思维，着力打造“一个主站，三个微平台”系统，即学校官方网站，学校微官网、推送短视频和微信公众号。

学校官方网站是学校在互联网虚拟空间里的代言人，直接代表着在互联网上学校的形象和品牌。伴随着互联网技术的发展，进入个人电脑时代，用户利用 Web 浏览器通过门户网站，单向获取内容，主要进行浏览、搜索等操作，即 Web 时代。下面引用相关资料进行描述：网站技术也经过了 Web1.0和 Web2.0的发展，正在向 Web3.0迈进。Web1.0以静态、单向阅读为主，网站内信息可以直接和其他网站信息进行交互，能通过第三方信息平台同时对多家网站信息进行整合使用。Web2.0是以分享为特征的实时网络，用户在互联网上拥有自己的数据，并能在不同的网站上使用。到 Web3.0时代，互联网本身转化为一个泛型数据库：跨浏览器、超浏览器的内容投递和请求机制，人工智能技术的运用，运用3D 技术搭建的网站甚至虚拟世界或网络公国等。将来一定会发展到 Web4.0时代，学校先入为主，把学校官网作为学校在互联网世界里的代言人，学校要高度重视官方网站的建设与维护，采用先进的技术搭建一个功能多样的内容管理平台，将师生、家长、企业和社会连接在一起，实现文化展示、信息传递、家校互动、校企互动等多维度功能，从而实现将静态的校园文化变为动态的校园文化。

笔者所在的学校引入服务模型分析及设计方法是本项目长远发展和整合的主要技术手段。本系统开发设计中，应充分利用现有的和复用的 IT 资产，并将这些现有的资产整合成能提供或覆盖原有功能，与有效处理招标文件规定业务有机结合的整体服务功能，既能满足松散耦合的方式公开业务服务，使学校的各个业务单元轻松地使用和组合这些业务服务，也能适应更高层面的业务流程等一系列业务服务的要求；同时，应能通过更轻松地创建、修改和管理来满足各类用户不

同时期的需要。

随着移动互联的广泛应用，微官网、微视、微信公众号三个微平台已经成为学校信息传递不可或缺的重要渠道。微官网是为适应高速发展的移动互联市场环境诞生的一种基于 WebApp 和传统 PC 版网站相融合的新型网站。微官网可兼容 iOS、Android、WP 等多种智能手机操作系统，可与微信、微视等网络互动平台链接。微信公众号和微视是在这轮移动互联网中发展出来的佼佼者，它们可以更主动、更精准、更快速地将信息传递给需要接受的群体，并与这个群体及时发生互动，收集信息。微官网、微视、微信公众号三个微平台借助手机终端的传递和应用，完成校园文化随时随地精准传播的华丽转身，从而实现将动态的校园文化变为移动互联的校园文化。

以上是学校在“互联网 +”时代背景下，校园文化建设守正创新的一些尝试，将随着新时代信息革命的到来不断发展。

第二节　社区文化与中职校园文化融合建设的守正创新

学校虽是重要的文化场所，以文“化”人是其重要职能，如想让学校有文脉可循，需借助社区的力量。社区承载着当地悠久的历史和文化传统，是当地人文荟萃的家园。学校和社区在某种意义上是一个整体，一个系统，除了系统自身的运转外，系统间还可以相互转换。社区的文化底蕴可以成为学校文化顶层设计的一股“暖流”，而学校文化建设的视角和手脚完全可以伸展到社区，在社区文化中汲取养分。把社区文化融入学校文化建设之中，让师生从中传承和弘扬区域性优秀文化传统，也是学校育人的一个重要途径。同样，把学校文化融入社区文化建设之中，让家长和社区群众了解学校文化和精神、理解学校的办学理念和方法，从而理解、支持学校，并提出可行的办学建议。因此，社区文化与中职校园文化有共生的土壤，融合社区文化也是中职校园文化建设的一个必然趋势。

一、社区文化与中职校园文化融合顺应社会文化发展，是一个“走出去”和“请进来”不断双向互动的动态过程

社区教育是教育社区化的必然趋势，同成人教育、职业技术教育的发生、发展息息相关，是构建终身教育体系的理想途径之一。我们在社区教育中对社区文化的各种教育资源开发、利用，把其中的教育因素与学校教育合二为一，实现社区文化与学校文化高度融合，在提高社区成员的素质和生活质量中，促进包括中职师生在内的全体成员的全面发展和社区可持续发展。

社区文化与中职校园文化融合要突出文化的职业性、教育性。其主要构成方式有：一是以一所学校为中心，连接所在社区的部分工厂、事业单位与政府部门共同组成的学校的社区文化；二是以社区为中心，由街道办事处或县区级政府牵头，社区文化教育机构等企业单位共同参与组建的社区的学校文化；三是以工业区或农业县为地域界线的社区教育和社区文化建设，旨在加强培养企业和农村的未来劳动者素质而组建的“学校 + 社区”的产业文化。

随着工业化、信息化、智能化和城市化进程的明显加快，社区文化正在不断发展并逐步走向成熟。如今，一方面，在城市发展过程中，农村大量劳动力涌入城镇，人口结构的变化带来文化和教育的结构、方式、理念和目标也在不断发生变化，文化的层次、习惯、信仰和教育的基础、信息、能力等，多层、多元和复杂的问题随之而来。另一方面，随着我国人口老龄化日益严重，中国大部分城市将进入老龄化社会，养护、健康、教育和文化娱乐需求将会更加复杂，不合理的城市布局与窘迫的生存环境、人际关系的隔阂与淡化等新问题产生。单纯依赖以协调管理为特性的社区组织形式以及学校教育来解决上述社会问题是远远不够的。国际国内社区教育和社区文化建设实践经验已清楚地表明，只有社区教育与职业类的学校教育紧密结合，社区文化与学校文化高度融合，面向社区成员的以促进人的发展为原则的教育，才能满足和解决人们各种各样的教育需求和社会问题。

二、社区文化“请进来”融合在中职校园文化建设中的途径和策略

社区文化是社区建设的基本构成要素，是社区产生凝聚力的主要元素，也是

社区教育实力强弱的标志。有利于树立良好的社区风尚，有利于营造融洽的社会关系、和谐稳定的社会环境。通过社区文化建设，在社区中树立正确的价值观念和良好的行为规范，倡导健康文明的生活方式，使社区形成健康向上和相互关爱的文化氛围，使居民自觉树立良好的社会公德和家庭美德，努力形成高尚文明的社会风尚；通过社区文化建设，能够有效清除各种不良现象的影响，避免各种不健康思想的侵蚀，从而促进人的身心和谐及整个社会大环境的和谐稳定。习近平总书记强调，城市规划和建设要突出地方特色，注重文明传承、文化延续，让城市留下记忆，让人们记住乡愁。可见，传承和延续优秀的区域性乡土文化的重要性。把社区文化建设融入学校文化建设中，对满足社区居民的文化需求、促进社区的发展和满足学校教育的需求、促进学校的发展，具有十分重要的意义。

在校园文化建设过程中，要善于“请进来”，挖掘校园外存在的大量以提升校园文化为主题的社区因素，把其涵养的育人的文化基因移植到校园，例如社区景观场所、社区特色活动、社区工艺技术、社区传统文化根基、社区的人际关系、社区的模范人物和事迹以及社区的管理方式等，这都是社区文化与学校文化融合的已有条件和重要契机。我们要在校园文化景观改造中充分挖掘社区文化的潜在价值，紧紧围绕学校育人的中心目标，凸显校园文化的育人功能，从而使社区文化自然而然进入师生和学校的精神世界，与校园文化建设融为一体，在理解、欣赏、交流和互动中得到成长，让社区文化更好地服务于校园文化和教育事业的大局，更好地落实“三全”育人和促进学校特色发展，这是社区文化与校园文化融合发展的重要问题。

那么，在中职校园文化建设中必须坚持“请进来”，把社区文化资源和社区大文化策略融合在学校文化中，也是中职校园文化建设守正创新的更高一层境界。

在校园文化建设中融入社区文化的途径，主要应做好以下几点。

（一）对社区文化资源的利用，“请进来”要注重强化主体性，先提炼再融合

面对种类纷繁的社区传统文化资源需要有一个识别、遴选、重组、提炼的过程。社区文化资源具有多元属性，在融入校园文化建设的过程中，应突出育人主题，可以按教育主题整合社区文化。例如，历史变迁主题、杰出人物主题、乡贤文化主题、艺术特色主题等。社区文化元素犹如散落在广袤大地上的颗颗珍珠，需要以社会主义核心价值观的“丝线”串结成链，同时加以创新和提炼，形成核心文化元素，并形成较为完整的文化体系，进而融合到校园文化建设中去。在此过程中，应以“坚持以社会主义核心价值体系为引领，坚持创造性转化、创新性发展，坚守中华文化立场、传承中华文化基因，不忘本来、吸收外来、不断增强优秀传统文化的生命力和影响力，创造中华文化新辉煌”为指导思想，梳理出社区传统文化的精髓，挖掘其中的育人元素和教育内涵，找到与校园文化融合的共通之处。

以吴忠市红寺堡区职业技术学校“尚德园”文化为例：笔者提炼出本社区具有代表性的宁夏移民博物馆的移民文化，集宁夏的移民开发历史、党的移民政策、移民战天斗地的奋斗故事，以及模范代表人物、民俗风情、刺绣剪纸等社区文化专题，以园内墙绘、艺术造型、主题专栏为载体展示出来，自然和谐地融入园内景观，与园内的“道德银行”展栏、清风景行、育人楷模墙相得益彰，为学校文化注入了社区文化的内涵，师生健步、早读、课间和放松期间，在其中徜徉漫步，熏陶在乡土文化中，熟悉和了解社区的历史人文故事，不断增强师生的区域文化自信与自豪感，不断受到“共产党好，黄河水甜”的感恩教育的启发。

（二）对社区文化资源的利用，“请进来”要具有文化的连续性和上升性

近年来，在中职学校校园文化建设中创造的许多“请进校园”，深入职业教育实际和师生需求，在学校职业教育的实践中服务奉献、增长见识的方式和做法，已成为校园文化建设蓬勃成长的成功经验。他山之石可以攻玉。校园文化对社区文化的改造和利用，不能割裂原意也不能简单全搬，要具有文化的连续性，隐含着文化生成的曲折性，切不可逞一时之快。在社区文化融入校园文化改造过程中，要树立可持续发展的观念，不要追求一蹴而就，而应视为循环往复、螺旋式上升的过程。注重连续性就是灵活、系统地不断挖掘和呈现社区传统文化。在校园文化建设中融入社区传统文化资源可以传承和弘扬中华优秀传统文化、可以丰富校园文化建设，可以更好地落实全面育人和促进学校特色发展，使得学校育人环境得以改善。在收集社区传统文化资源的过程中，宜让师生走出校园，以“社区研学”的方式深入到社区中，去采集社区文化的历史和现实的精华，研究社区文化，

陶冶师生情怀、锻炼师生意志、丰润师生获取的素材。在收集整理过程中，要主动与当地政府相关部门沟通，如当地文化站、博物馆、特产馆等，通过文献研究、实地考察、人物访谈等多种形式，尽可能完整、准确地收集原始素材，及时保留文字和影视资料。笔者所在的学校开展“文创艺术特色”文化，引进新民街道社区的“妇女读书社”“刺绣协会”“梦之歌文化艺术团”等民间文艺团队进入学校，带领学生和教师品书香、学刺绣、编节目，熏染文艺气息，提升文化素养。不断挖掘学校所在的新民街道社区文艺文化底蕴，成立艺术社团，开展文艺会演，丰富居民生活，扮靓城市名片。在社区文化服务站的配合下，搜集到社区内多个自然村的村志，通过参观和访谈等形式，搜集了社区各类文化艺术资源，用于学校特色文化建设，校园文化有了鲜活的社区元素。

（三）社区文化与学校文化要自然有机地融合

在使用社区传统文化资源时，要围绕立德树人的目标，与原有的学校文化自然有机地融合，注重校园整体规划协调性、景观设施与校园文化建设统一性。融入社区文化资源既要保持原有校园环境与校园文化的连续性，还要能够增强原有校园文化或产生新的积极影响，以达到与原有环境和谐共生。学校组建“说唱团”时就考虑到与培养具有综合职业能力的感恩公民、能手公民、惠农公民、学习公民、国家公民的“五维”公民的学校文化相匹配，将全国人大代表、“拇指作家”马慧娟，“全国三八红旗手”、社区创业中心主任徐海侠，全国第六届道德模范白琴，授予全国脱贫攻坚奖奋进奖且荣登“中国好人榜”的农民李耀梅，自治区第二届道德模范李红彩，五一劳动奖章获得者刁荣辉等模范人物的先进事迹提炼出来，通过邀请到学校为师生宣讲、与当地先进典型互动、共同参加社团等活动，以图文并茂、事理兼容的形式在校园内设专栏展示，供师生品读、感受，学习怎样做感恩、能手、惠农、学习和爱国的公民，进而提升师生的文化自信、爱校情感和意志品质。

事理融合，情感互通。在校园文化的影响下，社区文化既有对原有景观和思想的再利用，又有新建景观和精神，在实施中要充分考虑点、线、面的关系和局部与整体的关系，采用宣传栏、亭园、长廊、墙壁、雕刻、装饰等多种形式，合理地延伸其建筑空间。

（四）社区文化与校园文化融合建设需要师生参与其中

文化融合要与促进学校特色发展和全面育人相结合。社区传统文化融入校园文化建设，可以促进学校特色发展，可以结合社区文化资源打造“一校一品”甚至“一校多品”，从而培育全面而有特色的人才。

学校作为重要的育人场所，是社区众多社会组织中的一个，是社区不可分割的有机组成部分。在校园文化建设过程中融入社区文化资源，可以更好地培育构筑中华优秀传统文化传承发展的沃土，可以为学校创造出更好的育人环境。

社区文化与校园文化的融合，可以综合实践活动课程框架下的 STEM 教育模式（学科融合的综合实践教育模式），以收集和整理社区传统文化资源为抓手，在大德育的视角下，社区直接把文化活动延展到学校文化建设中，师生也参与到这一融合建设中来，培养社会实践能力、扩大人际交往能力、自我构建文化的能力。笔者所在的地区作为“中国葡萄酒第一镇”，通过多学科融合，让师生共同参与搜集社区文化尤其是葡萄酒文化资源，再通过教师提炼后纳入综合实践课堂，而后内化为本地特色产业，在学校文化中得以体现。社区每年隆重举办葡萄酒文化节，其中有几项活动作为职业文化节系列进校园与师生共建，社区相关人员协助学生和教师收集葡萄酒的科学种植、育种资料，动手酿酒，组织参与品鉴会，外加主题歌舞或者书法艺术助兴活动。师生不但参与，而且是参与主体。校园因酒文化而红红火火，学习了知识、增长了见识，培育师生文化自信。通过适合的渠道让师生参与其中，得到更真实的体验，校园的文化景观才能收获现实教育意义。

笔者发现，在研究性学习过程中，参与的教师和学生容易受到社区传统文化的熏陶。学生在学习过程中体验了学校学科知识外的新鲜感受，教师则将这些文化资源结合不同的学科，开发出相应的乡土校本课例，用以补充相对乏味的学科课程内容。显而易见，这些社区文化资源是师生们喜闻乐见，且易于接受的。

（五）重视企业文化对社区文化的影响与渗透，进而发挥影响校园文化的作用

在社会主义市场经济的条件下，企业文化无处不在。在机关团体、家庭、学校、工矿企事业单位、娱乐场所中，通过大众传播媒介、社会舆论，把人们的经济交往、政治交往、礼仪交往、感情交往以及原有的文化特质相互交融，与企业

文化汇成一股合力，影响、渗透在社区建设和社区教育之中。社区教育创建良好的文化氛围，培养社区成员与企业文化关联的文明素质，完善社区建设功能。从这个意义上说，社区文化建设与企业文化建设是相互依赖、相互促进的关系，共同推动学校文化建设的多元化、主体化、特色化发展。

中职学校与社区企业联合办学，这条路子的落脚点在于使中等职业教育与市场有效结合，学校及其师生提前接受企业生产和经营理念的熏陶，企业精神为学校精神和师生的个体思维注入活力，既保证了企业对人才的需求，又给中职学校提供了广阔的就业前景，从而提高中职教育的竞争力。在教学过程中，除专业理论知识讲授外，还可聘请社区企业单位的技术人员到实训室指导实训，在课堂现身说法，既使学校和企业的关系得到进一步的沟通，又使中职学校的教学有了针对性，调动广大学生的积极性，并可解决企业的实际问题，这对提高职业技术人才的素质也有十分重要的意义。

三、中职校园文化“走出去”融合在社区文化建设中的途径和策略

中职校园文化是以师生为实践主体、社区等外部参与和渗透文化活动的产物。学校对社区文化予以辐射指导，广泛参与现代社区文化的重构与重建，使社区文化得到丰富发展，使其把所涵养的文化基因更好地转向提高市民素质方面，这个作用具有不可替代性。中职学校应当用文明、科学、开放的校园文化去积极影响社区文化，发挥校园文化在社区建设中的重要作用，尤其是对建立终身教育体系和学习型社会、技能型劳动者的指导和促进作用。在校园文化建设过程中，要善于挖掘校园内存在的育人聚焦点、文化浓缩点，善于“走出去”，弥补社区大而广、宽而散的不足，用以提升社区文化的品位。

（一）中职学校围绕“共驻共生情系社区，共建共享和谐社会”的文化服务理念，参与和指导社区开展形式多样的文化、技术和信息服务活动

1. 开办并构建形式多样的文化、技能教育培训体系

学校贯彻习近平新时代中国特色社会主义思想和社会主义核心价值观的“三进”（进社区、进活动、进群众头脑）工作，对社区进行法律知识普及和教育、技术技能普及和教育、文化生活普及和教育、生产文化普及和教育、创业知识普

及和教育，等等。中职丰富的教学资源可以承担起社区文化的普及和教育责任。

2. 紧紧围绕社区网络建设，帮助构建社区教育信息资料中心

中职学校组织协调，利用学校和社区网络资源，打破行业界限和单位界限，最大限度地促进学校教育资源和社会教育资源的双向开放，实现教育资源的共享；利用学校的网络基地、网络平台，更好地优化、衔接和融通各类教育资源，提高和完善社区教育中心的服务水平和服务功能。广泛与社会各界加强联系和合作，建立社区教育信息资料中心。同时，学校可逐步实现开放式教育网络，为社区成员提供多种学习机会。

3. 为社区提供产品和商品营销技术和平台服务

学校具有较为完善的电商直播条件，专业教师和经过训练的学生承担了义务为社区培养相关人才的责任，既把本地的商品售卖出去获得收入，又能够使一部分社区居民自主创业，或者联手毕业的学生一道创业。利用学校与京东科技信息集团深度合作的机会，享受着其优质资源、学校信息和营销技术，学好技术，为将来去京东这样的大型企业就业打下基础。实现学校、企业、社区三位一体的学习和经营模式。

4. 进一步抓好教师队伍建设

加强教师队伍建设是开展社区教育的人才保证。采取专任制、委派制、招聘制、聘请制、自愿制等形式，充分利用社区资源，保证社区教育中心拥有一支合格的专兼职教师和管理队伍。在学校里培养了一支热爱社区教育工作、乐于奉献的专兼职相结合的社区教育工作者队伍，和一支热心于社区教育事业，具有一定技术能力的社区教育指导队伍。

（二）学校围绕“人人受教育，终身要学习”的基本理念，利用自己拥有的教育资源，创新社区文化体系和传播形式

学校在文化传播和建设方面具有集中、统一、相对前沿的特点，尤其近年来国家对于职业教育重视程度和投入达到空前，这些都是职业学校校园文化与社区文化融合的优势条件。我们要以文化为抓手、以行动作表率、以共赢为目标，帮助社区建立文化组织，传播优秀文化，领航遵循教育规律，打造终身学习、人人学习的学习型社区。

1. 学校挖掘社区文化中蕴藏的丰富的优秀传统文化资源，以模块化集散有度的方式，通过艺术展演等让群众接受教育

社区不是一座文化孤岛，社区和学校应该是一个整体，它们彼此影响、互为精彩。社区往往因历史原因而保留着丰富的传统文化资源，具有重要的育人价值，对塑造学校的育人环境有着积极意义。但是，这些资源大多数处于零散、原初的状态，学校根据社区文化的地域性特点，将其传统文化资源整合优化、与时俱进，从表现形态上来划分成文献考古、传统美德、器物形态、艺术表演形态、技能技艺形态、节庆活动、服饰礼仪等模块，让社区的原生态文化进一步丰富、多彩。

笔者所在的学校，借助清明、端午等节日，到新民社区大力倡导移风易俗、崇礼尚俭等老传统化新风尚。其间，学校与各社区结合自身特点，开展了不同主题、不同内涵、不同侧重点的纪念活动。

为宣传创建文明城市成果，活跃群众业余生活，提高居民文明素质，增强居民幸福感，学校联合罗山、鹏胜等社区的乡土文化艺术团排练系列节目，在城区各社区巡演。节目形式多样，内容丰富，涵盖了创城、抗疫宣传、打赢脱贫攻坚战、传统文化宣传等，表演者和群众积极性很高。精彩纷呈的文化艺术活动弘扬了主旋律，传播了正能量，扩大了影响力，为创建全国文明城市写上了浓墨重彩的一笔。社区文化资源贴近群众的生活，往往以他们喜闻乐见的形式呈现，因而更易为师生和群众所接受。

2. 整合区域资源，聚合社情民意，凝聚社区归属感，强化属地认同感，启发民主参与意识，促进社会合作意识，增强公民责任意识，创新社区文化体系

为有效推动社区文化体系建设，学校必须充分发挥统筹职能，放眼全区，建设大社区，探索统筹规律、规范长效管理，集聚地区智慧、整合区域资源，增强沟通互动、实现合作共赢，推进和谐社区建设。应以校园文化、企业文化、机关文化、管理文化为基础，打造社区文化品牌。依托职业学校等教育资源，以社区中小学、老年大学、社区党校等为载体，实现“人人受教育，终身要学习”的目标，创建学习型社区，打造社区教育文化品牌；依托学校体育馆等体育资源，以地区文体活动指导中心、社区体育社团及大众体育推介活动、大中小学生社会实践基地、社区体育场站和社区运动会为基础，打造社区体育文化品牌。弘扬奥运

精神，充分发挥中职校园文化在社区建设中的重要作用，在建立终身教育体系和学习型社会、提高市民素质方面，中职学校校园文化具有不可替代的重要作用。

笔者所在的中职学校在红寺堡区创建全国易地搬迁移民致富提升示范区的进程中，始终重视移民文化资源的开发，我们将移民生活中不同地域的文化优势重组，建构起既有融合性又相对保持独立、既有传统的特色又有新时代的特征，不断提升群众文化重现感、时代感和获得感。丰富了居民文化生活的同时，提升移民新区的综合实力，新文化铸就移民新生活。

3. 适应社区管理体制改革的需要，引入职业教育办学和管理体系，建立独立自主的成人教育和成人文化机构，形成集管理、协调、服务、就业于一体的大教育和大文化体系

一是建立社区成人教育和文化机构的大教育和大文化体系。教育应该是社区范围内的整体教育，社区文化应该是系统的文化。它主要包括：其一，社会成员教育体系和文化体系，这是大教育、大文化的概念，学校通过开放大学，开办夜校和假日学校，对社区成员进行终身教育，其中最为重要的是建立社区精神、社区文化、社区生活圈所需要的教育。其二，职业教育体系，即包括职前、职后教育以及不断适应企业结构变化需要的就业和再就业教育，这与中职教育和中职文化是高度契合的。社区成人教育机构可以对社区资源、产业结构、职业结构、劳动力的文化、技术构成以及人才流向趋势作出具体的规划和预测。根据社会对教育的需求为社区决策，学校和其他有关部门提供咨询及必要的帮助。社区文化与校园文化必须发挥其对整个教育乃至整个社会的先导作用。以文化知识、科学技术为工具，以培养自主、职业、创造意识和创业能力为主线，努力提高企业劳动者的整体文化素质，培养技艺高超和具有高尚情操的社区优秀人才。

二是与社区大文化结合，拓展和延伸学校文化建设的功能。社区教育所形成的寓教育于管理、服务、文化活动于一体的大教育格局，是对单一学校教育的突破、拓展和延伸。它主要有以下六个功能：向社区居民开放办学，教育的设施、场地为社区居民共享；社区成人教育机构是社区的文化活动中心，举办各类文化活动，提高社区居民文化水准；传播知识和科学技术，提高社区居民素质，担负社区通用性培训工作；帮助社区提高精神文化建设的水平，改善社区环境；推动

各类教育发展，实现学校、社会、家庭的教育一体化；参与企业教育，共同建设和发展企业社区环境。概言之，大教育和大文化在社区发展中具有形成社区居民积极的价值观、生活态度和道德规范，提高社区居民的素质和文化水平，建设良好的社区文化、培养社区角色等主要功能。能冲破原有教育管理体制的弊端，形成一个各种教育因素的集合体，实现教育与社会一体化，最终达到学习化社会的目标。

四、本地家庭、学校、社区共育模式的探索

家、校、社共育是补齐“三位一体”育人环节的必要举措，是传统教育体系的自我发展和完善，是教育社会化的必要延伸。作为全国最大的易地搬迁安置区，家校共育工作推进难度大、缔结家校共同体纽带的进度慢。面对家校共育的难题和困境，红寺堡区教育主管部门牵头，实施“345”工作法助推家校工作落地生根、开花结果。下面谈谈当地的主要做法，与大家共同探讨。

（一）“三大体系”共建有序

一是完善联动育人体系，规范家长、学校工作领导小组，在校内挂牌成立家长学校，组建家庭教育服务指导中心，选优配齐县（区）级家庭教育讲师队伍。指导成立家校工作领导小组，建立联动育人体系。二是完善工作推进体系，组建学校、部门、班主任三级工作推进专班，校级指导小组以德育骨干和部门学部负责人为成员，以德育教师、心理健康教师为成员，建立完善定期调度、协调会议机制，抓重点、保落实。三是建立沟通联络体系，借助“互联网＋教育”，全面搭建线上线下互通互联的沟通体系。线上以数媒为平台，整合即时通信软件和家校通，着力构建起沟通桥梁，线下以家长会和家访为依托，以活动为载体，积极开展形式多样的家校共建活动。

（二）“四支队伍”共建有师

一是组建本土化讲师团。在学校中遴选具备家庭教育指导教师资格的教师作为讲师团的核心成员，负责家长学校工作及家庭教育培训工作。二是培育优秀辅导团队，借助教育部关工委、中国教育学会等平台学习家庭教育公开课，对家庭教育讲师、班主任、心理健康辅导教师等进行系统轮训。三是引进优秀导师团队，

积极对接区内外优秀导师，建立联建关系，高频次开展送课送教，对本土化讲师团、班主任等进行帮带培训。四是建立热心辅助团队，借助老党员、老专家、老教师、老战士、老模范“五老”报告团，深入学校开展家庭教育讲座，营造全社会共同做好家校共育工作的良好氛围，为家庭教育注入“银发”力量。

（三）“五个抓手”共建有为

一是紧扣重要节日节点，通过手抄报、绘画、演讲比赛、剪纸、课本剧、征文等方式，开展“雷锋志愿服务月”“清明祭英烈”等活动，对家庭加强文化传播。二是聚焦亲子沟通纽带，利用“致家长一封信”“亲子共读”“政府开放日”等方式，持续推进“经典诵读”进学校、进家庭，强化家庭对学校的理解、认可和支持。三是选树宣传典型，在六一儿童节、教师节中选树“新时代好少年”“身边好老师”，通过融媒平台、线下宣传等方式，积极增进家长对学校教育的关注和认同，寻求家校共育最大“同心圆”，增进家校联动的亲和力。四是锚定青少年感恩教育，通过多种形式的“小家长”“做家务”等活动，教育学生感恩父母、感恩社会。持续开展“节俭养德”“光盘行动”“文明餐桌”“小手拉大手”校园行动，倡导绿色生活方式，培育勤俭节约美德，小美德拉动大德育。五是常态化召开家长会，邀请全国人大代表、“新时代模范家长”“道德模范”等代表、模范进校分享经验，充分发挥榜样引领作用。

（四）树立“大抓教育、抓大教育、抓高质量教育”的共建观，持续完善家校共育工作机制，持续加大工作推进力度

积极创建全国规范化家长学校实践活动试验区：以活动为抓手，持续开展系列教育活动，加强家校沟通，指导家庭做好孩子教育，不断提升家庭教育质量；积极探索宣传方式，拓宽宣传渠道，依托宣传载体，加强宣传力度，转变家庭育儿观念；加大培养培训力度，以“请进来”“走出去”相结合的培养模式，遴选一批区内外家校共育专家帮教、指导，为区域家校师资团队注入托举力量。

校园文化建设守正创新进入新的历史阶段，要把“人的创造力量诱导出来，将生命感、价值感唤醒”。学校新时代的文化建设应该把“诱导”和“唤醒”发挥到极致，通过新媒体技术下的智能手段，通过社区扩展和衔接，建设具有新时代特色的中职校园文化。新时代，定能让文化育人的功效发挥得更充分，让校园文化走得更深、更远，更能“诱导”、更能“唤醒”。

第三节　共同富裕路上，东西部中职文化交融的守正创新

实现全体人民共同富裕，是社会主义的重要特征之一，是一项前无古人的宏伟事业，也是一个国家发展进步的重要标识。

党中央确定福建对口帮扶宁夏，二十多年来闽宁两省区按照党中央指引的方向、擘画的蓝图，聚焦脱贫攻坚，加强长期协作，实现互利共赢，推动宁夏坚决打赢了脱贫攻坚战，探索出了促进新中国共同富裕的有效途径。在此过程中，福建作为东部较发达省区，在经济、文化、教育、人才资源以及各项民生事业都给予了全方位、有深度、诚挚的帮扶，同时把东部地区先进的思想、理念、方法、经验进行传播、渗透并扎根在欠发达的西部地区，可以说，东部帮扶西部脱贫致富的过程就是文化深入交流、嫁接、渗透和融合的过程，这种文化渗透和融合更加坚实地推进了共同富裕的步伐。

一、为有源头活水来：政策支持

从1996年起，国家出台东部帮扶西部的大政方针，各地落实相关政策，犹如永不枯竭的源头，为东西部文化交融和守正创新源源不断地输送活水。中央办公厅、国务院办公厅印发《关于进一步加强东西部扶贫协作工作的指导意见》，教育部、国务院扶贫办也印发了《职业教育东西协作行动计划（2016—2020年）》（教发〔2016〕15号）等文件。根据党中央和国务院及其部委的要求，结合闽宁两省区实际，两省区教育厅、扶贫办联合制定了《闽宁职业教育协作助力脱贫攻坚工作实施方案》（闽教职成〔2017〕17号）。明确了东西部协作的重点是减贫成效、劳务协作、产业合作、人才支援、资金支持五个方面，教育扶贫协作尤其是职业教育的扶贫协作有了政策的规范和支持，东西部合作的前景之广、力度之大、可操作性之强，定会让新时代共同富裕的道路越走越宽广。

根据闽宁两省区职业教育的帮扶协作方案，从2018年开始，福建泉州市德化县、惠安县，福州市罗源县的职业技术（中专）学校，先后帮扶红寺堡区职业教

育。红寺堡区职业技术学校与福建帮扶学校分别签订并落实《校际合作交流协议书》《学校结对共建协议书》《支持红寺堡区劳动力职业技能培训暨职业教育发展项目协议》以及学生就业创业、德育和文化建设、教学教研等帮扶工作，决定开展定期互访、名师合作、干部交流、学生放学就读、互动教研、信息共享、基地建设、支教帮扶等合作事宜。同时充分利用"互联网＋教育"平台，建立远程教育平台，利用智慧课堂，实现教学资源共享。

2022年8月20日，由中组部牵头，福建省泉州华侨职业中专学校5位教师和宁夏职业技术学院（宁夏农业学校）5位教师组成教育人才"组团式"帮扶团队，团队由福建省泉州华侨职业中专学校党总支书记、校长陈志雄领队，前往宁夏吴忠市红寺堡区职业技术学校开展"组团式"帮扶工作。帮扶团队以习近平新时代中国特色社会主义思想为指导，深入学习宣传贯彻党的二十大精神，紧扣各级"组团式"帮扶会议要求，坚持问题导向、目标导向，准确把握受援地职业教育办学短板和弱项，充分发挥"组团式"教育帮扶团队的人才、理念、经验优势，做好托举工程。近一年来，帮扶团队的教师凝心聚力谋发展，并肩作战向未来，开启了教育人才"组团式"帮扶协作的"职教模式"，书写教育大爱，尽显使命担当。

政策引领下，我国东部职业院校帮扶西部学校的文化建设取得了显著的成效，下面重点从内部治理、教师队伍建设和产教融合三个方面谈谈文化建设的经验和做法。

（一）理念文化和思想文化的内置介入

教育人才"组团式"帮扶团队准确把握"精准、可实现、可持续、有成效"的理念，将援助校先进的教育理念、学校治理机制、教师培养模式，以及优秀的管理方法、科学的教学手段，引入受助职业技术学校。在学校治理中大力推行网格化管理，整合学部管理，设立六个学部，由教学部门主管，负责教学管理；遴选三名事业心和责任心强，有一定管理工作经验的教师担任年级主任，组建成团结协作、奋发有为的年级学生管理团队。理顺了学校管理中一插到底工作方式，将过去传统、被动、定性和分散的管理，转变为现代、主动、定量和系统的管理，注入理念文化、思想文化。

（二）治理文化和行为文化的深层渗入

帮扶团队深度参与学校各项治理工作，针对受援学校办学时间短、管理制度尚不健全的情况，帮扶团队帮助受助职业技术学校树立先进的办学思想和办学理念，健全和完善各项管理制度，规范学校日常工作管理，提高管理水平。目前已完善部门工作职责，对教育教学常规、学生管理等方面的制度进行梳理、修订。强化日常管理，促进学生养成教育。在学生管理上抓卫生习惯、严格手机管理、整顿课堂秩序，聘请四名教官专职开展学生日常管理工作。通过签订卫生责任书、手机箱管理、宿舍管理“三化一线”（即宿舍管理军事化、规范化、常态化）等促进学生养成教育，治理文化和行为文化的渗入取得了明显效果。

（三）企业文化和职业文化的久远延伸

持续推进闽宁协作职业技能培训，产教融合扩容提质。受助学校与帮扶学校的校企合作企业共同建立“产教研训”校企合作基地；引进京东集团驻校教学、定向培养，并规划成立红寺堡区特产馆，形成了培、服、赛、研、学、产“六位一体”校企合作模式。借助已经成立的技工学校（宁夏弘德技工学校）承担了2022年闽宁协作职业技能培训项目的任务，开展枸杞、黄花菜种植，农村电商及农产品推销，家政服务、烹饪技术等劳动力职业技能培训，服务地方产业。在本地所有乡镇开展若干期培训，一年来就有六百多名学员参加培训学习，并取得技能等级认证。

正因为有符合发展实际的利好政策的引导和支持，东西部合作才能将受助所需落到实处，东部学校先进的理念文化和思想文化、治理文化和行为文化、企业文化和职业文化为西部学校文化注入了生机和活力，大大提升了西部职业学校文化建设与创新的品位，增强了学校文化守正创新的生命力。

二、一石激起千重浪：点燃生成

东西部协作重在开启思想、开发潜能、开动脑筋、开拓未来，主要方法是传、帮、带，建立团队带团队、师傅带徒弟机制。如教育人才“组团式”帮扶，两校教师组成教学师徒团队。9个专业学科均开展了建立团队带团队活动，并常态化地开展线上教研互动；区内外帮扶团队的教师与本校教师结成“一带多”的师傅带徒弟关系。

帮扶实践其实就是文化的示范、点拨、引领、启迪、发挥的过程，也是文化点石成金、一石激起千层浪的过程。东西部帮扶协作过程中，随着深度和广度的增加，文化渗入、融合的力度随之增强，也形成了一定的可供全国借鉴和复制的模式。近年来，教育人才“组团式”帮扶的效度不断提升，福建省泉州华侨职业中专学校帮扶宁夏吴忠市红寺堡区职业技术学校，创新了“前方带队伍，后方做支撑”，逐渐探索形成了“4+1+N”帮扶模式，即“4”名师，德才兼备的业务骨干、优秀的管理人员、资深的职业教育人、校企合作的企业大师，示范引领，推进教育教学改革；增派“1”校级领导驻校全面负责教育教学管理及改革的具体业务，提升管控效能，赋能业务发展；增加“N”覆盖，推进“1+X”证书制度、深化校企合作、完善“岗课赛证”综合育人机制，实现多元纵横，推进全面帮扶。福建省泉州华侨职业中专学校将不断增加“N”的数值和频率，不断为红寺堡区职业教育增值赋能，“4+1+N”帮扶模式，将实现职业教育文化的示范、点拨、引领、启迪、辐射作用，点石成金、一石激起千层浪，绵绵发力，久久为功。

对职业教育的帮扶、协作，集中起来就是东部职业教育文化在西部学校的渗透、融化、激发、辐射，概括地说就是强文化铸匠心、外引内化续提升。教育帮扶团队坚持以德育为先、教学为主的原则，深入推进文明校园创建，提炼特色职业教育的办学文化，打造全员德育氛围，发展“三全”育人理念。

下面列举文化的激发与辐射的例证加以说明。

（一）行为文化赋能在日常

强化日常管理，促进学生养成教育。西部受助职业学校的学生淳朴善良、很有礼貌，但是日常行为存在不良习惯，帮扶团队将东部学校学生养成教育的方法途径，有针对性地经过革新，因地制宜地启动了习惯养成主题教育、德育主题教育、心理健康主题教育三大系列主题教育。学校聘请4名退役军人参与学生管理，通过签订卫生责任书、手机箱管理、宿舍管理“三化一线”等促进学生养成教育，取得了明显效果。东部学校的行为文化赋能于受助学校的日常，有力地证明行为正则学风正，学风正则校风兴。

（二）匠心文化紧贴教学和大赛

职业文化推进以赛促学，助力学生匠心筑梦。为全面促进泉州华侨职业中专学校与吴忠市红寺堡区职业技术学校在学生技能竞赛上的共研、共训、共进和共享，学校派若干名教师、学生到东部援助职业学校开展每月一期、每期开展为期一个月的结对集训、交流活动，由帮扶学校的国赛指导教师和国赛获奖学生对受助学校开展教学指导。在2023年的宁夏回族自治区学生技能竞赛中，红寺堡区实现了历史突破，获得了4金8银18铜的优异成绩，其中两个赛项进入国赛。推进“1+X”证书制度，着力提高人才培养质量。根据教育部等四部委《关于在院校实施“学历证书＋若干职业技能等级证书”制度试点方案》要求，鼓励学生在获得学历证书的同时，积极取得多类职业技能等级证书，学校在9个专业开展“1+X”证书制度的培养模式。接下来继续鼓励这些获奖的学生和教师带兵、练兵。

（三）职业文化扶持深化校企合作，促进产教高效融合

前文提到的构建企业文化过程中，学校与荣光集团共建“产教研训”校企合作基地，引进京东电商集团驻校教学、定向培养，形成培、服、赛、研、学、产“六位一体”合作模式，扩建汽修美容与涂装、焊接技术、烹饪等几个实训中心，扩建广告制作车间，完善校企合作机制等措施，就明显地反映出职业文化扶持深化校企合作，促进产教高效融合。在福建惠安职业中专学校负责人的带领下，受助学校到联办企业福建达利园食品科技有限公司和崇武西沙湾假日酒店等，切身体会达利园集团食品加工过程和酒店服务模式，感受产教融合、校企合作的巨大优势，为继续深化校企合作提供了样板和动力。

东部职业教育文化对西部学校通过文化的赋能、附身、扶持，更加坚定充分地渗透、融化、激发、辐射，由一石激起千层浪，引发久久的波涛滚滚、源远流长。

三、惜气存精更养神：“输血＋造血”

东部教育的帮扶，功在当代利在千秋。帮扶产生持久的、上升的文化效应，不但帮出思想和方法，更帮出精气神。扶上马送一程，再明路子自远行。不仅仅是“输血”，更重要的是“造血”，“输血”与“造血”有机统一。

教育“组团式”帮扶强调把人才培养作为帮扶工作的重中之重，提高工作标

准、传递先进理念，提升学校管理，培养一支带不走的团队。由于教师队伍相对信息闭塞、缺乏先进的管理经验与教学经验，为此，帮扶将强化学校管理团队的梯队建设，打通“校级领导——中层行政——学科（专业）主任——教师”四个层面规划的一致性与匹配性，培养校级后备干部，构建教学（名师工作室）和班主任（名班主任）骨干教师团队。为学校树立办学标杆，培养一支带不走的管理团队；在师资队伍建设方面，不仅要选派优秀人才去帮扶，更要就地为帮扶地培养更多的本土人才，通过跟岗培训、线上交流、线下研讨、公开课示范教学等方式，着力提升先进教育理念、教学管理经验和教学模式，培养一支带不走的教师队伍。

（一）把教师队伍综合素质和专业能力持续提升，作为帮扶工作和文化张力的首要任务

强化跟岗学习，加快“双师型”队伍建设，为受助学校今后自我持续带动“双师型”队伍建设打下基础。鉴于目前本地学校的“双师型”教师占专业教师的比例较低的现状，为进一步促进教师专业发展，提升教师实践教学水平，加强学校“双师型”教师队伍建设，学校根据教育部关于“专业教师每5年必须累计不少于6个月到企业或生产服务一线实践跟岗访学、顶岗实践”的要求，制定《教师企业实践规定》，促进“双师型”队伍建设。学校通过与计算机信息技术企业的联合培训，青年骨干教师取得中望3D 和物联网技术等专业资格证，与宁夏职业技术学院职业鉴定中心合作，帮助教师考取职业技能证书，进一步提升“双师型”教师队伍建设的水平。

在这方面具体采取的措施有：①实施“4+1+N”帮扶机制，助力学校专业建设和教师教学能力提升。②邀请福建职教专家来宁开展教师教学能力比赛队伍专家培训，教师综合素质提升讲座等。③实施“种子”计划，建立校内外结合的结对帮扶机制，提升教师科研能力。④开展提升教师教学能力外出数轮培训（前往福建泉州华侨职业中专学校和省外高校）。⑤推行教师下企业实践制度，学校基本操作的技能和企业运营管理的经验。⑥增建帮扶名师工作室和名班主任工作室。

（二）把学校治理能力、教育教学质量、学生综合素养的持续提升，作为帮扶工作和文化张力的惯性效应

前方带队伍，后方做支撑，创新帮扶模式。学校以建设国家乡村振兴人才培养优质校为目标，不断完善相关规章制度，优化内部治理结构，提升学校管理科学化、民主化和制度化水平，积极推进学校内部治理现代化行动计划。为了加快受助学校教师队伍的教学能力提升和管理水平上新台阶，帮扶团队主动担当，创新帮扶模式。转机制优结构，深化学校管理改革。

为更加充分地发挥帮扶工作的文化张力、经验积累和惯性效应，从以下几方面持续用力。

学校治理能力提升方面持续用力。福建省泉州华侨职业中专学校把帮扶作为一项光荣的政治任务，选派德才兼备的业务骨干、优秀的管理人员，资深的教育人才每期4人（高级职称）参加中组部、教育部教育人才“组团式”帮扶工作。第一期领队陈志雄是一位管理经验丰富的校长，田先东副校长是一位有着丰厚的基层管理经验和创新能力的职业教育管理者，中层管理人员在学生管理和教学研究等方面具有较高的水平。帮扶的领导团将福建省泉州华侨职业中专学校“党建铸魂、协同融通、机制赋能”的教育理念、“139”党建带师建机制、“1253”双师型教师培养模式，以及学校优秀的管理方法、科学的教学手段，植入受助学校。在学校治理中推行网格化管理，根据专业学科整合学部，组建年级学生管理团队，理顺了学校管理中一插到底工作方式，将过去传统、被动、定性和分散的管理，转变为现代、主动、定量和系统的管理。

教育教学质量提升方面持续用力。发挥“4”名师教学示范引领，推进教学改革。帮扶团队在教学科研方面颇有研究，其中黄晓雷老师更是指导学生在各级各类技能比赛中取得优异成绩；苏晴玉老师是班级管理经验丰富、广受学生爱戴的名班主任。值得一提的是4人中有3人参加全国教师教育教学技能大赛，斩获一等奖3次，二等奖1次。帮扶团队的校领导和教学名师充分发挥学校管理和教学示范引领作用，积极推进教育教学改革，积极推进“教学能力提升工程”“实践能力提升工程”“创新能力提升工程”“竞赛能力提升工程”建设，成效显著。在教育教学质量持续提升方面，具体还做了这几个方面：①每学期开展两次以上两校

教学团队教学研讨活动，通过线上、线下远程教研，提升学科教学质量。②以统筹闽宁两地职业教育为核心目标，发挥闽宁两地优质职业院校示范和引领作用，组建闽宁协作职业学校联盟，实现闽宁两地职业教育优质资源共享、优势互补。③遴选智慧农业专业作为对接地方产业特色的专业建设，与电子商务、物联网信息技术专业相结合，构建“数字＋农业”特色专业群。④建设校企合作课程开发、教材开发等。

学生综合素质提升方面持续用力。继续加强入围国赛学生技能竞赛的集训，为国赛冲击奖牌；学生参加高职分类招生考试，上线率为90%以上；继续推进“1+X”证书试点工作，鼓励学生在获得学历证书的同时，积极取得多类职业技能等级证书；修订职业学校的人才培养方案和专业建设方案，适合对接当地产业；修订人才培养方案，论证、优化、公开和实验，并进行推广。

（三）落实中组部教育人才组团式帮扶的“四个明显提升”的任务要求，培养一支带不走的管理和教学队伍

中组部在教育人才“组团式”帮扶工作中明确提出要实现“教师队伍明显提升、学生综合素养明显提升、教育质量明显提升、学校管理水平明显提升”的“四个明显提升”的任务要求，全面推进教育教学改革和学校管理水平的综合改革，最终培养一支带不走的管理和教学队伍。

为了落实中组部和教育部的相关要求，即便帮扶工作在形式上结束但张力永久存在，实现东部较为先进的文化持久的影响力；在传授技能、方法、经验的同时转变晋升思想和理念，实现在提升质量的同时强化文化的激发和辐射效应。授之以鱼更要授之以渔，作出久远的可持续发展的规划。

一是筹建闽宁职教联盟，探索“集群发展”协同育人，“组团式”帮扶将永久性开展。为切实推动闽宁协作、乡村振兴，开展教育人才“组团式”帮扶工作，促进闽宁两地职业教育在东西部协作路上继续携手前行，推动闽宁两地教育资源共享、教学互通共融、教师互动共鸣，实现职业教育高质量发展，吴忠市红寺堡区职业技术学校拟倡议成立“闽宁协作职业学校联盟”，充分发挥福建派出学校教育优势，以先进教育理念、先进教育方式和成功经验，为宁夏职业教育赋能、强劲、增效，为受帮扶学校注入新的活力。二是建立线上联动的长久体制。为充分发挥东部沿海地区教育发展的先进经验，通过线上、线下相结合，打造互动教研体系。在帮扶团队的人员离开后工作依旧持续，邀请帮扶学校的专家团队，与受助学校建立永久性线上帮扶机制，开展课题研究、教学能力提升、班主任能力提升、信息化教学提升系列网上互动活动。“聚合力、建机制”，两地线上线下同时携手联动、协同发展。三是一以贯之落实帮扶政策和文化辐射的机制。持久的帮扶工作需要两地各级组织部门、教育部门的高度重视和大力支持，统筹整合工作、力量、政策各方面资源优势，推动“组团式”帮扶工作发挥最大效能。“组团式”帮扶确立了长久携手帮扶的立体式工作目标，精准梳理受帮扶学校需求，详细制定发展规划和任务清单，努力构建优势互补、长期合作、上下联动、互利共赢的新格局，既输血更主要的是造血，将“输血”与“造血”有机统一。

在我国，共同富裕的路上一个都不能少。闽宁对口帮扶及中职学校文化的渗透融合，引发我们对东西部文化交融、渗透的守正创新有了新的思考。政策支持的活水，帮扶成效，“输血”“造血”有机统一，值得我们对东西部文化帮扶有更多期许。教育部专家顾问委员会委员刘光泉对于“组团式”帮扶工作及其文化的影响力给予了充分肯定，并引用纳尔逊·曼德拉的名言：“生命最伟大的光辉不是永不坠落，而是在坠落后总能再度升起”。教育真正的内涵，是在教育的另一个方向上寻找使人自省、成长的力量。诚然，随着东西部帮扶工作及文化辐射的不断深入，给接受职业教育的学生提供了新的平台，他们一定能够在各自的专业大放异彩，为乡村振兴乃至中华民族复兴贡献更强的力量。

第六章　中职校园文化建设在守正创新中突显特色的个案研究

校园文化建设是一项复杂的系统工程，它具有多层次、出特色、究细节、管长远的特点，其形成和推进过程，是在学校主要负责人（校长）根据办学理念提出框架之后，需要学生、教师、家长和社会共同参与、倾注智慧、细节融入。因此，校园文化又是全员的文化、全方位的文化、全过程的文化。我们是校园文化建设守正创新的坚守者，将文化作为学校所有工作的导航仪、助推器。坚守校园文化守正创新的终极目的就是让学生能够更好地成长，学校能够更优发展。

第一节　校园文化建设在守正创新中突显特色的实践探索

校园文化就像一种独特的催化剂，所处环境的一草一木、发生在身边的一点一滴，都会对师生们产生深远的影响。我们不但通过物质文化、精神文化和制度文化发挥其作用，而且通过组织开展校园的文化活动、创设校园的文化环境，展现学校的办学品位，激发师生积极向上的情怀。

校园文化建设，在组织引领、群策群力、细节考究下形成，在其定位和发展的过程中守正创新，突出校本文化的细节和特色。下面列举吴忠市红寺堡区职业技术学校在中职校园文化建设守正创新中的实践探索。

一、个案一：于细微处显现学校校园文化守正创新的特色和深度

学校文化建设在创新探索的过程中，不但关注了显现在我们面前的校园环境、楼体、教室、食堂、实训室等场所的文化，而且关注厕所等往往被忽视的场所；不但从物质、精神等宏观层面研究表达文化，而且重视对一次活动、一个行为、一块石头所包含文化的分析提炼。下面，列举我们探索厕所文化、文化石文

化和“3+X+2”日常全员文化和“3+X+N”节点全员文化的几点特色，供大家参考。

（一）校园文化建设“守正”中“创新”需要关注细节文化的研究，在厕所文化等细微之处分析、提炼，体味到细节的巨大能量，彰显中职学校特色文化的魅力和深度

常言道，细节决定成败，一个人的品行往往从一句话、一个举止就可以反映出来；同样，判断一个集体的文明程度看这个集体的成员的着装打扮、待人接物的态度、公众场合言行举止等细节。“窥一斑而知全豹”“叶落知秋”，也是文明细节、细节文化的道理。学校重视细节文化建设，这里重点举学校“厕所文化”的例子说说。普遍认为，厕所只要卫生干净就完事了，不会被上升到文化的高度来关注，因此，厕所文化往往是被人们忽略甚至被认为是多此一举的。而我们认为，厕所文化是细节文化也是一个大文化，是需要大家共同努力的自律文化，也是关乎未来健康的文化。学校在研究校园文化守正创新中，同样研究了厕所文化的细节。

首先，从厕所涵盖的空间内容来看，它是细节又是一个大文化。在并不大的空间里，包含了卫生设施、公物、清洁用品、墙体温馨提示、宣传画等硬件设施，具有方便群众、考验文明、调适健康等功能。厕所是一个小小的窗口，能最真实地检验人的文明素养；小小的厕所，最能反映一个国家、一个社会、一个单位的文明程度。因此，厕所文化写入联合国千年发展目标，并把每年的11月19日设立为“世界厕所日”，主要是为了凸显人类面对环境卫生危机而设立，希望通过全世界人民的努力，共同改善世界环境卫生问题。中国政府承诺2015年农村卫生厕所普及率达到75%以上的目标已经实现，这意味着向城乡一体化和全民拥有健康又迈进了一大步。由此看来，厕所虽不起眼，但确实是细节中存在大文化。其次，如何打造厕所文化呢？在平时，学校的厕所一般都是比较容易放纵的地方，学生除了正常如厕，往往会在那里发泄情绪、聚众吸烟、破坏公物甚至有时大打出手。学校拟定如厕“条约”、开辟了“专栏”，如“保持卫生、便后洗手，净手后勿甩水，保持地面干燥，防止同学滑倒”等《文明如厕公约》10条，“应自觉按照公厕规章加强自我约束”等《文明如厕倡议》6条；确定每周一课外活动进行厕所观摩，男女学生各自在观摩后谈谈心得体会；建立厕所监督员制度，每天至少检查三次；班级和部门日常考核时也专门有这一项分值，把优劣情况较为突出的都予以当众公布，并纳入学生个人和班级的“道德银行”存贷积分考核。开辟“专栏”如“今天你做到了吗？”提出若干个问题，如“节约用纸用水你做到了吗？”等。《厕所墙报》由每周责任班级负责，分“健康”“卫生”“文明”等内容版块编制，张贴到“文明如厕专栏”里。“条约”“专栏”重在监督，更重在宣传。渐渐地，厕所文化成为大家自我约束和文明雅致的自律文化。再次，发挥厕所的主要功能。有些学生或教师在如厕时长久坐着看手机，有些如厕姿势不正确导致大小便外溢等，我们把这些都确定为不健康的表现，通过校医和健康辅导教师给同学们办讲座，专门讲述“厕所里的健康”，从如厕的各个环节讲解如何保证健康、怎样做才会健康。音乐组编写了《健康如厕歌》，内容涉及如厕的方方面面，要求同学们吟唱，等等。一开始，教师和学生觉得好笑，久而久之，便觉得挺有用的。我们尽管都是从小处做、细处做，小而言之为了个人健康负责，大而言之是为实现健康中国的宏伟目标负责，以小见大、细处不小。诚然，人人都要如厕、每天都要如厕，谁也躲不过的。因此，厕所文化又是长久的、未来的、健康的文化。

另外，学校通过开展职业教育活动周、文体艺术展演、成立学生社团等丰富的校园文化活动，在遵循职业教育规律和孩子身心发展需求的前提下，群策群力，关注细节。细节容易被人们忽视，但细节确实重要。学校在形成校园文化的守正和创新的过程，既是学校的文化理念延伸过程又是细节文化的渗透过程，这是学校校园文化的一个特色。

（二）实施和发展校园文化的过程，借助活动和节庆节点，推进办学理念和职业精神文化不断向实、向深发展

我们在“做学合一，立己达民”的办学理念的统领下营造和谐美丽、精于工匠的校园环境，利用“体艺陶冶情操、社团丰富生活、竞赛跨越自我”三个维度提高师生素养、共同培育精神文化。

主要做法：①校推行“3+X+2”日常全员文化，即学校面向全体学生成立体能训练队、百人合唱队、文创艺术队3个团体，由教师和学生全员参与的若干（X）

个技能和娱乐社团，每天保持2小时的训练活动时间。组建后一般不变动，一年一次小的调整，目前全校有稳定活动的社团23个。对于没有参加“队”和“团”的学生和教师，组成校园绿化和劳动社，开展相关活动。②学校推行“3+X+N”节点全员文化，“3”即每年必须举办职业教育活动周（五月的第二周）、田径和球类运动会（4月、10月各一周）、鲁班工坊节（每年全区技能大赛前两周）三个活动；“X”是指学部根据自身的教学和育人需要，举办若干个“专业的节日”，如校园安全节、舞蹈节、课本剧节、创作节、交往与口才节等；“N”是指节庆的参加对象以学生为主，还有N个“不确定角色”，如教师、职工、家长、退伍军人、农民工等。以上做法，从组织、训练到竞赛、展演都已经逐渐趋于成熟、形成习惯。“3+X+2”日常全员文化和“3+X+N”节点全员文化的守正创新，都围绕着学校的育人、教学和学生的职业规划展开，在全员参与的基础上培养个性特长。

（三）在守正创新的过程中，遵守规律、关注细节，给予文化建设足够强大的力量

守正创新不能偏离方向、墨守成规，也不能粗枝大叶、人云亦云，要在规律、在细节中辩证地深究。包括设计理念、操作过程、育人效果等方面都要守规律、重细节。要“不矜细行”，要“润物无声”，否则“必累大德”。吴忠市红寺堡区职业技术学校的管理理念是“时时处处做好细节和服务，发现与点燃，让校园严起来、成长起来”，为了更好地使校园文化建设在守正创新中显现特色，在遵守规律和关注细节上下功夫。

其一，学校专门成立校园文化建设工作组和研究室（团建办公室兼），积极研究确定校园文化的中长期目标、精神体系的理解和落实、基础设施布局、校园景观和标牌的设计等工作，专门从事校园文化的内涵和育人功能的开发，在实践中坚守和创新。其二，具体构思过程中，非常注重职业文化元素和育人效能的挖掘。一进校门眼前就是一块文化石，也是学校的奠基石，长、宽、高分别是9.6米、1.26米、2.3米。“9.6”有两层含义：学校是庆祝自治区成立60周年的献礼工程，于9月开门办学，更深层含义是中国传统文化尊崇的“六九合”，人文与自然、教师与学生、学校与家庭和顺、相得益彰。“1.26”有两层含义：校园占地面积126亩，当时建设总投资1.26亿元。“2.3”也有两层含义：当时红寺堡区移民群众有23万，建校初期有23位教师。学校的其他部位的设计都是有讲究的。其三，规范手段和激励方式于细微处见深度。再说学校的管理理念渗透了细节、规范、创新，又坚持了激励“再生长”“发现点燃”，无一不是在规律中守正创新。例如，把垃圾分类作为建设学校生态文化的一项重要内容。校园内设四个垃圾分类站，定制了形似凉亭的绿色造型，上面有专用的环保标语和口号，有“责任岗”，下面立放着“可回收废品”“可处理废品”“餐厨废品”“有害废品”四个类别的有机回收桶，供分类存放。校园的垃圾分类站在运行过程中不但注重科学方法，更注重激励，学校规定，对于“可回收”和“可利用”的废品，采取“以购代奖”和“道德赋分”的形式：一是由学校拨款，学生会向班级付费收购，街道废品站再次向班级付费收购，凡学生分类存放、有效回收和利用废品，都会获得两次付费，最后作为班级活动经费；二是把垃圾回收和处理情况纳入“道德银行”的评价之中，赋以分值进行公示或表扬，这样把学生自觉分类的积极性调动起来了。从以上“垃圾分类”的细节可以说明，文化建设激励形式灵活多样，体现了守正创新力量的强大。

二、个案二：产教融合背景下中职学校文化建设守正创新的实践探索

产教融合、校企合作是职业教育区别于普通教育的本质特征，也是职业教育作为一种教育类型成熟和发展的标志。只有不断深化产教融合、校企合作，改革职业教育发展模式，才能提高职业院校教学的针对性、职业性、实用性，培养出一大批德技并修的高素质劳动者和技能人才。在产教融合的背景下，以学校和企业共建共教为依托的同时，中职学校更明显地把学校文化和企业文化融合起来，从而表现出企业、产业、市场文化元素整合的特征。因而，校园文化建设一定要立足学校各类文化元素的基础上，在企（产）业文化建设的创新方面下足功夫，使产教融合、校企合作真正能够无缝对接持续产生成效。

学校在产教融合方面确定的总思路概括为“三个推进”：一是推进专业产业化融合发展。结合区域经济社会发展需要，重点建设新能源（风电、光伏）、智慧农业、机械运维、康养服务等专业，致力于为新农村建设提供人才保障。二是推进加强教学基地化融合发展。建设焊接、车身修复及美容的“双元”育人教学

工场，扩建现代智慧农业实训暨农村劳动力培训基地，如海信日立人才培养基地和京东电商一体化实训中心。三是推进职业教育的社会服务化发展。依托宁夏弘德技工学校强化社会培训，利用宁大函授站继续举办村干部学历提升班；借助学校保育保健专业群的优势，建立红寺堡区康养培训基地；融合中职教育，发展成人教育和终身教育，拓宽学生升学和移民群众的就业渠道，全面提升学校的教育教学质量。

学校近几年与宁夏荣光科技集团、京东电商、青岛海信等企业合作，承担当地乡村振兴项目培训，校企专业等方面取得了显著成效，无疑是在产教融合、校企合作的大环境下，校园文化建设守正创新方面取得成果的有力例证。

下面以校企合作和项目培训进农户、进社区为例，突出产教融合背景下中职学校文化建设守正创新特色举例说明。

（一）学、研、产、培、服、赛“六位一体”校企合作的新模式在铸就企（产）业文化实践中的应用

1. 中职学校企（产）业文化与学校文化融合的原则与内容上的守正

我们认为，企（产）业文化融合于中职学校文化，必须把握的原则是：①坚持个性化和整体性有机结合的原则。在产教融合背景下的校园文化建设，校园文化和企业文化的融合必须坚持职业教育的教育性和职业性的结合，坚持一切以学生的学习和发展为中心，坚持为国家和地方培育高素质的技能人才而提升学校教学水平，坚持为学生的实习、实训、就业提供更大的空间。②以学校文化为主体。校企合作是为了让学生获取技能、接触企业的生产运行和企业精神，为将来学生职业发展做好准备，因此企业文化进校园且融合于学校文化中，就要以学校文化为主体，将企业文化很好地融合在校园文化中。③以企业文化为主导。中职学生的发展方向主要是为企业培养德才兼备的技能人才，决定了二者融合过程中还是以企业文化为导向，在企业文化的导引下进行校园文化建设，就是要在校企合作中，将校园文化渗入、内化于企业文化，为企业预备军做好充足的准备。④遵循教育规律和市场规则，本着优势互补、资源共享、互惠双赢、共同发展的原则，积极探索校内教学、研发、生产的实训中心建设“校组合企”的新模式，在遵循教育规律和企业规则中合作共建，在合作共建实践中很好地在校园文化中融入企

业和产业文化，达到职业教育与企业实用型人才培养的无缝对接，达到学其所用、用其所学、校企“双元”育人的目的。

文化融合必须建立在合作共建的基础上，这也是内容上的守正的表现。学校和企业围绕专业，建设产学研实训中心，依托实训中心的教学、研究、生产、培训、服务、大赛，把学校的管理文化、教学文化、行为文化以及物质文化融入校企合作的全过程，进一步加强校企深度合作，形成校园文化的企（产）业文化特征。通过校企合作共建实训中心这个平台，充分利用企业先进的研发生产技术、企业管理经验以及专业技术人才，实现“六合作”：合作开发人才培养方案、合作共同培养教师队伍、合作进行专业教学和实训、合作开展教学资源开发、合作进行招生与就业、合作进行产品研发与社会服务等。通过以上六个合作，以期推动企业教、研、产的成果应用于专业的发展，进一步全面提升本地技能型人才培养的数量和质量。

学校跟宁夏荣光科技集团的合作，由校企双方共同制定合作过程中涉及的教学、经营、员工培训等方面的管理办法与促进措施，确保校内研发性、生产性实训中心的有序运行，以协议的形式确定合作模式。①管理中心机构设置。管理中心主任由学校和企业各派一人担任，车间主任由学校和企业各派一名专业技术人员担任。②管理中心职责。负责中心人员管理与调配，负责协调教学与生产的安排，定期召开中心例会，商讨相关事宜，共同制定教学、生产计划，并按计划组织教学和生产经营。③学校不参与企业的生产经营业务，企业的生产经营实行自负盈亏，企业参与校方的实训教学过程，当教学与生产任务有冲突时，校企双方应该按照教学培训为先的原则妥善协商解决。

2. 中职学校企（产）业文化与学校文化融合的“六位一体”模式在具体内容方式和办法上的创新

结合学校的实际不断探索创新校企合作并总结经验，现在已形成了学、研、产、培、服、赛“六位一体”的全新的校企合作模式，在合作基础上很好地实现了学校文化与企（产）业文化的深度融合。在教学合作和文化融合中，通过校企共同培训培养，形成学校文化建设的一种新模式。

“六位一体”合作模式的内容是：①学。校企共同开展实训教学和技能训练，以专业教学为基点共同开发教材，依托实训中心的主阵地，实施“师徒制教学双师制培养”，在合作教学中共同培养学生的学业、技能、技术和精神，并培养“双师型”教师。②研、产。在教学过程中，选择的实践、实训方向是：在学校开办自治区级“双创”示范基地，企业与学校共同尝试研发黄花菜苗增产提质的新品种，积极参与全国“双创”活动周，学校负责合作及文化宣介分会场；学校和企业共同承担了本地一家农业企业的生产活动，一边生产、一边研发，且是以研发为目的的生产；邀请宁夏农林科学院、宁夏农村科技发展中心、吴忠市科技局和相关中职学校，在校内联合举办县（区）域科技成果推介会。③培。推行“企业进学校、教学进当地产业、行业进实训室、专家进课堂、学生进创客空间”的“五进”机制，建立“公司＋学校＋农户”的创新合作形式，企业自费聘请知名农业专家为师生进行培训；和弘德技工学校联合举办农村劳动力培训。④赛。企业与学校共同针对技能大赛进行专项培训，并且输送学生到承担大赛的企业学习，尽管学校初次组织学生参赛，就获得机电类、农业类等自治区一、二等奖若干项。⑤服。合作企业服务学校、服务当地产业。企业选派专业的技术人员，常年驻学校产教融合基地，企业无偿承担部分教学耗材、设备日常维修服务，无偿开展教学、指导技术、运维基地；学校和企业共同为当地黄花菜、光伏等主打生产企业提供信息资源、技术支撑、人才及用工支持。

图6-1　学校宣介智慧农业研学产中心，农业专家举办专题知识讲座，并现场指导

校企合作过程其实也是学校的企业文化形成过程，我们可以称之为教学文化、科研文化、生产文化、培训文化、竞赛文化、服务文化的立体式校企融合文化。在这样的文化背景下，学习训练技能、文化融汇创新、劳动获取收入和预备就业一举四得，带来了积极的社会效应。就拿学校电商专业与京东电商集团合作

来说，企业驻校教学、定向培养，培训合格后学生可以持“绿卡”选择在京东就业或者自主择业；在校内成立红寺堡区实体特产馆、计划在京东营销网站上开辟相关栏目，学生通过网络直销本地和宁夏特产以及其他产品，学生在其中也能获取一定的企业生产和融入的技能。再比如，学校机电专业与青岛海信家电实现校企合作，在学校挂牌成立海信日立培训基地，把海信企业生产和技术作为校本特色课程融入日常的教学和培训中。三年级第一学期学生进海信企业实习实训，参与生产的同时，提前受到文化熏陶，毕业后可以选择在海信集团就业。由此看来，在中职学习期间，提前将企业的文化和生产融入学校的教学实践中，也是“六位一体”合作模式的本质特征。在这个过程中，我们把文化融入的任务交由教师，让教师带领学生以学生为主体去完成。还比如，在学校学习、实训、教学的同时，学生和教师承接、制作本地文化部门的户外广告制作，广大市民和学校师生在每天行走的街道，一眼就可以看到“以工促学、自我创新”的文化成果。推行学、研、产、培、赛、服“六位一体”的校企合作模式，学校文化里深度融入了企业文化。

在学校文化建设中融入企（产）业文化，学校和师生在物质成果和文化成果中双重受益。2021级设施农业班的李省同学说：“我和家长最初都认为学这个专业没有出路，但通过一年多的实训和学习，深深感受到学习内容丰富、学习方法很灵活，学校和企业的教师带领我们开发试验田搞研究、细心训练大赛，还一起研究种苗。企业师傅示范教学，课堂充满趣味，知识一下子就会理解，真正学到了知识和技能，我和同学们的学习兴趣大大提升了，现在觉得这个专业很有前途。”

我们在合作中开展中职教育教学、创新学校文化，也是产教融合的一个新的探索，将来为其他院校校企合作提供了可供借鉴的范式。

（二）学校的企业文化向服务“三农”延伸，助推乡村振兴战略的实施

我们知道，乡村振兴包括产业振兴、人才振兴、文化振兴、生态振兴、组织振兴。中职学校承担着乡村振兴的使命，将学校的企业文化向外延伸，极大地助推着乡村振兴战略的实施。

1. 中职学校企业文化向服务“三农”延伸，助推乡村振兴，保证战略上的守正

学校深入贯彻习近平新时代中国特色社会主义思想和总书记视察宁夏重要讲话精神，落实党和国家重大决策和关于“三农”的政策，弘扬社会主义核心价值观，立足“职教20条”，按照职业教育多元办学原则，落实技能扶贫、产教融合、育训结合的思想，坚持巩固脱贫攻坚成果，以服务乡村振兴人才的需求为目标，传达产业政策和农业科技信息，传授农业生产、经营、食品、安全等常识，开展技术技能培训，进行思想教育和职业指导，把学校企（产）业文化向外延伸，立足服务和推进乡村振兴战略，全面提高当地广大农村劳动者的素质。举办面向农村的职业教育，组织开展农业技能培训、返乡创业就业培训和职业技能培训，培养高素质乡村振兴人才。

下面谈谈学校的企业文化向“三农”延伸的做法和体会。

广泛宣传动员和教育，营造学校企业文化延伸的氛围。学校不断加大宣传力度，利用各种媒体宣传党和国家的产业政策和职业文化，鼓励符合条件的农户尤其是脱贫监测户参加培训，提高他们参加技能培训的主动性和积极性，突出学校企业文化延伸的重点。做到“三个结合”，即培训课程设置与当地产业和市场需求相结合；把产业技能培训与思想观念的转变、思想道德提升培训相结合；把生产技能培训的内容和大众创业相结合，带动更多的脱贫监测户创业、再就业。

学校企业文化延伸要达到文化感化和精神产出的效果。通过培训，使农村劳动者理解政策大局，不断更新理念，优化思维，完善知识结构，在不断学习、充电中提高自身技能水平；通过培训，提升农村劳动者的思想素质、职业素养、职业技能和就业创业能力，使受培训者最终具备从事某种职业或者实现职业发展所需要的职业道德、专业知识、技术技能等职业综合素质和能力，更懂得感恩、文明、上进、协作。

乡村振兴的主体在农村，乡村振兴的内因在文化，要实现乡村振兴，首先必须把文化建设和享有的主权还给农民。同时通过技能培训和文化沐浴，不断向“三农”赋能，培养农民在乡村振兴中积极主动的参与能力，让他们把对美好生活的向往化为乡村振兴的动力，用双手托举起更加美好的生活。

2. 学校企业文化向服务“三农”的延伸，在助推乡村振兴内容和方式上的创新

图6-2 “学校 + 企业”联办农村劳动技能培训班

学校在服务乡村振兴战略的过程中，不断将学校优势外传，利用学校电子商务、设施农业、畜禽养殖等专业，在提升中职学生实习见习、职业技能水平的基础上，加大当地脱贫户监测户在农村电商、种植、养殖等各项技能培训力度，着力促进红寺堡区脱贫人口就业，持续推进巩固拓展脱贫攻坚成果同乡村振兴有效衔接。利用当地闽宁协作职业技能培训等项目，由学校专业教师组成教学团队，重点培训农村脱贫户或监测户上千人，在农作物种植、家畜养殖、维修电工（初级）、农村电商培训、家政服务等相关技能技术的基础上，培训内容还包括职业教育的法律、政策，职业教育在农村发展的作用和前景，职业教育的文化综合体等。为使培训班取得良好的效果，特聘请高级电子商务讲师、中国网络创业培训研究中心特聘讲师、教育部首批高校创新创业教育导师库成员、人力资源和社会保障部 SYB/IYB 培训讲师、人力资源和社会保障部网络创业培训讲师等专家，做主讲教师，主要采取课堂讲授、讨论互动、展示分享、班级活动等形式，使本期农村电商培训更富实效、使理论学习更具有实证。

学用赋能、提振精神。突出理论为导引、实践为主体，全体学员赴几个先进市县的电商孵化园、牧场等观摩学习，在观摩过程中学员认真聆听讲解，创业者带领培训学员体验农村电商的发展趋势、发展政策、发展前景、运营策略等。在实践行动中观摩学习者的精神深受鼓舞，一位田姓学员说：“原来我确实不懂电商，通过这次培训及观摩活动，加深了我对农村电商的认识，提高了电商实操技能水平，今后我必须将农副产品的销售融入农村电商中，有信心创业，让电商赋

能农村经济发展。”

为了提高培训文化的持久效力，力求做到：①创新培训形式，保证培训规模。要针对脱贫监测户特点和本地培训资源实际，开展多层次培训模式，采取集中培训和实地观摩学习相结合，因地制宜，因材施教，保证培训学员学有所获。②创新督查方式，确保培训质量。按照随机抽查和重点检查相结合的办法，培训主管部门要从师资、学时、课程安排、资料整理等方面跟踪检查、协调指导，确保培训不流于形式，使培训取得实效。

三、个案三：道德文化的校本化，“十二德五不一有”过程德育和“道德银行”建设对于改善学生行为的探索

育才更要育德。中职学校文化建设更要重视德育为先、技能为重。我们对待学生品行，不是盯住以往不放，而是十分关注“改进”，只要改进一点点就值得肯定。积水成渊，蛟龙生焉。行动改进就是道德的进步，这也是道德文化建设的重要内容。中职学校必须把道德文化建设融入学生行为状态的改进过程之中，使德育不只是停留在口头上，而是在师生行为中，道德文化才会具备丰富的内容和明确的载体。

下面谈谈笔者所在的学校对于改进学生的行为的探索。

我们紧紧围绕中职学生的现状和行为习惯特点，坚守无论怎么样也不放弃每一个学生，把思想道德教育渗透在行为世界的持久改进中，以行育德、以德润心。实行“十二德五不一有”过程德育，学校的时时处处、人人事事都有一“德”：学校积极推行建设“道德银行”，进行学生良好行为习惯训练、跟踪进步督促、激励并宣传推广，把“银行余额”作为学期评价、毕业操行、家校共育、奖励扶持等的依据。

（一）“十二德五不一有”过程德育

“十二德”是指学校生活的十二个主要场所，在学校德育框架内，每一处都有适合本场所教育针对性的一“德”，每一个“德”都有其内在含义、行为规范和具体要求。通过对德的强化，规范、改善与革新师生的行为世界，处处建德、事事有德、人人崇德、节节尚德。

1.“十二德”

（1）民德。学生不仅仅是学生，首先是中国公民、家乡公民，本校学生多为易地搬迁生态移民子弟，因罗山缘聚，共产党好、黄河水甜，要常怀感恩之心；学生要具有中华民族传统美德，做一名好子女、好公民、好工匠，常怀报国效家之志，勇担振兴中华之责。

（2）课德。学生最主要的任务就是学习。在课堂上要遵章守纪，一心在学习上；尊重教师，虚心求学，交流所获，博采众长；积极参与，手脑并用；先做后学，能做善学。

（3）班德。在学校里学生是以班级为单位进行学习、生活、成长的。班级就是我们的家，每一个成员都是值得尊重和信赖的兄弟姐妹、良师益友。学生要有集体荣誉感，保持积极向上的班风。

（4）仪德。中华民族是礼仪之邦，做人做事都要重仪厚德。中职学生衣着外表得体，言谈举止亲和，站立行坐合乎规范，人际交往真诚融洽，彰显个人的人格魅力，展现个人的职业风采。

（5）会德。在学校会有各种会议和集会。学生要准时到场、保证纪律，精神饱满、端庄有礼，仔细聆听会议内容，做好会议记录，适时参与集会互动。不得有斜靠、趴桌、无所事事、交头接耳等无礼仪的动作，以达到良好效果。

（6）网德。现代社会互联网发展非常迅速，数字时代已经来临，网络覆盖整个世界。但是网络中充斥着各种信息，学生们的年龄还小、自制力弱，容易被不良信息所诱惑。大多数中职学生受“网瘾”困扰，下决心远离游戏、远离不健康网站。要学会善于吸收和运用优良的信息，杜绝利用网络平台诽谤他人、攻击社会、散布不良言论，坚决抵制黄赌毒和电信诈骗，树立良好的网络道德。

（7）险德。安全不保，何谈人生？中职学生大多为未成年人，积极参加学校的各种安全教育、应急演练、急危救护、隐患排查活动；遵守安全规则，提前防范，在关心个人安危的同时要关注他人和集体的安全，任何时候都要把安全防范放在第一位。

（8）餐德。民以食为天，吃喝是最重要的事情。学生吃喝要讲礼仪，按时就餐，保持安静；打饭排队，不争不抢；细嚼慢咽，注意营养搭配；珍惜粮食，尊重他人劳动成果；尤其讲究和宣传健康饮食和食品卫生；做到不暴食、不厌食、不挑食、不浪费，不吃“三无”食品、不吃有害食品。

（9）寝德。寝室是一个集体活动场所，学生要按时就寝、准时起床、不乱串宿、安静顺畅、保证睡眠时间；不躺在床上看手机或其他资料信息，尊重管理人员的劳动，不能因一个人影响到其他人休息，着意打造适合年龄特点、健康向上、温馨舒适的寝室文化和就寝规则。

（10）口德。“祸从口出，病从口入。”学生说话要分场合、要用敬语，要诚实、客观、自谦、尊重、态度亲和；争辩有节制，会称赞同学，谈吐文明而有时代新意。不口出狂言、不说伤人的话，不挑拨是非，没有污言秽语。

（11）衣德。学校有校服，在校生要穿校服，且干净整洁，不在校服上乱画乱改；不化妆、不戴首饰，在校外穿衣也应当干净整洁；实习和实训课堂尽可能穿工服。禁止穿奇装异服和紧身衣裤。

（12）行德。行为举止是检验一个人道德修养的标尺。学生遵守《中职学生日常行为规范》，行走端正挺拔，遵守交通规则，懂得行进礼让；学会料理自己的生活，学会约束言行；不攀折花木、不乱涂乱刻，主动俯身捡拾废弃物；令行禁止，有所为，有所不为，遇事能自控，不冲动、不出格。

2.“五不”

（1）不自暴自弃。学生中考一时失利，不代表我们就已经失败；在职业学校学习，不代表我们一无是处。我们也有发光点，有很多过人之处。通过虚心专注接受教育，掌握知识和技能，通过自己的智慧和努力，将来定会有所成。要相信每一个人都有人生出彩的机会。

（2）不冲动。冲动的人经常很后悔。学生处于青春有活力的年龄段，自控力不强，容易冲动。遇事要做到先听、再看、再判断，遇挑衅学会忍耐、克制，想更好的办法。要学会调整情绪，以理服人。懂得“钢硬易断、水柔常流”的道理。

（3）不浪费时光。青春是美好的，但又是容易逝去的。虽然学生正值青春年华，但中职三年过得飞快，每天都要搞清楚自己今天要做什么，今天的事今日清，明天还有事。在自己有想法、学校有要求的时候就要尽快付诸行动。抓住重点，充分利用学习和修德去充实自己、提升自己。

（4）不唯读书。读书固然重要，德智体美劳全面发展才最重要。中职学习将理论与实践相结合，以实践为主，学生要以学习技能为重，书本知识不贫乏、不贪难、不死读，更多的是“贪用”，在应用中掌握基本的专业技能和生活技能，尤其对劳动要感兴趣。

（5）不沉迷网络。随着互联网和手机终端的飞速发展，容易成瘾于网络游戏或者其他不良的东西，往往上当受骗，让人非常烦恼。学生要知道沉迷网络，会使身体、心理受到伤害，经济遭受损失，躯体变形、人格丧失、心灵受挫，让人痛心。在现实中与人交往时体会到愉悦，转移喜好，让自己产生成就感；放下自己的手机，劝阻别人在学习期间不带手机，形成不沉迷手机的自觉。

3.“一有”：有创新意识

国家提倡创新，创新是生命的灵魂。学生要有“创”劲，学会在生活实践的一点一滴中去创新。多开动脑筋想一想到底有什么秘密还没有解开，我们还需要怎样改进现有的劳动工具？让好奇打开创新之门。有“创”劲，敢于去做别人没有做过的事，敢于挑战未知的领域，为自己的就业和人生打下良好的基础。

（二）“道德银行”积累道德财富

根据国家《中等职业学校德育大纲》要求，以中等职业学校《学生日常行为规范》及学校“十二德五不一有”过程德育为依据，学校推行“道德银行”建设，探索中职学校“道德银行”的实施办法和考核标准。

首先，理解“道德银行”的内涵。

“道德银行”储存的不是钱币，它是导入银行管理理念，模仿银行运行机制，进行学生行为习惯训练的一种活动形式，它是学校办学理念“做学合一，立己达民”的具体化实施，是“尚德立本，多能立身”校训在实践中的应用，目的是培养学生良好的道德行为习惯，提高学生的道德认识水平，为教学改革和提质培优服务。“道德银行”以银行储蓄的形式，把学生的各种表现记入学生“道德银行储蓄卡”，根据存额多少评比学生的道德表现。通俗地说，就是把自己的良好表现、所做的好事以及正面典型事迹和影响在“道德银行”里以加分的形式存起来；如果违反中职学生行为规范和学校的要求，要在“道德银行”中以减分的形式贷出支取。

其次，谈谈“道德银行”建设的实践价值。

其一，“道德银行”建设是顺应时代、社会发展而出现的新的教育方式。突显学校“包容奋进、德技双馨”的核心精神和“尚德立本、多能立身”的校训，促成“树自信、勤训练、日知新、好习惯”的学风，提升“敬业、团结、规范、创新”的校风水平，最终形成良好的学校德育文化；强化《中等职业学校德育大纲》的落实，对标《中职学生守则》和《中职学生日常行为规范》行为训练，使社会主义核心价值观人人皆知、深入人心。把以上各类行动纲领变成全校学生普遍认同和自觉遵守的行为准则。通过创新德育方式，让师生在互为精神关怀者的氛围中共同享受教育、享受生活、享受进步、享受快乐，推动学校校园文化建设工作向纵深发展。通过“储蓄”这种形式，有“储”有“取”，记录下学生的行动轨迹和成长过程，并作为进行困难资助、评优选先和评定各级奖学金的主要依据。

其二，“道德银行”建设凸显了学生在学校发展中的主体地位，形成自主管理的模式。学生是教育的主体，只有凸显学生在学校发展中的主体地位，将权利还给学生，思想道德教育才能富有生命力。学校“道德银行”从组建到管理都在班主任指导下由学生自主进行，极大地调动学生的积极性，培养学生自主管理的能力。

其三，“道德银行”建设是为改变学校教育缺乏实效性的一种新的探索。传统的道德评定以操行等第或者百分制衡量，根据学生在一个学期中的在校表现，由班主任老师评定学生道德，时间久了优劣得失会被淡忘，导致大都凭印象给学生打分，道德评价难免存在主观和不全面问题，甚至失真。要解决这一问题，就必须突破传统的道德教化模式，创建适应新形势需要的道德教育模式，以“道德银行”常态化建设，重在日常、随行而评，坚持个体自我评价和集体权衡评价结合，既有全面的数据支撑，又有激励和相互学习的机会。常态化的“存、贷”，作为对传统评定方式的一种补充，无疑能够给予学生较为客观公正的评价。为学校道德教育找到了全新的载体，是学校创新道德教育模式的一次积极尝试。

另外，交流一下“道德银行”建设的实施途径。

其一，确立学生“道德银行”评价考核的内容。

学生“道德银行”要注重实实在在的小事，不一定是惊天动地的壮举，一切有利于他人、有利于集体、有利于社会的良好道德行为都可作为存款存入“道德银行”。考核的内容分为基础和附加两部分，基础部分有政治思想、道德品质、学习态度、遵纪守法、生活作风五个方面，附加部分是以学生的具体行为和表现为内容，包括助人为乐、帮困扶弱、参加公益服务、做家务、衣着整洁、唱国歌、佩戴标志、按时到校、有事先请假、尊敬师长、上课专心听讲，也包括诚信友善、知错就改、爱惜粮食、不乱花钱、讲究卫生，还包括热爱人民、不迷恋网络等“十二德五不一有”行为。

其二，“道德银行”实施的操作办法及管理。

成立组织机构。学校成立学生“道德银行”办公室，在校门口专设一间“刷卡及积分兑现”室，主管部门是学生处。为“道德银行”提供办公、营运场地，同时提供必要的指导和服务。“道德银行”由总行及各分行组成，其中总行设行长、副行长及监督员各一名，由学生处主任担任行长、团委书记，学生处副主任和学生会主席任副行长，校监会主任和学生团建主任任监督员。全校每个班级设立分行，由各班班主任任分行行长，班长任副行长，每个班设立储蓄员及监督员若干名。储蓄员由各班小组组长、班委、任课教师、班主任、学生家长担任。

日常管理。“道德银行”在学生处的统筹规划下、班主任指导下由学生自行管理，“银行”所吸收的“存款”是学生思想道德上的每一个进步事迹，如主动给人让座、主动打扫卫生这样的小事 ，都可以“存”到这个银行里。学生把做过的好人好事存到“储蓄卡”上，由储蓄员计分并记录。同时，因违纪违规或者持续退步，由银行储蓄员及监督员按规定支取。

制订学生“道德银行储蓄卡”。“道德银行”发给每个学生一个“道德银行”储蓄卡，将学生的道德表现视作“资金”，根据表现在“银行”内流动，也可以随时进行存入和支取、查询，主动调节自己的行为。

其三，“道德银行”的考核及结果应用。

考核评价和额度积分分为班级考核和个人考核两个层次。①班级考核。由学生处、值周教师、学生会学生组成考核组，根据班级“道德银行”评分细则，基础分为100分，采取优加劣扣的办法，各班在各项目中表现突出的，由考核组决定予以加分：每周年级前三名为“标兵班级”，后一名为“待进步班级”，其他为“达标班级”；在期末统计为年级前3名的班级为“道德银行”创建学期“星级班级”，其他为学期“达标班级”，年级倒数第一名为“黄牌班级”；学校或上级组织的大型活动或大赛，根据级别和成绩名次分别予以加分或者减分（见附录）。②个人考核，各分行负责每天存取，由储蓄员在每周五放学前把分行的“资金”流通情况及时登记到储蓄卡上，并及时向分行行长汇报，由分行行长汇总，在班队会上公布。

积分结果应用。各班根据储蓄卡的得分情况每周评比班级道德之星，班级按月评比班级“道德富翁”，在下一周全校晨会上公布；学生处会同各班级每半学期评比校级“道德富翁”，并予以奖励，给家长发喜报。储蓄卡上余额不足80分的，列为“道德一般困难户”，班主任有针对性地与之谈话，报年级部和学生处进行警示教育，与家长加强联系，说明扣分原因，家校共同教育，帮助摆脱困难；余额不足60分已达到严重警戒线的，列为“道德贫困户”，班级、学生处进行警示教育或者校纪处分，加强家校联系，与家长一起“会诊”，制订合理可行的“脱贫”方案，并对该“储户”的道德行为进行持续跟踪监管，直到该“储户”脱离“贫困线”。

四、个案四：以丰富多彩的社团为支点创建文创艺术特色学校，使校园文化建设守正创新更活更实

笔者所在的学校把社团建设及其活动建立在以提升技能、提升思想道德境界和激发创新能力的基础上，学校规定每个学生根据自己的兴趣和专业，必须选择1—2项社团活动。学校目前有文创产品设计、电工、舞蹈、刺绣、英语、苗木嫁接、插花、广告设计与制作、阅读与故事会、体育、劳动等32个社团。全校所有学生都需参加社团，如果自己没有选择，由学校安排其参加体育、劳动和本专业业余技能训练队。

每个社团又周密部署，包括有实践活动的组织人、参加人、内容、时间、地点、方式、记录表和体会、收获等，利用七一建党节、元旦、五四青年节等节日和交际、安全、禁毒等专项活动，以文艺节目展演或者作品展出的方式与所有师

生、家长和行业内人士展开交流。社团活动既有安排、有检查也有考核。学生和教师人人都参与，其目的是既有利于管理，又有利于学分积累和教师专业拓展考核，更有利于促进学生个人在实践中更好地成长。

在全面推行社团活动的基础上，我们提炼出几个相关联社团的共同点，如广告设计、手工、绘画、舞蹈和插花等，组成一个新的特色社，命名为“文创艺术社”。把成员们的实践和创作的主题向相近或者同一方向靠齐，并且聘请了宁夏大学创新中心的专业教师作为特色社的校聘指导教师，有理论传递、有动手模练，更有创新作品，还要调研和写生，几个专业社团在合作实践中创造新的成果与作品。这就是文创艺术特色学校的创建雏形和运行过程。

下面列出学校开展社团活动的过程和艺术特色学校的创建情况。

（一）社团建设及活动

我们根据各级教育部门关于社团建设的要求制定了《学校关于社团活动实施方案》，明确了社团活动的总体目标是丰富校园文化生活，培养学生的创新精神、实践能力及合作意识，适应各类技能大赛，提高学生的综合素质，力求使活动的开展逐渐成为学校办学特色的窗口，为培养工匠精神和创新型人才打下基础。活动理念是：做学合一，人人皆可成才，个个尽展其才。为了更好地保障活动的开展，成立书记、校长为组长的领导小组，制定了《社团活动的组织与管理的具体实施办法》及《成果展演、评价考核与奖励办法》，并通过大量的宣传协调，展示学校社团成就和学校品牌形象。

1. 活动宗旨

为了丰富学生校园业余生活，充分挖掘学生的潜能，开阔学生视野，启迪学生思维，发展学生个性特长，提高学生在专业技能、艺术特长、文学、道德法治等方面的修养，为参加技能大赛做好准备，全面推动学校课程建设、提升学生的综合素质和生活品质，为学生全面发展制定社团活动方案。让吴忠市红寺堡区职业技术学校真正成为每个学生成长、成功的摇篮。

2. 活动目标

丰富校园文化生活、适应各类技能大赛、培养学生的创新精神和实践能力及合作意识，提高学生的综合素质，力求使活动的开设与开展逐渐成为学校办学特色和工匠精神培养的窗口。

具体而言，其一，通过组织多种社团活动，使学生可以根据自己的兴趣和爱好，自主地、有选择地参加专业技能、书画、文艺创新等方面的活动，以发展他们的兴趣和特长，为全面提高学生素养、参加各类大赛打基础、做准备。其二，通过组织学生参加多种社团实践活动、互观互学，使他们课内所学到的知识得到巩固和加深，同时获得更多展示的平台，增强自信心和表现力，为他们掌握课内基础知识提供广阔的智力背景。其三，培养学生健体审美能力，增长知识，发展智力，让学生在活动中学有所乐、学有所获、学有所用。其四，通过参与社团活动，使他们热爱生活、快乐学习、健康身心，受到良好的思想品德教育，丰富校园文化。

3. 活动理念

做学合一，人人皆可成才，个个尽展其才。

4. 活动原则、要求

其一，坚持鼓励引导和学生自主选择相结合的原则。学生是社团活动小组的主体，原则上可根据自己的兴趣、爱好和需要，自愿选择活动项目，但限于场地设施和教师因素，只能预先规定好各班人数，指导教师应根据学生的特长实际和意愿做好引导分组。其二，活动由各年学科部组长负责组织学生报名工作，班主任具体落实，负责动员、报名、管理、监督；对学生兴趣、爱好进行调查了解，每个学生最多报一项。其三，学生对要参加的社团活动小组要有充分的了解，对相应的项目最好有一定基本功。其四，教师设立社团要考虑到学校的实施设备条件和经费条件，逐步扩展壮大的原则办社团。

5. 活动的组织

为切实做好社团工作，发挥作用。根据教学目标要求，经校务会议研究决定，成立由学校校长和党支部书记为组长，副校长为副组长，教务处、团委、学部、年级部、学生会有关负责人、工作人员和校企合作技能指导教师为成员的社团工作领导小组，全面负责社团的规划、组织、展演、推广和考核工作。领导小组下设办公室，教务主任任办公室主任，具体协调、落实有关工作。

6. 社团活动管理的具体要求

① 构建知行体系。充分发挥各专业学生将来从事企业工作的特点，紧密结合课程内容，能使所学专业知识拓展延伸、精于操作。② 各社团负责教师根据学校总的活动方案先行撰写小组活动方案，内容包括活动宗旨、目的、开展时间、地点、参与对象、活动组织形式等。同时社团负责教师要制定切实可行的培养目标，每学期制订活动计划（含学期活动进度表），每次活动应在教案中体现出“社团活动”课时教案（不得少于总活动课时的1/2），严格按计划精心组织，并认真做好相关活动记录。③ 社团命名。每个科目均可举办与专业相应的社团，各社团负责教师根据计划自主命名。④ 教务处确定方案之后，由各社团负责教师于周三正式开展专项社团活动。⑤ 常规管理。做到“三定”（定人、定时、定点）。定人（人员固定）：在学生自愿的前提下报名参加各个社团，各社团人数在10—30人以内，由指导教师（1—2人）组织学生开展活动，指导教师要做好学生的点名工作，保证学生的出勤率。定时（活动时间固定）：每周三下午第七节课和课外活动、晚自习时间，每个社团每周活动至少一次（根据需要，可灵活安排在周内其他时间的课外活动），每次活动时间不少于90分钟；确保做到计划、组织、辅导、活动内容的落实。定点（活动地点固定）：充分利用学校内的教室资源，固定集中活动地点，爱护学校的设施、设备，并做好卫生保洁工作。⑥ 设内部管理机构——理事会，由学生会组织学生自主管理。⑦ 检查监督：学校值周教师和教务处必须每周检查一次课外社团小组的活动情况并记录，对于管理混乱松懈的社团小组，在考核时将酌情处理；教师没有全程组织者，按旷工、迟到早退论处，标准为2课时。⑧ 成果展示：各社团小组应在活动计划中明确本组活动成果的形式、展示时间和方式。成果形式可以是展览、汇报表演、技能展示、参加比赛取得名次等，要求每学期有一次成果展示，并且评分存档。⑨ 学校领导成员不定期地进行跟踪检查指导，不断总结好的活动经验，相互学习，相互推广。⑩ 根据社团实施方案，学校给予一定的支持，根据发展逐步扩大支持力度。⑪ 档案建设（活动过程材料齐全，期末结束上交相关材料），如点名册、社团学期活动计划（附在活动教程里）、社团活动教程（A4纸打印）、社团活动记录（活动照片或影像资料）、阶段性训练成果展示、学期末社团活动总结。

7. 宣传工作

宣传部及各社团应重视宣传工作，尽量使更多的学生了解到社团开展的每一项活动。主要的宣传方式有通知等书面文档、海报宣传，利用广播、公众号、网络进行宣传等。

8. 评价考核与奖评

①社团活动作为学生学分积累及评优选先的一个重要参数。②按实际组织节数算入教师的课时和工作绩效。③社团考核标准。期末优秀社团评选：平时社团开展考核、按照目录中的顺序整理纸质和所有电子版资料50%（注：将电子版的所有教案整理到一个 word 文档中）+ 期末社团展演50%。④奖励：学校对组织得力、积极主动、效果良好、成绩突出的社团给指导教师以一定的奖励；对技能大赛获得优胜的学生和指导教师也给予相应等次的奖励。

下表是2021年部分社团活动安排。

表6-1　2021年部分社团活动安排

社团名称	指导教师	人数	专业	活动地点	开展内容	实现的目标、成果及效益
老年人心动社团	刘文静 庞　丽	55人	老年人服务与管理	2021级老年服务班	应对常见疾病的手法、娱乐的方法	学生掌握基本的手法，应对生活中常见的疾病。患者在进行针灸的时候，能够对身体进行调节，起到调和阴阳的作用。同时，一些患者还能够通过针灸的方法把身体的脉络进行疏通，能够有效地缓解脉络堵塞的情况。针灸疗法还能够治疗多种疾病，对身体有很大的益处。 学生较好地掌握了引导老年人娱乐的方法，能够用愉悦的情绪更好地辅助治疗多种疾病。
车 e 家	牛冠翔	30人	汽修专业	汽修车间	汽车机修与维护	以训练技能大赛，“1+X”考证为目标，加强训练，提高学生的专业兴趣和专业技能。 增强学生的创新思维能力、动手操作能力，增强竞争意识。

续表

社团名称	指导教师	人数	专业	活动地点	开展内容	实现的目标、成果及效益
广告设计制作社	庄翊炜	45人	计算机专业	四楼机房	制作各种广告，展板以及书签	教会学生运用所学的设计知识，制作毕业生伴手礼，里面有留作纪念的毕业证；制作展板、墙体专栏等宣传介质。广告制作综合实训是计算机应用技术专业结合图像处理、Flash设计与制作等核心课程所教授的技能而开设的综合实训。 根据实训教学和产品开发的要求，学生在教师指导下对图像进行处理，能培养学生综合运用理论知识分析和解决实际问题的能力，实现由理论知识向操作技能的转化，通过PS课程的学习，学生对广告制作会越来越感兴趣。
绘画社团	阮　艳	39人	幼教专业	二楼阮艳工作室	素描、水粉、速写	美术学科的学习不仅要求学生具备扎实的理论功底，更强调学生对绘画方法、绘画技巧的使用，如美术的基础素描、水粉和速写等，都需要学生在长期的实践中通过反复的练习，实现有效的提升。而课堂教学的局限性则影响了学生动手实践能力的发展，需进一步提升学生对美的感受。 积极开展美术社团活动，引导学生在社团中培养学习兴趣，锻炼学生的绘画技巧，能有效促进学生美术技能的提升，促进学生的发展；同时，积极引导学生参加社会实践活动，引导学生走进生活，观察自然和社会等，有利于培养学生形象思维的发展。
启舞社团	郭蔚雯	40人	幼教专业	舞蹈室	舞蹈	启舞社团本着推动校园文化发展，丰富校园学生文艺舞台及师生课余生活的宗旨，教导学生学习舞蹈技能，学生们通过舞蹈社团的活动升华对艺术的理解及领悟能力；并借助舞蹈，大胆自信地表演自我、展示自我、陶冶情操。丰富学生课余生活，配合学校教育改革和营造学校活动氛围，提高学生整体素质。

续表

社团名称	指导教师	人数	专业	活动地点	开展内容	实现的目标、成果及效益
心理社团	任　怡	55人	兴趣类、不限专业	三楼心理咨询室	心理游戏	心理社团的宗旨是“以人为本”，意在普及基础的心理知识，传承先进共同协作的理念，充实中职生的心灵世界，引导中职生更加关注自己的心理健康，使心理社团成为学生的知心伴侣。社团活动将用心理游戏的方式举行，在游戏的乐趣中宣传心理知识，并潜移默化地普及一些精神，同学们在游戏中通过反复思量，最后在完美地完成游戏的同时也提高了个人心理素质，包括团队协作、相互信任、创新思维、合作共赢。
苗木嫁接、花卉扦插社团	陈　芳	65人	设施农业专业	智能温室	“互联网＋智慧农业”	我们秉承着帮助学生真正理解“互联网＋农业”，将理论知识与实际操作相结合。为涉农专业和蔬菜花卉栽培爱好者量身打造的活动团体和学习平台。 目前学校已建成现代智能温室，在这里可以接触到先进的现代农业设备，学习设施育苗技术、花卉扦插技术、蔬菜嫁接技术等，激发学习兴趣，深入理解专业知识。“追求卓越，努力拼搏”将成为每一届智慧农业社团的共同口号。
网络搭建	苟若龙	33人	计算机专业	网络搭建室	网络安全及管理、维护技术	立足于网络安全及管理、计算机网络维护技巧、网络搭建实践、网络综合布线实践、练习操作。认识计算机网络及网络体系结构、计算机网络硬件、计算机网络规划与布线施工、网络操作系统、计算机网络技术、网络应用、网络安全及管理、计算机网络维护技巧、网络搭建实践、网络综合布线实践、练习操作。提高计算机专业能力及兴趣。
短视频与直播运营	金　鑫	20人	电商专业	2020级电商班	短视频直播	了解短视频的特点与类型、训练如何制作短视频、如何直播。紧跟时代步伐，让学生运用所学知识去创作更好的视频，更好地去直播、网上销售，发挥电商专业的应用能力。

续表

社团名称	指导教师	人数	专业	活动地点	开展内容	实现的目标、成果及效益
武术社团	孙永强 米学霞	55人	兴趣类、不限专业	操场	体能、技能训练	现代家庭大部分是独生子女，在家娇生惯养，身体状况不均衡，思想成熟很慢。面对种种问题，磨炼他们的意志，是很有必要的。作为中华民族的国粹——武术，不仅要求习武者锻炼身体，更重要的是使思想具有更高的修为。武术训练可以解决目前青少年身体素质和思想上的问题，教育他们怎么样做一名好学生。学生学到了很多做人的道理，为他们今后的学习和生活打下坚实的基础。 训练、提升中职学生的专业技能和综合素养，集中为建设文创艺术特色学校和技能大赛打基础；培养学生的学习兴趣、创新欲望、工匠精神和企业情怀。

（二）创建“开发地方文化资源，推出文创产品”的艺术特色学校

遵循中等职业学校文化建设的设计理念，我们创建“开发地方文化资源，推出文创产品”艺术特色学校，解决校园文化建设在实际上与市场经济脱轨的问题。下面谈谈创建的做法。

学校创建艺术特色学校的总体思路是，以开发本地文化资源为依托，用艺术手法在实物上制作形成文创产品，把文创产品的开发融入学校艺术教学中，突出艺术性、生活性、教育性和市场性的统一。本校主要以红寺堡区的移民文化、农业文化和宁夏的红色文化、旅游文化为题材，师生在扎实绘画、雕刻手工制作和设计的基础上，边学习、边扎根生活、边创作，形成绘画作品或手工作品，这些作品集中突出地域文化特色。成熟后学校与自治区内外文旅中心和景区合作，投放市场，一方面可以创造育人价值，另一方面还可以创造经济价值。例如，我们可以选取“红色资源”作为绘画或者手工作品的题材，制作成套的挂历，把将台堡红军长征会师纪念碑、六盘山红军长征景区、陕甘宁省豫海县回民自治政府旧址、吴忠涝河桥烈士陵园等红色历史遗址及其贡献，结合宁夏革命故事做绘画、手工作品等，精选创作，印制成“红色经典”系列挂历，既可观赏又可投放市场。

同样，宁夏代表性的风景、宁夏特产等，都可以归类做成茶杯、围巾、文具、沙发套等文创产品，经过反复打磨、修订，上报批准后，与合作的文旅单位一同制作，投放市场。

创建的基本过程：一是组建专门的团队，由校领导总负责，并聘请宁夏大学等创新创业中心专家担任外聘指导教师，领着学校团队开发文创产品，在此过程中推出样品进行交流。二是创作。基本过程是：采集、研究地方特色的文化资源——做设计的师生实地写生触发文化创造的灵感——手绘成画——电脑作图——设计作品——刻图、印染、拓扑等——表现在物件上——打样、做成文创产品——申请专利权——扩量、制作产品——推广到景点、商场等交流、销售。在创建艺术特色学校的过程中，校园文化融合了产业文化，是产品文化校本化、校园文化市场化的过程，是中职学校产教融合的一个重要表现，突出了校园文化的市场经济文化特色，也突出了职业教育的本质特点。

设计说明：①文创产品作为传统手工艺术的一个表现形式，也作为职业教育文化的一个特色，具有质朴的美感、淡泊的气息、隽永的文化内涵，恰当地弥补了当下人文艺术的缺失，由此也启发了我们对生命、生活和生产本质的思考，越来越多的人试图从传统元素中寻找精神寄托。学校美育文创课程旨在通过对文创艺术的历史发展脉络的追溯，结合本地文化的精神挖掘，把绘画通过电脑作画的创作实践表现出来，一方面可以使职中的学生们了解和关注文创艺术的传承与发展，另一方面希望通过独特的艺术美感和质朴的人文语言结合实践，促成产教融合，充实我们的精神生活的同时，也为辅助推广本区特色品牌注入一丝清新。②艺术工作室是主要阵地，文创产品的开发要作为工作室的一门课程来完成。文创课程分四个部分内容：第一部分，文创艺术的发展溯源。了解文创艺术的概念和缘起，根据所收集的文物和文献资料，结合个人观点，理顺图案、色彩以及工艺的历史演变，为后文做好铺垫。第二部分，人文精神在文创艺术中的体现。结合本地移民文化内涵，把人文精神归结为真、善、美，结合真——客观性、善——目的性，美、真、善主客高度统一，在文创艺术中具体体现。第三部分，文创艺术的传承意义与产教融合，提出具体的设计传承方法。第四部分，文创艺术的创作实践，以文创绘画的创作实践为载体。

表6–2为一个阶段性的创建计划。

表6–2　2022—2023学年度艺术特色学校的阶段性建设计划

阶段	任务内容	时间	阶段目标 / 成果	参与人员	负责人
1	美育示范学校建设动员会	2022年6月14日	统一创建思想，布置相关任务，配备相关设备，着手开展相关工作		
2	实践调研	2022年6月—7月	调研红寺堡区地方特色和相关产业		
3	项目研发研讨会	2022年6月—7月	根据搜集创作素材，制定设计研发计划		
4	绘制设计创作	2022年7月—9月	对制定的研发方向和内容进行绘制		
5	初稿研讨会	2022年7月—9月	对绘制的内容进行数字化论证，确定数字化转换内容		
6	数字化制作	2022年9月—10月	对绘制的内容进行数字化转换		
7	定稿研讨会	2022年9月—10月	对数字化转换的方案进行打样论证		
8	产品打样	2022年10月—11月	对定稿的数字化作品进行产品打样		
9	产品论证会	2022年10月—11月	对打样的产品进行论证		
10	产品生产	2022年11月—12月	对论证后的产品进行小规模生产		
11	测试市场	2022年11月—12月	对产品进行市场测试		
12	成果专利申请	2022年11月—12月	对成熟产品进行专利申请		
13	成果展出	2023年1月—2月	对设计生产出的产品进行成果展览		

创建“开发地方文化资源，推出文创产品”艺术特色学校的要求：

（1）对文化资源的研究和取材要细致，要体现在方方面面，具有代表性。如宁夏的文化资源系列包括红色旅游资源系列、黄河文化资源系列、风景名胜资源系列、民间艺术资源系列、移民文化系列、宁夏代表性产品资源系列等。再如宁夏代表性产品资源系列包括枸杞、贺兰石、甘草、发菜、滩羊皮“五宝”。要再细一点，宁夏枸杞资源包括红枸杞、黑枸杞、枸杞果糕、枸杞糖、枸杞麦片、枸杞原液、枸杞酵素、杞果酒等。

（2）艺术特色学校在创建过程中，要形成校本教材，并且开设专门的课程进行授课学习，而课程之间要融通，参与者对于不同专业都要有所掌握，如绘画、手工、电脑设计等。

（3）艺术特色学校创建中产品开发，要凝聚力量，从整个学校层面负责，征得上级主管部门和社会力量的支持，全校相关教师、学生、家长和社区工作人员积极参与，紧密配合；专业授课教师、社团指导教师也要在这方面积极参与，形成教学合力。

总之，通过对文创理论及实践的重建和回归，我们有理由相信凭借自身独特的工艺特点、文化魅力，一定会重新绽放其艺术生机，为推进吴忠市红寺堡区职业技术学校文创设计注入新鲜的血液。我们期待着更多的设计师承前启后，创作出更多优秀的文创作品。传承及挖掘文化艺术潜能是每一个人的责任。

第二节　校园文化建设守正创新的经验总结和实践成果

学校校园文化建设是一个受浓郁的时代特征熏染的过程，也是一个长期持续坚持的过程，具有延展性而不具有周期性。中职校园文化建设的普遍性基础上的特殊性、教育性和职业性有机结合的属性，影响着校园文化建设的成果显现。在遵循职业教育的规律下，考虑到不同学校受自身的办学历程、人文环境、文化积淀等因素的影响，客观全面、个性化地分析总结其校园文化守正创新所取得的普遍成果和典型检验。我们在认真研究并落实国家和自治区有关职业教育的政策前提下，立足“服务本地产业、点亮移民孩子未来”，坚持“做学合一，立己达民”的办学理念，在校园的精神文化、物质文化、制度文化和行为文化的建设中，取得了一些成就和值得借鉴的经验，为办好人民满意的职业教育提供了保障。

一、学校校园文化建设守正创新的经验总结

（一）学校在校园文化建设中提炼出的结论：建设有中职特色的校园文化必须坚持守正创新

我们认为，现实世界中存在的任何事物都必须守正、创新，在守正中创新、在创新中守正，前面已经阐述过，守正与创新共生互补、辩证统一。“守正”是指坚守正道、把握本质、遵循规律；“创新”是指审时度势、推陈出新、开创新局。

在二者的辩证关系中，守正是基础、是根本，创新是动力、是源泉。中职校园文化建设也是如此，总是在守正创新中不断扎根实际、突出特色。扎根中职教育本质、扎根师生的成长需求、扎根地方的区情和需要，把握正确的方向，夯基固本，才能行稳致远；在此基础上，研究时代的变化、教育形势的更新、人的个性特点的千差万别、文化的五彩缤纷，只有知常明变，与时俱进，才能永葆生机。本校在对中职校园文化守正创新的探索中，也提炼了一些经验，下面供大家参考。

首先，中职校园文化建设守正创新必须树立起职业教育的文化自信，构建学校的精神体系，突显中职学校的特色文化，在理念、思维、内容、形式和育人过程中突出文化浸润的特色。举几个例子说明：①我们在“做学合一，立己达民”的办学理念的指导下，重点建设现代设施农业、平面设计和光伏工程技术应用三个专业，沿着既定的“12335”的办学思路，建设吴忠市红寺堡区职业技术学校的精神体系，引领学校发展。②学校传承与发展以职业文化为轴心，以移民文化、道德文化、政治文化、专业文化和企业文化等要素文化为支点，构建多元文化交互的全方位的、网格化的多元文化系统。③把学校的校园文化分为物质形态和精神形态两大板块，下设管理惠润、教学丰润、德育温润、行为悟润、生态涵润、服务养润6个子板块，在思想内涵、内容和表现形式上守正创新，做到优化内容、丰富形式，突出浸润无声的表达情感文化的特色。④推行“3+X+2”日常全员文化和“3+X+N”节点全员文化，具体细节有专项解释。

其次，中职校园文化建设守正创新要坚持职业性和教育性相结合，对学生、社会青年、农村劳动力、企业职工进行“四位一体”文化育人，在升学、就业和德育等方面多管齐下，验证和彰显职业文化特色。以下举几个例子说明：①就业方面，坚持在当地政府主导、干部群众和师生的参与下，实现职业教育“当地的群众就业”和“学生毕业后就业”双管齐下。群众就业：利用学校现有资源，每年举办农村干部中职、本专科学历提升班，仅2020年村干部在籍中职班招收37人、专科班招收166人。根据本地产业发展的需要，以培训农村青年创业者、退伍军人和生产带头人为重点，以农村电商、种植养殖技术、电工、家政服务等实用技术为主，培养农村劳动力的技能技术，促进就业和创业，2023年开办了8期培训班，覆盖了红寺堡区所有的乡镇和村，而且受培训的人员90%以上培训提升后能够就业，为脱贫致富和乡村振兴战略作出贡献。学生就业：积极利用当地政府与青岛海信、福建泉州等企业合作的机会，建立“实习＋就业”的模式，人均月工资收入达到4500元以上。②升学方面。学校本着“立足实情、分类施策、提升每一个学生”的思路，平时分层设班教学，扎实训练，做到针对分类考试落实“七备”法则：备政策、备考纲、备学生、备进程、备协作、备优势、备功夫。大家形成备考的共识，采用多种方法，共同努力。目前尽管只有两届400多名毕业生，而升入应用型本科的人数远远高于宁夏平均水平，可以说“升学一人，脱贫一家”，得到了当地的认可。③育才育德齐头并进。我们没有放弃每一个中职学生，以道德浸润心灵，学校实行“十二德五不一有”的过程德育，推行建设“道德银行”，模仿银行运行机制，进行学生行为习惯训练、跟踪进步督促、激励并推广经验的一种德育形式，把“银行余额”作为毕业操行、家校共育、奖励扶持等的依据。几年来，培养出了全国和自治区的道德模范、红寺堡区的先进个人和见义勇为青年。

再次，中职校园文化建设的守正创新以适应性教育为出发点和落脚点，立足地区的区情和生产生活发展的需求，围绕学校工作中心和教学主体目标，在教学文化的发展与改革中守正创新，探索职业文化自信和文化潜润的实施途径。学校始终坚持以区情为入口、教学工作为中心，以学生为主体，经过几年来的实践形成了“先做后学”四段适应性学习的教学模式。例如，本校教学文化改革的适应性，即做到“五适应”：适应职业教育的新政策和新课改理念，主动推进“三教”改革；适应职业教育教学的内在规律，坚持“三动”综合能力和校企“双元”育人；适应“职教高考”和“产教融合”的政策形势，以有效地备考、备业；适应本校中职学生的现状和个性发展的特点，实施分层教学；适应移民地区对职业技能人才的需求方向，提高终身学习、终身工作、终身服务的能力。学校坚定推行教学行动改革，学生从“先做”中开启求知欲望，在“做”中感受学习乐趣、走出困惑；先做后学，体现了行动导向教学的思想，适合中职学生形象感性思维较为突出的特点；“先做后学”四段适应性学习教学模式，是紧紧围绕移民地区经济发展和学校工作中心的需求，探索、总结出来的职业文化自信和文化扎根的实施途径。

另外，中职校园文化建设的守正创新在校园文化中融合产业文化和企业文化，在学习文化中融合传统文化、区情文化，把职业文化转换为成长的训练场，师生身临其境地体验到职业文化带来的自信。形成了研、学、产、培、服、赛“六位一体”合作模式，变作品为产品，创建“绘画文创”艺术特色学校，将产业文化、企业文化提前植入学校文化的血脉中，把中职学校办成多元育人、育训结合的职业训练场，学生在其中收获了职业成果、收获了自信。在加快推进建设美育示范学校的行动中，我校专业教师把红寺堡区、移民来源地和宁夏的红色经典故事、风景、特产等，通过文创作品的设计与开发，作为文化旅游产品，计划和西夏陵、沙湖等旅游景区签订产供销协议。这也是产业文化、企业文化在校园文化建设中的融合性创新，更是文化潜润的体验。

（二）职业文化建设守正创新的经验总结

经验一：职业文化自信是职业学校校园文化守正创新的前提，创建职业学校的特色文化是守正创新的结果，坚持多元文化网格化与育人系统化的统一是守正创新的必然要求，在形成过程中须发动群众参与、细节浸润是守正创新的本质属性，坚守“两大板块、六个子板块”的多元文化构建，在细节中形成守正创新的文化合力，中职校园特色文化在履行育人功能中更加突显特色。

经验二：转变中职教育的育人观念首先从校园文化建设开始，提升中职的育人质量关键是要从提升中职特色文化的品位入手。学生在持续发展提升技能的同时，更重要的是发挥好文化对理论和实践基础的净化作用。中职学校的培养方向和过程，应该是润物无声的品行习惯养成过程，应该是面向学生的现在和将来。根据学生的个性和基础，以分类考试、本科升学为参照，在具体教学中分成若干层或类，以学不躐等、因材施教的文化氛围把基础理论的学习纳入应考“七备”法则，文化扎根于教学落到实处。

经验三：中职学校的教育不仅是学校教育，更应该是产业、就业和人文精神的教育。推行产教融合，最关键的是产业和企业文化进校园、进课堂、进师生头脑，要立足学生接受良好的教育，企业和学校共同发力，解决学校热、企业冷的问题。必须选择有爱心、有社会责任感强和文化底蕴深愿意投入教育公益事业的企业。产企文化进校园的目的就是为了学生学习，为了当地产业发展或者老百姓的生活，为了培养将来的大国工匠。学校要积极主动，舍得投入物力、财力、人力等，征得各级政府部门，及国内大型企业的大力支持，学校和企业要默契协调、发力，是产教融合能否成功的重要条件。

经验四：特色文化又是系统文化，职业教育的特色文化是包含学校、家庭、社区、企业、行业以及政府在内的一个大系统。职业教育要把目光、思维、方式方法始终定格在“教育为市场经济培养人才”这个大系统中，在此过程中体验职场新生活、推出新产品，有必要投放市场进行交流。把学校、家庭、社区、企业、行业以及政府的文化能量统一起来、综合起来进行创新应用。如创建艺术特色学校，融合了产品文化校本化、校园文化市场化的过程，突出了校园文化的市场经济文化的特色。

二、学校校园文化守正创新的范例

学校工作取得的方方面面成就，都有校园文化的指引作用，有校园文化建设助推的作用。见微知著，校园文化建设与学校其余各项建设同用力、齐进步、共辉煌。

下面，笔者列举所在学校的两个典型范例，供读者商榷。

（一）范例一：对学校精神体系和发展思路的理解与运用

中等职业教育是我国高中阶段教育和整个职业教育体系的重要组成部分，是成长式的大众教育、终身教育的基础，也是我国经济社会发展的重要基础。它担负着培养更多高素质的技术人才、能工巧匠的重要任务。中职学校是中等职业教育的重要载体，必须“弘扬社会主义核心价值观，对受教育者进行思想政治教育和职业道德教育，培育劳模精神、劳动精神、工匠精神”，遵循《关于推动现代职业教育高质量发展的意见》和《关于加强中等职业学校校园文化建设的意见》等纲领文献，建构和确立学校精神体系。

1. 学校精神体系的表述

吴忠市红寺堡区职业技术学校以工匠精神和劳模精神为灵魂构建学校精神体系图。

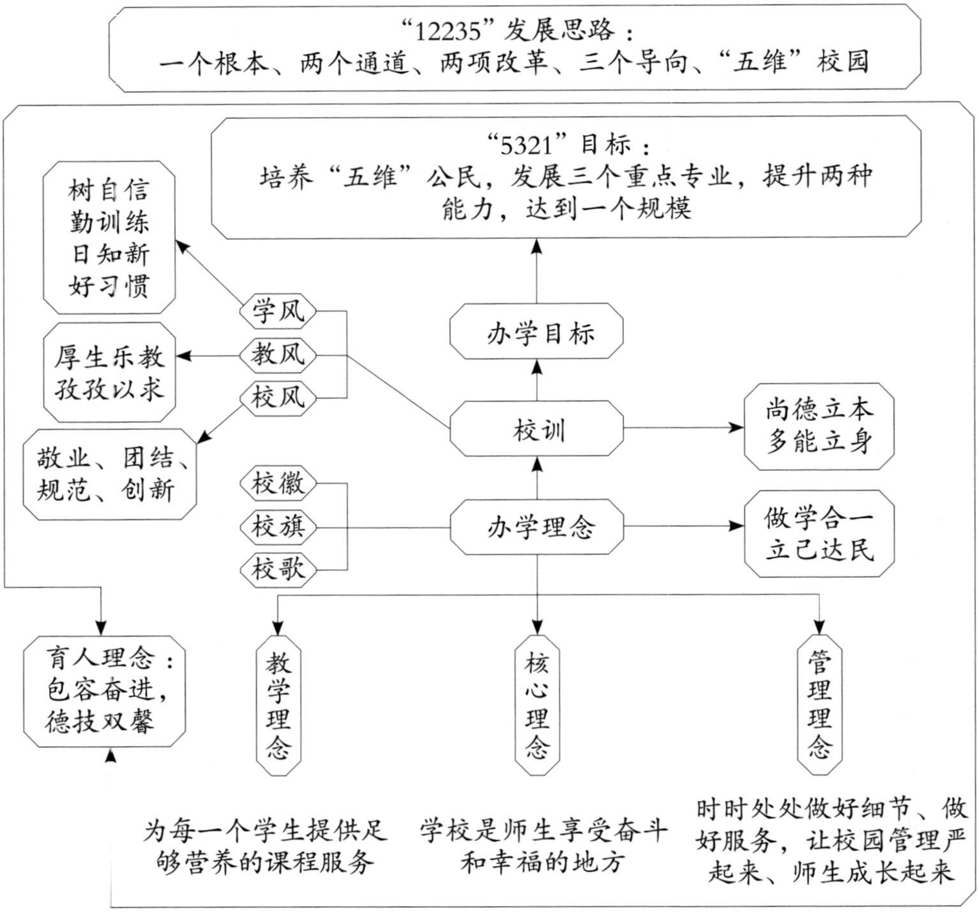

图6-3　吴忠市红寺堡区职业技术学校精神体系结构图

（1）基本内容。

办学理念：做学合一，立己达民。

育人理念：包容奋进，德技双馨。

核心理念：学校是每一位师生享受奋斗和幸福的地方。

教学理念：为每一个学生提供足够营养的课程服务。

管理理念：时时处处关注细节，做好服务，让校园管理严起来、师生成长起来。

校训：尚德立本，多能立身。

校风：敬业，团结，规范，创新。

教风：厚生乐教，孜孜以求。

学风：树自信，勤训练，日知新，好习惯。

（2）发展思路——“12235”发展思路。

一个根本：师生发展为本，全心全意为师生的进步和幸福谋发展。

两项改革：管理规范化改革、教学行动化改革，不断在探索中完善机制、教改中激发活力。

两个通道：校企合作、校校联合，畅通学生就业通道、开拓升学通道。

三个导向：政策导向、学校精神导向、课程导向，引领师生奋斗，形成敬业、团结、规范、创新的校风。

“五维”校园：创建感恩校园、绿色校园、强农校园、能手校园、平安校园，五者紧密结合，渗透于教育教学工作的全过程。

（3）中长期发展目标——“5321”目标。

培养“五维”公民：培养具有综合职业能力的感恩公民、能手公民、惠农公民、学习公民、国家公民。

建设三个重点专业：现代设施农业、平面设计和光伏工程技术应用三个专业。

提升两种能力：升学能力和职业能力。

达到一个规模：达到2000名学生、200名教师的学校规模。

五年发展目标规划：

第一年：全面布局、整合资源，定岗定责，步入正轨。

第二年：深化改革、历练内功，育训有素、完成“普高”。

第三年：强能提质、资质具备，就业顺利、升学到位。

第四年：突显特色、校企双赢，精品育人、职教强农。

第五年：全力攻坚、放眼名校，优质优能、创建示范。

（4）学校的“三观”。

学校的教师观：相信人人有才，能够德才并举；既主动抱团取暖，又积极拾柴供暖。

学校的学生观是：“人人皆可成才，人人尽展其才”，教育学生，就是严格厚爱、发现点燃。

学校的行政观：服务大局，共商共建，师生中心，细致创新；主动作为，大有可为；发展三支队伍，挖掘每一个人的潜能。

（5）办学策略。

精设专业，校企融合，名校帮扶，产业导向，德技双育，铺设升学就业之路。推行“先做后学”四段适应性学习的教学模式，以课改带动学改，以学改带动校改，分层教学，各得其所。开展“十二德五不一有”过程教育，以“道德银行”为动能开发道德潜能，文明其知行。

（6）科学工作的“6635工程”。

我们依托学校的教师观、学生观和行政观，提出科学工作的“6635工程”。

教师一日常规六个“好”：敬业精神好，工作方法好，教学设计好，课堂质量好，做学合一落实好，遵纪守法品行好。教职工工作一日常规六个“好”：全面巡查好、沟通协商好、解决办法好、听研上课好、实训效果好、师生反映好。

强能增效六个“一点”：学习多一点，说服力强一点；考虑周到一点，积极主动一点；为他人多做一点，自我价值提升一点。

调整心态三“多”三“不”：多为成功创条件，不为失败推责任；多为言行守规矩，不为失衡忙抱怨；多为美德留痕迹，不为私利损名声。

幸福生活五个“一小时”：每天锻炼一小时，轻松调节一小时，读书交流一小时，亲情体验一小时，营养调配一小时，幸福生活一辈子。

2. 构建学校精神体系的依据

吴忠市红寺堡区职业技术学校的精神体系的提出，是依据党的教育方针，党和国家以及地方关于职业教育和中职教育的政策精神，立足于中职学校立德树人的根本任务和服务发展的宗旨，结合红寺堡区区情，在国家十分重视发展职业教育的大背景下，结合新成立的中职学校的校情而出台的。

一是基于国家经济发展和教育改革的必然要求。职业教育在整个教育系统中，是解决技能人才短缺问题的最直接的教育，与经济和产业发展联系最紧密的教育，而中职教育又是发挥这个作用的关键基础。从职业教育的本质来看，其一头连着教育，一头连着产业；一头连着广大老百姓的脱贫致富，一头又关乎国家实现现代化的大局。2021年，习近平总书记在全国职业教育大会上指出，职业教育“为全面建设社会主义现代化国家、实现中华民族伟大复兴的中国梦提供有力人才和技能支撑”。可见，职业教育和职业技术学校承担的不仅仅是教书育人的任务，优质的职业教育在一定意义上影响着国家教育乃至经济发展的未来，而吴忠市红寺堡区职业技术学校的精神体系是以“做学合一，立己达民”的办学理念为统领，是基于国家教育改革和经济发展对人才培养的需求而提出的，既符合发展大局，又体现职业教育“适应发展、明德强技、施惠于民”的功能定位。

二是基于红寺堡区区情、中职学校校情和中职生的学情。红寺堡区是全国最大的易地搬迁生态移民区，其现实情况是：①移民从各地搬迁而来，经济基础薄弱，文化差异较大，尤其心理、思维和行为习惯差异明显，一部分人口综合素养确实不高。②群众对职业教育的认识还不清楚，思想上不重视，再加之职业技术学校仍处于起步期和待发展期，职业教育的根基浅薄。③学生的学情：生源构成比较复杂，来自单亲、失亲、特困、留守家庭的孩子占到了近一半，学习习惯、学习基础相对较差的占多数，家长起初是抱着“没办法了，让增长年龄去，小小年龄到社会上就学坏了”的态度，学生“混日子”“试一试”的态度也很明显。

针对以上情况，学校努力改变，确立了“人人皆可成才，人人尽展其才；教育学生，就是严格厚爱、发现点燃的学生观，为了孩子们从中职学校找回自信、鼓起学习和生活的勇气，确定了“树自信，勤训练，日知新，好习惯”的学风。始终把立德强能作为师生们的立身之道，使精神标志化为自身内在价值，以“尚德立本，多能立身”的校训来衡量自己的行为。教师是最直接的策划者、传播者和领路人，教师的爱和责任与学生的改变和成长息息相关，形成“厚生乐教，孜孜以求”的教风，以对整个学校所有学生的学习习惯产生良好的影响力。为了适应当地提升产业发展和群众生活质量的需求，我们把建设现代设施农业、光伏工程技术应用专业作为需要重点发展的专业。

三是基于对职业教育的本质的理解。对于职业教育的本质的认识，从不同的角度出发有不同的观点。有的人提出，相对普通教育而言，职业教育具有职业针对性；有的人提出其具有人本性、生产性、职业性、社会性、适应性；还有的认为，职业教育是为想要成为技术应用型人才的人提供的一种教育服务。

早在两千多年前，中国古代先贤墨子就提出，既要懂得做人的道理又要懂得干事的方法，边干边学、边学边干。可以说，职业教育在个体发展的过程中，就是对人的生活的教育，并非单纯的知识讲授或者其他教育。从中体现出职业教育培养人的目的，不仅自我有强大的生活能力和良好前景，而且还要有为民生、为国家、为社会作出贡献的准备。我国近代职业教育的开创者黄炎培先生在创办职教事业之初就明确提出其目的有三：为个人谋生之准备，为个人服务社会之准备，为世界及国家增进生产力之准备。因此，学校把培养具有综合职业能力的自强公民、能手公民、惠农公民、学习公民、国家公民的“五维”公民作为奋斗目标之一，是基于对职业教育的本质认识提出的。

综合看来，我认为职业教育最本质的特征就是社会性和职业适应性的辩证统一、做和学的辩证统一，即职业教育是在承担社会功能的过程中适应职业育人需要的教育，是以做为主、做学结合的教育，以在发展职业和职业服务中成长人、成就人。为此，学校提倡“学校是师生享受奋斗和幸福的地方”的育人理念和“包容奋进，德技双馨”的核心理念等，都是围绕职业教育的本质，具有一定的认识高度。

笔者认为，办学理念立足现实基础进行思考，借鉴古今优秀文化观和典型经验，形成了学校的办学思想和精神体系，在今后的办学实践中，根据教育的形势和学校的一步一步发展，将进行微调。

3. 对学校精神体系中基本概念的理解

在学校的精神体系中，办学理念主导着学校的办学方向，校训导引和激励着办学过程，核心精神则是学校发展的同心圆。学校的发展理念、管理理念、教学理念和校训、校风、教风、学风、校歌、校徽以及核心精神是一个统一的整体，既有从属、因果关系，又相互依存、互为条件。渗透在“12235”发展思路的各个环节，最终实现“5321”发展目标，构成了红寺堡区职业技术学校的精神体系。下面，笔者对所在学校精神体系的几个代表性要素予以解释。

（1）办学理念。吴忠市红寺堡区职业技术学校的办学理念是“做学合一，立己达民”。

“做学合一”，就是所有教育活动和治理活动都围绕理论与实践开展，二者紧密结合，在学中做、做中学，使工作和学习变成很有意义的一件事。“立己达民”：“立己”就是通过几年的教育、教学和训练，广大教师不但教给学生真正的技能和本事，而且成就学生的人品；“达民”就是要时时处处感恩党的民生政策，学有所成之后回报父老乡亲，服务移民群众，实现惠民、富民、强国、筑梦的愿景。而这是一个有机的统一体。

（2）其他几个重要的理念。

①核心理念：学校是师生享受奋斗过程和幸福的地方。首先，在工作、学习、生活和个人发展实践中，充分理解、尊重师生的主体地位，最大限度地激发、调动教师遵循教育规律，在不懈追求中，实现学校和师生的教育理想；支持、帮助、激励学生做学习和自我的主人，树立理想、吃苦耐劳、积极自觉地钻研学业、练就技能，最终功成名就，这就是中职学校办学实践的核心。学校要积极创造条件、做好服务，为师生提供动态发展的制度保障、物质保障和精神保障，为教师的发展和学生的成长提供支持，努力让每一个学生都拥有成长的快乐，让每一位教师都享受教书育人的幸福。

②育人理念："包容奋进，德技双馨"。产业和教育事业是地区发展的基础和根本，在红寺堡区这样待发展的移民地区，更紧迫的是要发扬"包容、感恩、奋进、创新"的红寺堡精神，发挥移民创新、奋进的勇气和毅力。职业教育在发挥育德育才功能中，承担移民群众及其后代掌握技能技术和生活本领的职责和使命，不仅补齐发展中短板，更能有效地激发移民创新、奋进的内动力，为形成道德与技能双提升、精神与职业同高尚的明天打下坚实的基础。育"包容奋进，德技双馨"之人，是我们必须要坚持的育人理念。

③教学理念：为每一个学生提供具有足够营养的课程服务。教学始终是学校的中心工作，课程是贯穿教育的纽带和载体。我们认为，课程就是生活回归学校和课堂经过升华的产物，课程是教学的标本，教材不等于课程。中职教育目标和课程标准决定了教学的内容、方向和过程。由于中职学生的理论功底相对薄弱，学习习惯等有很大的差异性。学校开设课程的目的是让每一个中职学生既能"吃得饱"，又能"吃得好"，教师们对教学的难度、内容、侧重点和教法等合理取舍、照顾全面、兼顾个别、百花齐放。开设的课程类别也要在一般要求下照顾到特殊性，在德育、智育、体育、美育、劳育课程以及专业课程教学实践中，分解出个性化课程，不要求用统编教材，而是选摘"分解性课程"，其基于导学案和实训设计报告，再高一层就是校本教材，最后发展为课程为学习服务，为每一个学生

提供足够营养的课程服务。在这个教学理念的基础上，学校根据自身情况创造独特的“先做后学”四段适应性学习教学模式作为支撑。

④管理理念：“做好细节、做好服务，让校园管理严起来、师生成长起来”。学校里没有什么“领导”，都是服务者，无论是谁，民主、平等、和谐的价值观和基本需求永远不能丢；学校里越到校级管理层面服务工作越要搞得细致、暖心。因此，学校最有必要的是剔除官本位思想，做好服务工作，带动和培植师生成长。中职学校的管理任务相对较重、教育活动相对较多，一方面要抓师德师风、教学技能和德育重点，一方面在思考细节、创新方法、积极主动上下功夫，另一方面就是以精细的管理推进学校的持续成长。将管理理念概括为以下几点：一是严明规矩和纪律，为教职工和学生的合理诉求和幸福指数着想，让校园管理严起来。二是从细节做起，做到心勤、手勤、脚勤和耳勤“四勤”。三是把握公平，一把尺子量到底，没有“特殊人”。四是对教职工的师德师风严抓不懈，对学生的安全、纪律、习惯和心理健康教育更要严格有效，学校实行准军事化管理。五是抓实排查和预防机制责任制，建设安全警示室、师德警示室、心理发泄和疏导室等，建立家校常态化沟通和责任落实机制，做好服务。六是管理需要能力、魄力、勤力和魅力，把师生素养和教学质量提升起来。通过以上细节，让师生对管理达成共识，管理的信度和效度会大大增强。

（3）“一训三风”。

学校的“一训三风”既体现着学校的办学思想、办学风格和办学特色，也传承了学校的历史和文化，可以说是一个学校的品牌的象征。由于中职学生大多数习惯较差，自信心不足，滋生不良习气，管理难度大；但中职学生的个性特点鲜明，有些学生还有未被发现的特长，他们渴望被接纳和肯定。学校和教师们首先要认清我们眼前的中职学生的真实情况，把爱、接纳和欣赏始终放在第一位，以德才兼优为主体，以自信和严格做两翼。

为了贯彻落实办学理念，达成既定的办学目标，针对学校的地域特点、人文传统以及教育者和受教育者的现状，在校训和办学目标的导引下，经研究、提炼形成学校的“一训三风”，以此来规范并调控办学行为和个人行为，向着既定的方向前行。

①校训是“尚德立本，多能立身”，是“做学合一，立己达民”办学理念的思想延伸。“尚德”即崇尚、践行高尚的道德品质，不但做到按照社会主义核心价值观要求自己，而且隐含了感恩孝亲、包容广博、勤劳创新等传统美德；“立本”即立足于本职，无论如何不能忘记自己从哪里来、应该到哪里去、怎么样去，始终不能忘本，《易·系辞下》有：“刚柔者，立本者也”“本立而道生”。无论什么时候，都要牢记我们的目标是为了让教师和学生一天比一天有成就感、一天比一天幸福，我们要做好本职工作，教学出成绩、教育出品位；我们所在的地区正处于发展阶段，艰苦创业是我们要发扬的传统美德，我们要感恩国家的好政策，自信自强、报国为民。以上这些，都是我们的“本”。“多能”即职业教育的基本目标是追求掌握多种技能、善于动手制造，成为制造、创造能手和工匠大师；“立身”即立足、安身，处世、为人，学有一技之长、德才兼备，为将来立足于社会、为人类发展进步作出贡献，使自己和家人过上更加幸福的生活打好基础。

②校风是“敬业，团结，规范，创新”。中职教师由于涉及的教育层面更广、接触到的学生更复杂、教育信息量更大，地域文化差异，经济薄弱是不可避免的，所以更要敬业和团结。学校校风以敬业、团结为基础，是思想领域的目标方向；“规范、创新”是过程，是行动领域的目标方向；只有把思想和行动统一起来，提高认识的高度、增强行动的力度，才会真正形成良好的校风；学校以“规范”和“创新”产生“敬业”和“团结”的心理感知，以实现校风为导向，疏通学校治理的思路；以“规范”和“团结”产生“敬业”和“创新”的行为感应，以达成一步一步优化学校治理的效果。为了激发教职工和学生敬业爱岗、创新创造的精神和信心，形成良好的校风，把注重规则与队伍建设、激励成功结合起来。在人才培养与教师队伍建设方面，概括地说就是“一先导四重点一工程”。“一先导”是加强师德、师风、师能建设和学习为先导；“四重”，即重知识、重技能、重方法、重配合，以工作的实绩和团队精神为评价重点落实情况的依据；实施“机制驱动发展工程”，即出台政策，加大投入，引入激励机制，争取支持，建立学校奖励基金，鼓励师生参加各类技能大赛，为教师尤其是青年教师的发展、实现自我价值积极搭建平台。

③教风是“厚生乐教，孜孜以求”。“厚生”，原意是珍视爱护生灵，在学校

里就是学校对教师、教师对学生真挚的爱和倾心投入，真正把教师和学生学习、前途、健康、幸福放在心上，做到“厚而生生不息”。“乐教”，以教为乐、寓教于乐，教师首先从内心认可自己的工作岗位的重要价值，诲人不倦，乐于探究，乐在其中，而且“乐教”与“乐学”相互作用、相互依存，表现在行动上就是强化学习生活的快乐，取得显著的成效。“孜孜”，勤勉的样子，孜孜以求，比喻不知疲倦地探求。广义的孜孜以求是指以良好的从教态度和强烈的责任心，在自己的岗位上兢兢业业，事业上不懈追求，想尽一切办法去创新方法，不断地提升自我，使自己能够跟上甚至超越岗位所需要的职业技能和职业素养。

④学风是“树自信，勤训练，日知新，好习惯”。培养和养成良好的习惯，是一切向好的前提，我们要切中中职学生的特点和追求目标去确立学校的学风。“树自信，勤训练，日知新，好习惯”，前后是有因果关系和递进关系的。首先，培养学生的自信心。树立自信，对未来有足够信心的规划，才容易发现、发挥自己的特长，通过专心致志地学习、勤奋刻苦地训练，实现自身价值，这是前提。对基础比较薄弱的中职学生，要求小步子、不停歇地前进，每天多知道或掌握一些知识技能，积少成多、日日知新。经过一段时间的训练，最终形成主动学习、自觉探究、专心训练、锤炼自身的好习惯。培养自信心，胜过十天吃苦；培养一天功夫，胜过十天讲解。因此，学风就是学习的标杆，“树自信”是思想的启蒙，“勤训练”是行动的过程，“日知新”是对过程性目标完成情况的检验，“好习惯”是最终要形成的效度和目标。本校提出的12字学风，是“知行合一”教育思想的充分体现，对于中职学生，我们不求有多高的分数，只求每天有一点进步，最终形成良好的习惯就是大成就。

（4）“12235”发展思路。

“12235”发展思路是学校精神体系具体化的集中体现，可以说是学校精神体系的神经系统和运动系统。它是我们在研究、理解现代职业教育的发展形势和国家职业教育的法规政策的基础上，把学校的“一训三风”和办学目标、工作方法、组织管理等结合起来提出的。“12335”发展思路，对于学校的整体发展具有可视化的目标导引作用。

①“一个根本”——师生发展为本，全心全意为师生的进步和幸福谋发展。

我们的一切行动付出和智慧付出最终目的就是要发展教师、成就学生、培植自信心、获得成就感。“发展”是硬道理，以“师生的发展为本”是学校的职责。学校与教师、学生的利益始终保持一致，如果不能胸怀学校和师生，那就失去了办学的意义。师生在学校的幸福感来自物质和精神追求得到满足，获得物质的、心理的、学识的、事业的多重满足和愉悦，而追求事业和学业的成功是最主要的幸福。学校及各级主管部门为了师生发展进步这个根本做了大量的工作，在实践中，力争做到：找回优越感，我自信；体验进步感，我自强；付出有回报，我敬业；竞技中收获，我成功。最终实现我们的学生学得好、出路好，教师有成就、有尊严，师生有前途的“两好三有”效果。

②“两项改革”——管理规范化改革、教学行动化改革。

改革是社会发展的不竭动力，无论哪个阶段都要坚持以改革促发展。在中职学校里，主要是落实管理规范化和教学行动化两项改革。

本校实现管理规范化改革，概括起来就是：党建引领立初心，立德树人是根本，多措并举提质量，安全防范保康宁，服务师生有保障。具体做法是：

其一，坚持党建引领，不断推进改革和发展。即支部建设紧紧围绕“党建为职教，职教促党建”一个中心，抓好“学习型党支部建设和服务型党支部建设”两个关键，发挥党支部战斗堡垒作用、党员先锋引领作用和名师骨干示范作用，铸就德育为先、教学为主、技能为重三个内核，抓实政治、思想、组织、纪律、作风五个建设，即“12345”党建思路，使党建引领学校整体工作卓有成效。

其二，实施行政目标管理，不断推进改革和发展。在明确学校办学理念、办学目标、管理措施、管理思路的基础上，形成学校章程，依照章程细化学校的管理制度，要求严密细致、具体可行，学校实行学年目标、学期目标、月目标和周目标，目标一脉相承、级级细化。尤其最大限度地发挥激励和公平调节的作用，做到职责分明、制度完善，强化安全责任意识和教育教学活动中的动态管理，发挥家长、学校的教育功能，坚持家校联合制度、校内外监督机制。

其三，以市场经济的思维，不断推进改革发展。坚持公平原则、诚信原则、效益原则和灵活适从原则，将专业教学和产教融合紧密结合起来，师生走进企业学习，企业常驻学校教学，实现学校像工厂、教室像车间、教师是师傅、学生像徒弟、教案像图纸、作业像产品。

其四，教学科研管理，不断推进改革和发展。实行名师导引制和“组团式”帮扶制，把“请进来”和“走出去”结合作为年轻教师和“双师型”教师培养的常态。积极推行学校的教学模式在学科教学中的应用，实验中不断围绕这个主题进行研究改进：强基础教学与显特色教学相辅相成，把生活和活动纳入课程教学，做到班班有特色、人人有特长，促进学生身心全面发展。

其五，师生成长管理，不断推进改革和发展。着重从学生良好的行为习惯、读书习惯、生活习惯、安全防范、品德习惯的培养入手推行成长管理，提高学生综合素质；建立健全师德考核方案和效能目标评估方案，通过外聘内培，发挥帮扶院校的助力作用，加强教师业务培训，不断充实和提高“双师型”教师队伍的数量和素养，促进年轻教师队伍成长，优化教师队伍结构。

其六，优化后勤服务功能，不断推进改革和发展。后勤始终服务于教育教学、服务于教职工、服务于校园各项建设，构建“2335”服务体系，即两服务：服务学生和服务教职工所需。三增强：增强劳动技能、锻炼学生吃苦耐劳的品质和增强师生的勤俭节约意识。三升级：节能环保升级，校园文化和绿化、美化品位升级，师生饮食质量升级。五保障：足额及时发放学生的资助，保障学生生活质量；规范财务开支，保障经费及时、有效、节约使用；严防严控疾病传染，保障师生健康；水电暖维修、电梯维保，保障安全便捷；各建设项目和餐厅食材按规定询价、招标、采购，及时审计收支，保障“三重一大”事项公开透明。

其七，校园文化的特色管理，不断推进改革和发展。把握校园文化的传承性、创新性、人文性、实践性和系统性特征，立足于体现职业教育的育人特点和立德树人根本任务，研究学校的基本情况，将职业教育的各类文化相互融合、相互渗透，坚持在守正创新中突显特色。

实现教学行动化改革，是指职业教育要贯彻行动导向教学的思想和方法，构建属于学校自己的教学模式。

其一，贯彻行动导向教学的思想和方法，尊重学生学习主人的地位，激发师生的首创精神，注重实践。具体做法为：与生活联系紧密，教学任务常常是以学生生活中的实际问题为模板，通过生活化的教学去有效地锻炼学生解决生活问题和实际问题的能力；教师需根据学生的实际情况布置相适应的任务，真正实现因材施教；重视小组合作，课堂任务一般都由学生自觉动手完成；很好地包容不同的教学方法，具有较高的普适性和包容性；以生为本，分工明确，在教学中，教师的引导者地位得到凸显，而学生在任务中也具有较强的主体性，师生分工明确。

其二，构建本校特色教学模式。在教师的主导下，有目的地创设一定的实习、实训、实验教学情境，引导学生通过实践操作，获得一定的技能经验，体验到疑点、难点，发现和提出问题；再以课程标准为根本、以“筛选—解决”为线索，通过课堂学习、讨论、点拨、练习等教学过程，有针对性地解决学生实践中的困惑或未懂的问题，得出规律和方法，在实践中应用和提升；每一节课原则上要渗透导、做、学、用四个环节。具体操作过程、师生角色和作用、教学评价和教法策略，将在专题中进行阐释。

特别说明的是，要落实“两项改革”，制度建设贯穿全过程。要建立适合于政策规定和学校特点的制度来保障。制订制度的框架思路是：强学习，强师德、师风、师能——实施机制驱动发展工程（以奖代补奖励基金、联办企业设立职教基金等）——推进人事制度和分配机制的改革（以德论优、以劳动的质和量论优）——加强高层次专业技术人才引进工作——实施教育教学名师培育2025计划，建立名师工作室激励引领全体教师。根据中职教学的特点和本地教学的实情，构建教学模式，在改革中落实教学行动化，以促进提升教学实效和质量，初步形成校本教学模式，在今后教学实践中继续完善。

③“两个通道”——校企合作、校校联合，疏通学生就业通道、扩展持续接受教育的通道。

校校联合。因职业教育的特点，学校在建校初期急需加强校企合作和校校联合。我们与闽宁合作院校、自治区职业院校和优质普通高中建立帮扶、合作关系，充分发挥帮扶教师的引领、示范和带动作用，提升帮扶学校教师的教育教学能力，通过“互联网＋教育”的平台，利用现代信息技术手段与教学高度融合，从学生出发，从生活出发，聚焦学生的体验互动，赋予专业教学鲜活的生命力，在课堂上指导学生自主探究生活和生产，课堂精彩纷呈，尽显教育风采，激发学生的学习兴趣。

与本地学校联合办学计划。与宁夏职业技术学院联合办计算机应用、设施农业等专业；与宁夏工商职业技术学院联合办机电技术应用、老年人服务与管理、光伏工程技术等专业；与银川能源学院联合办电子商务等专业；与宁夏交通技术学院联合办汽车运用与维修技师班；与宁夏民族职业技术学院联合开办幼儿保育专业等。与高等职业学院合作，结合国家招生政策，通过分类考试、自主招生、免试入学等途径保证中职毕业后，90% 以上的学生都能就业或者升入高职院校就读。

促进产教深度融合。学校汽修专业与红寺堡王老五汽修厂合作，实现产教深度融合；与红寺堡区工商联、京东集团三方合作举办电商直播带货培训班，推介红寺堡产品；与青岛海信日立空调系统合作在学校挂牌成立“海信日立培训基地”，让学生在学校提前适应企业生产流程和技术要求；与企业共建“互联网 + 智慧农业：学—研—产”实训中心，以科研促教学，提升专业服务产业发展能力。要把本地有影响力的电商企业、汽修企业、新能源企业引进到学校，开展教学、实训，一步步做好、做大、做强。

④“三个导向”——政策导向、学校精神导向、课程导向。引领师生奋斗，形成“敬业、团结、规范、创新”的校风。

严格落实政策。在全面从严治党、依法治国的大背景下，法律和政策始终是规范、是导向，要始终如一地遵守，变相和变样执行都属于失职，对下一代不负责任。我们作为政策的执行者，又作为学校发展的见证人，事业成功才是最大的资本。在教育教学和开展活动的过程中，我们要按“‘13521’运行机制”，既做到令行禁止又要积极争取政策。学校始终起着凝心聚力、积极前行的引领作用。始终奉行“做学合一，立己达民”的办学理念，贯穿“包容奋进，德技双馨”的核心精神，真正把科学工作生活的“6635工程”作为民心工程，监督落到实处。通过校园环境文化、精神文化、物质文化、制度文化的成功实践，去理解认可学校精神及文化建设方案的内涵，征得所有师生认同。

课程导引教育教学。课程是贯穿教育教学的导引和载体。本校始终把握“为每一个学生提供足够营养的课程服务”的教学理念和“厚生乐教，孜孜以求”的教风，首先，开齐基础和专业课程，语、数、外、思品、物理、职业生涯规划、心理健康等基础课和专业课的课时数基本达到1：1，教学中兼顾德育、智育、体育、美育、劳育和安全教育。其次，在教学过程中，教师们要针对每一个学生的特点去提供“足够营养需求”的课程服务。再次，学校开展的各项活动都要有课程辅助，例如电焊工技能竞赛辅导、艺术特长生训练、安全和心理健康等，都要有课程作为依托，安排课时，监督课程开展情况。另外，做好专业课程规划，由专业教师提供初稿，请专家论证，至少要清楚3年内的教学专业及课程，根据规划征订难度适宜的教材。

⑤建设“五维”校园，就是建设感恩校园、绿色校园、强农校园、能手校园、平安校园。

感恩校园。红寺堡区是正在发展中的全国最大的易地搬迁生态移民区（原称“1236工程”），是党和国家花了巨大的财力、物力、人力，把20多万人口从条件艰苦的宁南山区搬迁到引黄灌区，才有了今天这样便利的交通、机械化生产、引黄河水灌溉田地、乡村美丽和日益富裕的生活。红寺堡区人民是党的富民政策最大的受益者，在自治区党委、政府的领导下，当地人民群众经过20多年的奋斗，传承战天斗地的精神，形成了独特的移民文化和包容奋进的移民精神，这既是红寺堡区区情，也是育人的出发点和职业教育的优势。因此“共产党好，黄河水甜”，我们最应该感恩的是中国共产党和我们的祖国。在红寺堡区职业技术学校，把感恩教育渗透在“立己达民”的办学理念之中，覆盖教育教学的全过程。从生活中、课堂上、教学研究中、校园文化的渗透上等，全方位融会贯通，有步骤、多形式地开展感恩校园的创建活动。一是挖掘移民生产生活技能的优势和原迁移地丰富的物产商品、独特的文化产品的潜能，通过开发和提炼，融合在职业技术教育之中，作为校本教育的主要资源。二是挖掘当地的先进事迹、民风民俗，结合人文和自然的特色，渗透在“12235”治校思路和“五维”公民、“十二德五不一有”的教育过程中，作为校本德育的主要内容。三是通过办红寺堡区生产发展、生活富裕、乡村文明、城镇新貌专题展，开辟“黄河·移民文化荟萃”专栏，建“移民文明＋职业教育园（馆）”，通过多种形式的展播宣传、学习教育、提炼应用，融汇在学校职业文化的教育之中，作为校本感恩文化的主要内容，落实在日常、落实在课堂、落实在思想、落实在行动，也落实在“尚德立本，多能立身”的校训和校风、教风和学风建设中。

绿色校园。一是在全校大力推行生态文明建设，尤其以校园的绿化、美化、亮化、净化、艺术化为抓手。二是通过“山清水秀，地净天蓝”绿色主题教育，牢固树立低碳意识、环保意识和清廉意识。三是校园文化的主题是绿色学园、成长乐园。校园内“一馆四园五路”，整体布局规划体现办学理念，树木、草坪、湖水相映成趣，草坪和树种要适应当地气候和自然特点，四季如春；雕塑、文化墙、展牌、花木造型和小桥流水相得益彰，富有文化寓意和教育意义。四是选择宁南地区代表性树种，以故土地名命名，看到的永远是乡愁；围绕“五维”公民育人。五是建设勤俭清风专项教育基地，大门口建“清风景行”教育基地，其中渗透清廉文化、环境文化、节俭文化，培养师生们节俭不奢、俭以养德的品质，将干净整洁的教育落到心里；而且把清廉文化、环境文化、节俭文化融在常态劳动、课程教学、教育活动和常规管理之中。牢固树立“绿水青山就是金山银山”的理念，打造真正的绿色校园。

强农校园。职业教育就是产业模型教育的基础阶段。我们的职业教育要响应国家号召，适应产业发展的需要，本地以农业为主，围绕葡萄酒、农业种植养殖和电子商务等构成农业产业链。把农业专业建设为学校的重点专业，把专业建设延伸为红寺堡区现代科技农业培训小镇，以农业培训小镇为基地建设强农校园。

校园建成智慧农业培训小镇，是智慧经济和大健康产业背景下的健康农业、有机农业、绿色农业、循环农业、再生农业、观光农业的统一科学基础。培训小镇是指农业的现代化和信息化结合的基地，农村的特有文化和农村城镇化结合的基地。培训小镇就是现代科技农业的智能化、人文化的培训基地，包含了地理意义但又不完全是地理意义上的概念，而且是强农校园的教育理念。

强农校园的“13122”思路和内涵。融合“一体教育”就是将新农村技能人才、致富带头人、退伍军人、返乡创业农民工和中职学生的培训统一于中职教育之列，实现学历和技能一体化提升。建设“三个中心”就是借力“互联网＋职业教育质量提升”等项目计划，在学校建设智慧农业研发中心、现代农业技术培训中心和乡村文化旅游中心。转动“一个主轴”就是以现代设施农业生产技术为骨干专业，以此为主轴，各专业联动发展。贯通“两个链接”就是智慧培训小镇一头链接田间地头和课堂，一头链接农业科技研究专家和发达省区农业生产基地。塑造“两个新人”就是培养并成就智慧农民、智慧学生。

建设强农校园的目标。把红寺堡区职业技术学校创建为红寺堡区农村技能培训中心、产教融合发展中心；把学校的智慧农业培训小镇创建为宁夏新型农民培训的示范基地，最终发展成立宁夏回族自治区现代农业学校；通过培训小镇的行动，当地农村的劳动力、村干部真正能掌握技能，成为“互联网＋现代农业”背景下新型的职业农民；培养在校学生形成新农业、新农民、新作为思想，成为能出去、愿回来、会致富的带头人。见图6-4。

能手校园（也称“竞技校园”）。能手，是指熟练掌握某种技能或特别擅长某项工作的人，也就是岗位高手、快手、多面手。职业技术学校是一个复合的育人基地，不仅教书育人，更要把教育者和受教育者发展成为教学能手、学习能手、技术能手、劳动能手、环保能手和生活能手。我们深知每个学生都有自己的天赋特长，也知道他们内心对于成绩和挑战的渴望，所以，我们为他们打造了一个追逐梦想的平台。在培训和常规培养的基础上，积极支持师生参加各级教学能力大赛、班主任能力大赛、专业技能大赛，并取得专业证书，形成人人是竞技的能手、人人是帮助别人成长的能手。以航模竞技中建设能手校园的做法举例。2013年起，全国青少年航空模型锦标赛连续五年在红寺堡区举办，而且红寺堡区的学生得了多项大奖，这些青少年自己成长的同时，也带动、指导了一批爱好航模的学生，他们初步掌握了这一项活动的基本技术，为本校通过航模竞技带动能手校园奠定了坚实的基础。具体行动中，我们在该项赛事组织单位的支持下，指导学生设计建设方案、组织教学，共享航模组装车间的资源，开展组装和飞行演练。学校里成立航模社团，在机电应用专业课中进行专题教学，聘请本地和国家级专家进校指导，研究开发航空机电校本教材等。常态化训练准备，积极组织有基础的孩子参加全国乃至世界青少年锦标赛。把信息化手段应用到各种模型技术学习和展演活动之中，提高技能开发的层次和质量。以此为契机，带动开展汽车模型、计算机模型、机电模型等更多的模型安装和模型开发活动，培养制造型和创造型人才，

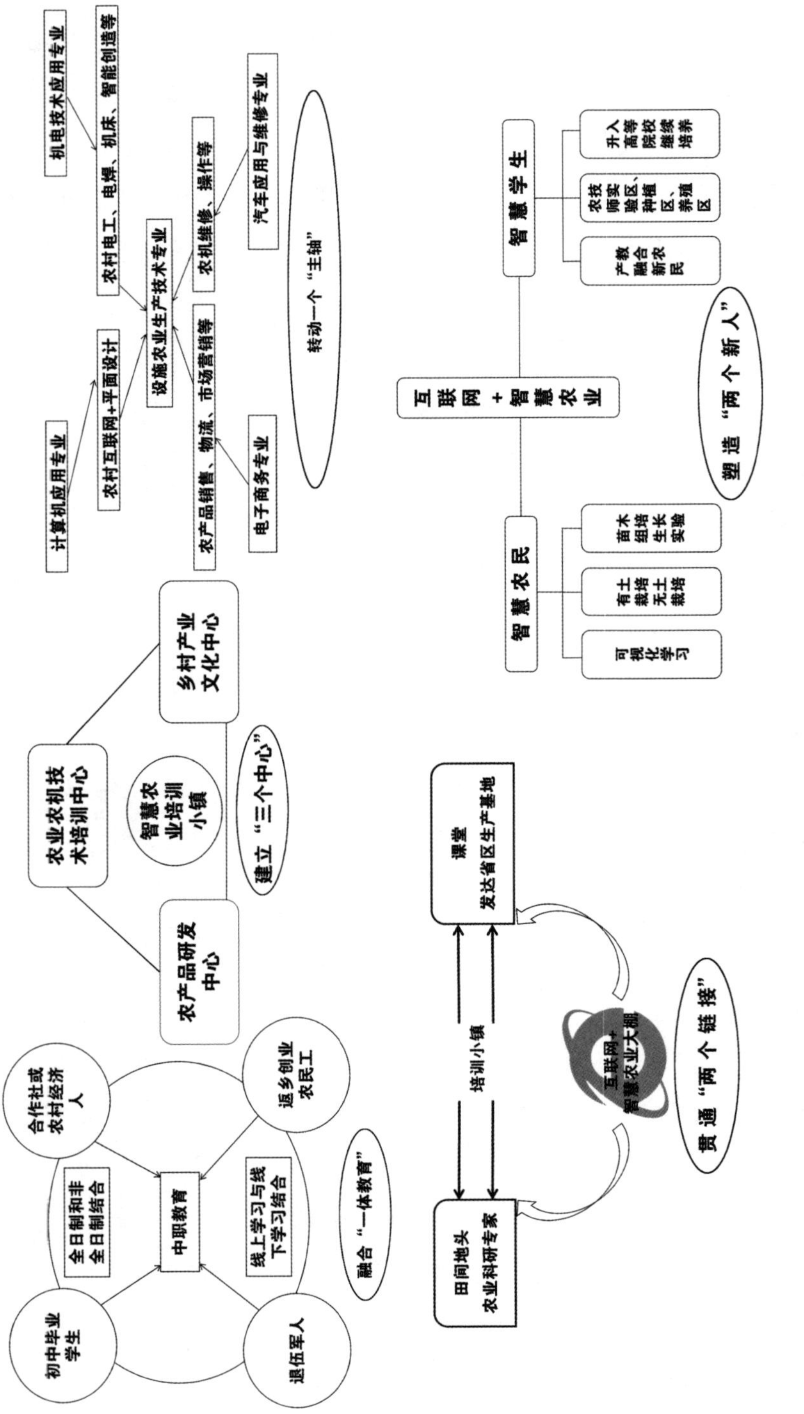

图6-4 强农校园暨“13122”培训小镇示意图

为他们将来进入企业、步入社会打好基础。

平安校园。安全始终是我们开展一切工作的首要条件，没有安全，什么都没有。管行业必须管安全，管业务必须管安全，管生产经营必须管安全。在学校，安全工作是学校师生全员工作，细化责任、认领责任，签订责任书；始终高度警觉、细处着手、抓常长抓；健全并落实预警机制，把排查工作当成常规工作，人人有责，抓常抓优。

本校打造平安校园也有独到之处，具体做法：①每学期进入军营参观至少一次，每年开学首先进行半个月军训，军训教师或教官承担军姿队列、言行举止、情绪调适、宿舍食堂内务等训练任务；每个月野外训练一次，对考察现场进行拍摄，做成宣传板报张贴到宿舍、食堂；制成视频在公众号推送。②在安全专项教育中“爱字当头、严宽结合”，把“十二德五不一有”的过程德育融入安全工作过程，保证“预警为先，把矛盾排除在未发状态；细节为先，把预警行动留在未发之前；爱、严为先，把矫正和疏导放在未发之前”，开设安全课程，专职教官上礼仪课（每周1—2节），每节课都要备安全、讲安全。③开展紧凑而有意义的活动，尤其把课程和教学实训任务安排得紧凑，使学生“人人有事做，时时有事做，事事讲安全”，通过转移注意力，有事做就少生是非；建设好安全警示室、心理发泄室和疏导室，安排专题心理健康调适活动，一方面对平安健康、美观向上、整齐有序的优秀学校进行示范。另一方面对交通、网络以及学生冲动等带来的可怕后果进行警示，把心理健康和安全课教学安排给专任教师或者班主任，并计入课时，一旦学生或教师有心理积郁，就有发泄的地方和倾诉的对象。④强化责任、考核和奖励。一天一排查、一周一小结、一月一回头看、一学期一总结，对于安全隐患排查贡献突出、责任安全到位、自觉维护学校安全利益和为建设平安校园作出贡献的教师和学生，予以通报表扬，并给予精神和物质的奖励。

（二）范例二：“先做后学”四段适应性学习的教学模式

德技并修、育训结合背景下，富有特色的中职教学文化是校园文化建设的主线。教育部《关于深化职业教育教学改革，全面提高人才培养质量的若干意见》（教职成〔2015〕6号）中提出，职业教育教学改革的一条重要原则是“坚持工学结合、知行合一。注重教育与生产劳动、社会实践相结合，突出做中学、做中教，强化教育教学实践性和职业性，促进学以致用、用以促学、学用相长”。这些规定，揭示了职业教育教学的本质，指明了该如何培养符合社会需求的人才。

我们按照本校校园文化建设的总体规划，秉持“为每一个学生提供足够营养的课程服务”的教学理念，自始至终以教学文化建设为载体、以教学改革为动力，搭建起教学文化模式，以达到提高教育教学质量、激发教育活力的目标。我们在探索中总结、在总结中验证，形成了切合实际的“先做后学”四段适应性学习的教学模式。

下面主要从模式文化含义、提出的理论依据、具体操作过程和模式应用等方面作以阐述。

1.“先做后学”四段适应性学习教学模式的含义

“先做后学”四段适应性学习教学模式兼顾共性提高和个性发展的稳定的教学活动构架和程序，是“做”的课堂和“学”的课堂的巧妙结合。

（1）“先做后学”的含义表述。在教师的主导下，有目的地创设一定的实习、实训、实验教学情境，引导学生通过实践操作的训练活动，获得一定的技能经验，尝试、体验到疑点、难点，发现和提出问题。再以课程标准为根本、以筛选、解决问题为线索，通过课堂学习、讨论、点拨、练习等导学过程，有针对性地解决“做”中的困惑或未懂的问题，得出规律和方法，在实践中应用和提升的一种能够体现教学文化的模式。这里的“做”，既包括动手实践，又包括做人。“学”既包括学习知识，又包括学习做道德高尚的人，把做学问和做人紧密结合在一起。学校坚定推行教学行动改革，学生从“先做”中开启求知欲望，感受学习乐趣、寻找困惑。“先做后学”，体现着行动导向教学的思想，适合中职学生思维特点和学校习惯。

（2）“先做后学”的操作程序。每节课先指导学生实训、实验、实践、讲故事、演话剧、搞辩论、放视频、谈经历等，在“做”的过程中既掌握了一部分知识技能，也有困惑或无法掌握的一部分。如果已经掌握就不用在课堂上重复，只有针对性地讲解“做”的过程中遇到的困难和问题，帮助理解困惑或者不会的地方。在学习过程中，再经过系统总结，因材施教、提高效率，引起学的兴趣。

（3）“四段”。组织“先做后学”式的教学，必须贯穿导——做——学——

用四个阶段相互交织的主线。这是组织教学所运用的思路、手段和方法，是“做”“学”过程必备的工序。四个端点相互衔接、渗透，组成一个既闭合、联系的过程，又相对灵活、开放、赋予个性化学习的过程。其主要特点是导后做、做中学、学中做、做后用，有序有责、相互结合，而且对于其中的每一段都必须通过“用”来体现。这反映了中职教学文化中实践为主、施教为学、分类分层的思想。

（4）“适应性学习”。形象地说，就是“看菜吃饭，量体裁衣”“每一个人跳一跳都能摘到桃子”。在教学过程中，学校和教师适应新课改理念，坚持人文素养、自主探究等理念，主动推进“三教”改革；适应职业教育教学的内在规律和“双元”育人，坚持动脑、动手、动情“三动”综合能力培养；适应“产教融合”和“职教高考”的政策形势，以有效备考、备业；适应本校中职学生的基础现状和个性发展特点，实施分层教学；适应国家对职业技能人才的需求方向，提高终身学习、终身工作的能力。

2.“先做后学”四段适应性学习教学模式提出的理论依据

其一，职业教育的教育思想和理论。我国著名教育家陶行知先生提出“教学做合一”思想，要求教的方法根据学的方法，学的方法根据做的方法；事和物需要怎样做便怎样学，怎样学便怎样教。陶行知认为，教与学都是为了做。教与学都以做为中心，教、学、做不能独立于外，应合一于内，做为先，“不在做上用功夫，教固不成教，学也不成学”。美国实用主义教育家杜威提出了“教育即生活”“学校即社会”“在做中学”的教育思想，学校设立各种活动环境，并提出各种假设，要求学生在“做”的过程中获得主观体验，从实际活动中学习，“由做事（做模具）而学习”。在教学论中，关于教学方法主张“从做中学”，杜威认为：“儿童不从活动，而由听课和读书所获得的知识是虚渺的。”中国古代先贤墨子、近代教育家黄炎培以及悉尼·胡克（发展了实用主义哲学）等思想家、哲学家，都提出“做为先”的思想论述。

其二，党和国家的政策。《国家职业教育改革实施方案》明确指出：“鼓励中等职业学校联合中小学开展劳动和职业启蒙教育，将动手实践内容纳入中小学相关课程和学生综合素质评价。”国家《现代职业教育体系建设规划（2014—2020年）》中提出，“建立真实应用驱动教学改革机制……推动教学方法改革，通过真实案例、真实项目激发学习者的学习兴趣、探究兴趣和职业兴趣。”培养高素质的技能人才、能工巧匠，人才链和产业链更好地有效衔接，落实模块化教学、应用驱动化教学改革等精神，学校很有必要建立与之相适应的教学模式。

其三，本校出台的学校精神体系规定：学校的办学理念是“做学合一，立己达民”，校训是“尚德立本，多能立身”，教学理念是“为每一个学生提供足够营养的课程服务”，教风是“厚生乐教，孜孜以求”，学风是“树自信、勤训练、日知新、好习惯”。学校提出的“12235”发展思路：以师生的发展和幸福为“一个根本”，推行管理规范化、教学行动化“两项改革”，疏通学生就业、升学的“两个通道”，培养具有职业基础能力的“五维”公民的目标。

解读国家政策、教育家的观点和学校精神体系，不难发现，“做”既在“学”之后又在“学”之前，“学”在“做”之中又在“做”之后；“做”既为“学”的终极目标又是“学”的开始，为了“做”得更好，统一于“教”与“学”运行的全过程，两者相互促进，在“做学”文化中螺旋式上升。

为此，教师所教与学生所做也要联系在一起，如果教师做好了，学生也就会做、也能做好了，接下来就会学、会实践了。这就是我们倡导的在做中教教中做、做中学学中做、先做后学的教学模式。

3. 建设“先做后学”四段适应性学习教学模式的必要性和可行性

（1）必要性。

①“先做后学”四段适应性学习是学校落实国家中等职业教育新一轮课程和教学改革的需要。为了落实国家《关于推动现代职业教育高质量发展的意见》在“创新教学模式与方法”中指出的“普遍开展项目教学、情境教学、模块化教学，推动现代信息技术与教育教学深度融合，提高课堂教学质量”，和自治区《深化产教融合推进职业教育改革发展实施方案》提出的“职业教育改革发展”具体目标之一是“职业院校实践性教学课时原则上占总课时一半以上，顶岗实习实践一般为6个月”“坚持知行合一、工学结合”“借鉴‘双元制’等模式。学校要总结现代学徒制和企业新型学徒制试点经验，校、企共同研究制定人才培养方案，及时将新技术、新工艺、新规范纳入教学标准和教学内容，强化学生实习实训”。校企共建、校企共同培养人才，在学校边做边学、先做后学，已经势在必行。

②“先做后学”四段适应性学习是根治当前职业技术学校教育教学弊端的迫切需要。随着科学技术的快速发展，许多职业岗位呈现出综合和相融的趋向，对人才的动手能力的要求也越来越趋于实用技术。职业学校培养的学生必须体现岗位（岗位群）所需要的职业性、定向性和应用性的特色。当前职业技术学校教学存在如下弊端：A. 理念上陈旧。新时代，职业学校教育的中心任务是培养德智体美劳全面发展的专门技术人才，其间专业技能占据着十分重要的位置。事实上，我们的课程结构沿袭了知识本位、学生理论学习本位的体系，在实际教学中展示的知识具有严格的确定性和简约性，这与劳动力市场对中职学生的定位有很大的差距。B. 内容和教法上存在偏差。调查表明，中职学校现行的课程标准对文化课、专业理论课要求十分具体，而实习实训教学则显得较笼统，有些专业没有具体的生产实习计划，甚至轻视、放弃实习实训，在教学中明显存在“四多四少”现象，即教学内容安排计划性、统一性过多，固定课程的课时分配较多，实习机动的课时较少，调节性、灵活性较少；教学目标上专业理论体系定向过多，灵活适应相应职业群就业的较少；课程类型上统揽全面的必修课较多，选修课的适应性调节较少；高考和升学导向教学占比多，自我发展性的内容占比少。

③是改变中职教学和学生学习现状的迫切需要。本校生源绝大多数来自农村，学生学习习惯不够良好，家庭教育存在“放任”“有压力就弃学”等问题。同时，基础十分薄弱，加之有一部分教师始终以各种借口不愿意组织实训，学生从上课到下课始终处于被动的状态，学习的能动性与积极性没能调动起来。课堂上，要么教师图省劲，随你听、随我讲，对学生动脑、动手的要求不严，教学效果大打折扣。如果中职学生一直在课本中、在传统的教室里学习，我们可以称之为假学习、无用的学习。

为了改变现状，优化教学方式，提升教学质量，促进教师的专业成长，推动学校的特色发展，必须推行“先做后学”四段适应性学习教学模式。学生通过边学边做和以做为主的学习过程，在学校取得职业技能等级证书，也是学习的出路之一，以最终实现更优、更满意的就业。

（2）可行性。

①国家政策有明确定位。近年来，国家根据发展需要和本质认识，出台了一系列有利于职业教育和教学发展的政策，尤其是对修订的课程标准作了明确界定。新修订的《国家职业教育改革实施方案》明确指出："按照专业设置与产业需求对接、课程内容与职业标准对接、教学过程与生产过程对接的要求，完善中等、高等职业学校设置标准。"今后中职学校将"产业""职业""生产过程"纳入学校专业建设和教学标准之中，从国家政策层面作了明确定位。也就是说，职业学校的教学改革当以就业为导向、以能力为本位，把准时代脉搏，瞄准市场需求，构建具有前瞻性、实用性和弹性化特色的教学模式。

②吴忠市红寺堡区职业技术学校部分学科教学已进行一定尝试，应用"先做后学"四段适应性学习教学模式，集体备课、课程教学和教学研究已经有了一定的经验，在教学设计本（教案）、实验报告册等具体的教学教研实践中体现出来，在文化育人中初步体现出来。不断总结前期的成功经验，应用成功经验，实验班级和专业在教学中也取得了突出的成绩，深受科任教师的认同和学生的肯定，为接下来推广经验打好基础。

针对职业学校在教学上存在的种种现象，我们实施的教学模式克服了其中的弊端，深深懂得中职学生实践的创作、重构过程，同时也是教学文化建构的过程。作为职业学校的教师，获取知识的最佳途径是让学生置身于充满趣味性、刺激性、挑战性的活动环境之中，先做后学，边做边学，做学合一，主动探究知识、技能的奥秘。有了做的经验，他们用刚刚获取的经验寻找更好的解决问题的方法，获得更多的技能和知识，进而形成一个学习、积累、再学习的良性循环。我们设计并推行的适合本校情况的"先做后学"的教学模式，把教学文化实施过程升华为人本文化，主导学生未来发展。

4."先做后学"四段适应性学习教学模式的基本流程和要求。

我们推行这一教学模式，将基本流程总结为"导做学用"四个相互联系、相互作用阶段。具体流程和要求见下表。

表6-3　教学模式的基本流程和要求

流程	基本要求	特别提示	课堂时间分配建议	学习的路径
第一段：导	简单介绍和了解课程标准、人培方案、市场需求、整合目标、整合内容，初步了解学习的基本内容框架、学习要求、基本方法等。	了解内容、方法、要求等基本框架就行。	8分钟以内。	建议专业课在实训室、基础课在课堂。
第二段：做	指导学生做。教师根据学习内容指导学生动手实践、动口表达、动笔记录、实训练习，指导和巩固操作方法，领会知识点，发现盲点、难点，并且记录在实验报告中、笔记本上。教师着意与课堂内容衔接、点拨、指导，请企业师傅指导，做到“先手熟”再启动“心脑熟”。	尝试现代学徒制的培养方式，根据新工艺和产业需求着力去做，做在课堂、学在做中。以学生动手为主，在做的过程中，及时记录方法要点、难点和盲点，要特别注意流程一定要规范、精细。	基础课30分钟左右，专业课时间一定达到授课时间的1/2以上。	专业课在实训室，基础学科自由选择。利用教学实训设备和互联网，提倡师生共同准备。
第三段：学	指导课堂学。重点针对“做”的过程中产生的盲点、难点去学，并总结学习成果。要求将“做”的过程中的体验和经验引入对理论的认知，瞄准市场需求选择学的方向，通过对教材的增减或重组，以“实践上升到理论、理论指导实践”为思维主线展开教学。课堂教学的重点放在：紧密结合第二步“做”过程中提炼的要点和方法点，有目的地解决难点和盲点。	牢牢把握理论和实践相结合的原则，结合教材的重点内容解决“做”的环节中出现的困惑、问题，有目的地学习。在学中做，分层分类要求，指导下一步的实践。	40—120分钟。根据教学内容灵活对待。	主要在教室，根据需要可以在实训室或其他地点，师生互动学习，由理论指导实践。

续表

流程	基本要求	特别提示	课堂时间分配建议	学习的路径
第四段：用	俗话说“趁热打铁”。在已经具备了一定的理论知识和实践体验的基础上，对学习成果进行跟踪验证、巩固。更重要的是，对学习情况进行评价，评价做学结合情况、学以致用情况、方法情感等提升情况。之后，根据学习结果，学生有计划地到企业、到工厂、到田间地头实践学习。	牢牢把握学以致用的原则，对接重点产业发展，在“实”上下功夫；极力倡导“7S”管理规则（现代企业生产管理规则：整理、整顿、清扫、清洁、素养、节约、安全）及工匠精神。	10分钟以上，直至若干天。根据教学内容灵活对待。	要有针对性，利用理论和方法去解决实践中的问题，在生产生活实践中有意识地巩固理论。

“先做后学”教学模式的具体操作程序为四步八层。

第一步：准备。

第一层——总体规划。主要实行阶段施教备课，不用完全按照课本上的章节、单元课时，而是将课程关联内容进行重组，包括目标整合、内容整合、资源整合。每进入新的学习内容之前，首先要重温《专业建设和发展方案》《课程标准》相应要求，准备创设技能实习项目材料。备教要求紧贴市场需求，切合学校实际，具有可行性。

第二层——导示告知。教师口头或书面告知学生做和学的目标和总体要求。根据教学计划，学习的目标，明确学习的内容是什么，创设什么样的学习情境，帮助学生感性认识要学什么、怎么去学、达到什么目标。教师选取和整合的材料要能激发学生学习的兴趣，既要让学生领会学习目标达成度，又要使学生知晓技能实习方法和注意事项。通过导示告知有一个基本印象和宏观认知。

第二步：先做。

第三层——实践探索。学生根据学习目标要求、技能实习要点、方法、注意点等进行实践活动。此阶段可以参照下列步骤展开：教师示范、提示、解说——小组内个人模仿、合作，反复训练、相互指正——个例操作、展示——发现难点、盲点、困惑点（记录、归类）——总结技巧和经验。这个环节教师的示范、引导尤为重要，要注意学生的操作方法，杜绝错误操作及错误操作带来的负面影响；

要注意发现疑难和困惑，归纳整理，便于下一步学习。

由教务处、专业教研组和专业教师共同对计算机应用基础进行总体规划，确定如下实习内容。

表6-4　计算机应用基础学习规划

学习内容	涉及的知识技能要点	整合后计划课时
1. 邻居阿姨请你为她组装一台计算机，以便满足工作和日常生活的需要。	预备知识：计算机软硬件知识、系统安装、常用软件安装及使用，计算机常见故障的排查、信息安全、接入internet的方法及WINDOWS的常用操作等。	16
2. 学校请你设计招生宣传海报。	信息资料的收集、文字的输入、文档的格式设置、表格处理、图文表混合排版、文档打印等。	28
3. 班主任委托你设计全班期末成绩报表。	工作表的建立、编辑、格式化、公式与函数的运用、数据表管理、图表和图形、邮件合并、打印设置等。	26
4. 你任职的汽车修理厂厂长要给该厂的客户作推介宣传，请你为他制作一份演示文稿。	幻灯片文字编辑与播放，背景设置，图片、艺术字、表格、组织结构图、声音、动画的插入与编辑，超链接的使用，母版编辑，幻灯片的切换等。	12
5. 邻居请你为他家的三台电脑联网，达到同时上网及文件共享的目的。	网线的制作、IP地址、网关、DNS的设置、共享上网的连接方法等。	14
6. 利用MSN或QQ发送一件特定内容的文件。	IE的使用、搜索引擎的使用、电子邮箱的使用、文字图片信息的保存、MSN或QQ的使用。	8

第四层——发现问题。学生动手实践、体验——发现疑点、难点——教师巡回检查——随时发现实践中的问题——“同伴评价＋教师点拨”、提示、启发——再实践、互助——再发现问题——记载归纳整理问题。归纳整理发现新的问题，要贴近教学目标和课标要求，引发接下来的学习兴趣，否则就予以删减，不再作为重点。

第三步：后学。

第五层——对症处方。教师在学生动手训练的基础上，结合教学的重点、难点内容和实习报告中记录的问题进行梳理、取舍，把问题和教学内容结合起来组织课堂教学。通过讲解、问答、讨论等，引导学生解决“做”的过程中发现的问题。对于教学难点或者发现的问题，在“学”的过程中，开出解决的“处方”，阐释要点、解说方法，理解掌握，总结内容要点和解决方法。

第六层——提升巩固。通过口头表述、拓展练习、记忆再现，进行检查反馈、系统实习，与教学知识体系中的理论方法与归纳结论一一对应，巩固教学要点，帮助学生找出规律，由感性认知逐步上升到理性认识，将知识有效地转化为学生的能力。对阶段施教或者单元学习内容进行巩固和运用，不能仅仅停留在知识和技能的层面，而是要进一步提炼、上升，提高学生处理实际问题的能力。

第四步：延展。

第七层——行动应用。在一个技能项目学习结束后，趁热打铁，再次回归到应用、实习的环节，边做、边学、边应用。将掌握的技能立即向课外的生产、生活实践延伸，引导学生进入实践状态（如英语课后立即用英文去简单介绍自己专业课上的一个产品；学习电力拖动技术有关内容之后，立即在实际生活中检测风机、水泵等电机的元件等）。这个阶段是上一个“做”的阶段的上升，重在通过学习成果的应用解决实际问题。教与学的重心放在相对应的“做”“学”与“用”的结合上。这是中职课堂教学的过程要求，也是学习结果要求。

第八层——评价促进。这一阶段由教师和学生共同完成，分为教师评价、同伴评价和引导学生自我评价。教师要对学生在学习中出勤、纪律、学习的获得、参与、进步程度以及学习任务的完成情况等几个方面综合评价，记录学分，并当堂反馈、公示。一周一汇总、一月一小结，学期总结，并计入学期成绩。要坚持多元评价，促进并激发学生进步，提高学生“做”和“学”的热情。教师帮助学生树立评价和应用的意识，逐步养成自我评价和互助学习的习惯。要注意预见后续问题解决效果，要跟踪“回头看”。

表6-5　学习的获得过程和学习阶段评价表

评价内容	评价标准	评价内容	分值分配	教师评价	小组评价	学生自评
学习准备	资料准备	参与资料收集整理和自主学习	5			
	小组分工	分工合理，任务明确	5			
学习过程	操作技术	掌握并遵照一个工序的操作标准	30			
	问题探究	在“做”中发现问题，并用理论知识解决问题	10			
	“7S”管理	处处践行“7S”管理的理念和要求，遵守操作流程和制度	15			
学习拓展	知识迁移	能实现前后知识迁移，更注重后学习阶段的效果跟踪	5			
	应变能力	能举一反三，灵活的应变能力和方法	10			
	创新程度	提出创新和改进技术的新建议	5			
学习态度	主动态度	主动性强	5			
	合作意识	有合作意识	5			
	严谨细致	认真仔细，不出错误	5			
总计	100					

5. 落实集体备课

集体备课活动应遵循合作性、实效性、研究性、创新性、统一性和完整性的原则。集体备课时教师要树立合作意识、整体意识、超前意识、反思意识。更重要的是在中职学校集体备课中必须正确处理好个人备课与集体讨论的关系、备课与说课的关系、骨干领路与培养新教师的关系。集体备课一定要避免流于形式，虽然有集体备课活动记录，但无实质性内容就不行；虽然有一定的形式，但不够深入，质量不高也不行；尽管研讨比较充分，形成了一体化教案，但到了自己课上仍然用自己的一套更不行。

表6-6　落实学校教学模式形成教案

<table>
<tr><td colspan="5">“先做后学”四段适应性学习课时整合教学设计</td></tr>
<tr><td colspan="5">教学日期：______年____月____日
本节授课内容属于教材的____单元第_____节次或______ 、______节次的整合，整合后的教学课题为____________________。
课题类型：________（讲授课、演示课、技能课、练习课、试验课、复习课）。
整合后的学习目标（“五维”目标）：</td></tr>
<tr><td></td><td>教的组织：内容、方法等</td><td>学的过程：内容、方法等</td><td>实验及辅助工具</td><td>设计依据</td></tr>
<tr><td>第一环节：导</td><td></td><td></td><td></td><td></td></tr>
<tr><td>第二环节：做</td><td></td><td></td><td></td><td></td></tr>
<tr><td>第三个环节：学</td><td></td><td></td><td></td><td></td></tr>
<tr><td>第四环节：用</td><td></td><td></td><td></td><td></td></tr>
<tr><td>小结</td><td></td><td></td><td></td><td></td></tr>
<tr><td>板书要点</td><td></td><td></td><td></td><td></td></tr>
<tr><td rowspan="2">布置课外作业</td><td></td><td></td><td></td><td></td></tr>
<tr><td></td><td></td><td></td><td></td></tr>
<tr><td>教和学的反思（优点、不足及改进措施）</td><td></td><td></td><td></td><td></td></tr>
<tr><td>预习与衔接内容</td><td></td><td></td><td></td><td></td></tr>
</table>

实践表明，中职学校实施“先做后学”四段适应性学习的教学模式，能够体现中职教育的本质，符合中职生的认知特点，是可以推广应用的。

参考文献

[1] 李小青．中职学校特色校园文化的分析与培育——以英德市职业技术学校为例[D]．湖南农业大学2020年硕士学位论文．

[2] 梁晓声．说到“文化”二字，我时常深感忧伤[N]．人民日报（文艺），2015-1-4．

[3] 付萍．浅析高职院校学校文化建设[J]．科技经济市场，2008（01）．

[4] 贺兴虎．提升校园文化层次　促进高职院校发展[J]．群文天地（文化教育），2011（11）．

[5] 胡永新．职业学校校园文化的特征及地位新论[J]．职教论坛，2011（34）．

[6] 张加才．守正创新：新时代重要的方法论命题[J]．马克思主义哲学论丛，2020（04）．

[7] 宋志华．关于中学校园文化建设的思考[D]．华中师范大学2012年硕士学位论文．

[8] 曹叔亮．大学精神视野中的大学校园文化建设[J]．高等职业教育·天津职业大学学报，2009（01）．

[9] 习近平谈文创产业：守正创新，坚持正确导向．新华社“新华视点”微博，2020-9-18．

[10] 汪惟雪．如何加强高校校园文化建设[J]．三峡大学学报（人文社会科学版），2009（S1）．

[11] 王家年．校园文化的内涵及其基本特征[J]．社会科学家，2006（Z1）．

[12] 朱延江．新时期中学校园文化建设之我见[J]．镇江市高等专科学校学报，2000（01）．

[13] 缪红娟．试论校园文化建设在中职学校产生的德育教育功能[J]．宿州教育

学院学报，2015（04）.

[14] 吴敏启，曹明．“职业教育适应性”语境下职业教育文化自信建设 [J]. 中国职业技术教育，2022（27）.

[15] 房珊．关于高职学生管理工作中校园文化建设的作用分析 [J]. 才智，2021（29）.

[16] 李晓丽，张涛．论中学校园文化的功能 [J]. 管理观察，2008（08）.

[17] 王雄思．中职学校校园文化建设 [J]. 中小企业管理与科技（上旬刊），2013（08）.

[18] 张德，吴剑平．校园文化与人才培养 [M]. 北京：清华大学出版社，2001.

[19] 鲁昕．发挥文化育人作用推进职业院校德育创新 [J]. 中国职业技术教育，2012（22）.

[20] 靳玉乐．课程论 [M]. 北京：人民教育出版社，2015.

[21] 廖晓红，肖向阳．中职基于职业素养提升德育文化建设实践研究 [J]. 现代职业教育，2021（48）.

[22] 尤士伟．浅析打造特色中职校园文化建设中融入企业文化的途径与方法．天津职业院校联合学报，2020（06）.

[23] 鲁昕．在传承创新中华优秀传统文化中，坚定职业教育的文化自信 [C]. 首届新时代卓越匠心文化论坛，2019-5-30.

[24] 路琳．生态文明建设背景下的德育文化功能探析 [J]. 河南社会科学，2013（06）.

[25] 王瑞森．中小学学校文化建设研究 [D]. 华中师范大学2007年硕士论文．

[26] 蔡金晶．高职校园文化的内涵、功能与建设路径 [J]. 湖北经济学院学报（人文社会科学版），2010（5）.

[27] 史华楠．论大学校园文化的教育功能 [J]. 江苏高教，1998（02）.

[28] 杨家俊．高职校园文化建设内涵与策略研究 [J]. 职教论坛，2012（32）.

[29] 邹林斌，李健. 对新时期高等职业教育内涵及其发展的再思考 [J]. 职教论坛，2008（9）.

[30] 夏林．中职学校特色校园文化体系的构建 [J]. 职业，2012（15）.

[31] 房雪梅 . 浅析地域性视角下的高校校园文化建设——以大理学院为例 [J]. 知识经济，2012（19）.

[32] 王邦虎 . 校园文化论 [M]. 北京：人民教育出版社，2000.

[33] 王萍 . 构建具有职业特色的中职校园文化建设 [J]. 中国科技博览,2009（3）.

[34] 常慧敏 . 当前中等职业学校校园文化建设研究 [J]. 中国科技信息，2009（19）.

[35] 教育部，人力资源和社会保障部 . 关于加强中等职业学校校园文化建设的意见（教职成〔2010〕8号）.

[36] 何敏 . 论教育家的文化选择 [J]. 科技向导，2011（15）.

[37] 陆坤 . 中职校园文化建设研究 [D]. 苏州大学硕士论文 .

[38] 吴忠市红寺堡区职业技术学校精神体系（学校内部文件）.

[39] 鲁洁 . 试论文化选择与教育 [J]. 华东师范大学学报，1991（01）.

[40] 杨楠 . 新时期我国校园文化的问题所在和对策 [J]. 科技创新导报,2010（06）

[41] 施拥军 . 谈校园文化建设的基本原则 [J]. 理论导报，2013（01）.

[42] 王继华，徐超 . 学校文化建设标准的哲学思考 [N]. 中国教师报，2013-11-13.

[43] 杨兰芳 . 学校文化建设问题及对策研究——基于S市W中学的实证考察 [D]. 新疆师范大学2021年硕士论文 .

[44] 田卫蒙，卢建军 . 特色大学校园文化建设的基本原则和总体要求探析 . 陕西教育（高教），2015（06）.

[45] 陈国勇 . 摭议“学校精神”的培育——兼谈“墨化教育”学校精神建设 [J]. 新教师，2018（07）.

[46] 陈悦 . 办学理念如何落到实处 [J]. 湖北教育·教育教学，2021（27）.

[47] 谢斌，罗婷婷 . 让“学校精神”扎根师生心灵——也谈“学校精神”的发掘和培育 [J]. 新课程导学，2014（10）.

[48] 钟小菊 . 论人的发展与文化发展的辩证关系 [J]. 长沙铁道学院学报（社会科学版），2004（06）.

[49] 张绍山 . 中职制度文化建设初探 [J]. 河南教育，2017（01）.

[50] 宫少华．文化润校园 育人细无声——浅谈对学校文化育人理念的探索 [C]. 国家教师科研专项基金科研成果（神州教育第5卷），2014（11）.

[51] 贠献臣，杨玉松．让文化浸润校园 [J]. 北京教育·普教，2010（09）.

[52] 李逸依．产教融合背景下中职专业文化建设的路径 [J]. 当代教育实践与教学研究，2018（07）.

[53] 陈更海．服务文化的构建与远程开放教育内涵发展的实现 [J]. 中国远程教育，2009（06）.

[54] 构建学校的精神体系，是职业教育的运行支柱（学校内部资料）.

[55] 坚持“做学合一，立己达民”的办学理念，县域中职学校建设现代职业教育的价值取向（学校内部资料）.

[56] 习近平总书记在中国人民大学考察时强调：坚持党的领导传承红色基因扎根中国大地　走出一条建设中国特色世界一流大学新路．新华社，2022-4-25.

[57] 李克强总理会见全国职业教育工作会议代表并发表讲话．人民日报，2014-6-23.

[58] 蔡宝来．课堂教学文化：理论诉求及实践重构 [J]. 教育研究，2008（04）.

[59] 陈子季．深化现代职业教育体系建设改革，不断优化职业教育类型定位 [J]. 中国职业技术教育杂志编辑部专访，2023（02）.

[60] 国务院．国家职业教育改革实施方案，2019-1-24.

[61] 教育部．中等职业学校德育大纲（2014年修订）.

[62] 中共中央办公厅　国务院办公厅．关于推动现代职业教育高质量发展的意见．新华社，2021-10-12.

[63] 葛天博．论课程教学范式改革与教学文化建设的内在牵连 [J]. 集宁师范学院学报，2013（06）.

[64] 臧志军．让职业教育回归平民教育 [J]. 江苏教育（职业教育版），2014（11）.

[65] 徐晔．新形势下中等职业教育功能定位研究 [J]. 成人教育，2021（01）.

[66] 周弘．赏识你的孩子 [M]. 广州：广东科技出版社，2004.

[67] 中新网．宁夏红寺堡：山海携手推动教育共荣 [N]，2022-12-1.

[68] 田华珍．心理文化建设在中职班级管理中的应用探讨 [J]. 现代职业教育

（高职本科），2018（08）.

[69] 赵育德 . 新媒体环境下中职校园文化建设现状及策略研究——以兰州地区4所中职学校为例 [D]. 西北师范大学2016年硕士学位论文 .

[70] 陈光军 . 关于大学校园文化与社区文化建设互动的思考 [J]. 四川省干部函授学院学报，2009（03）.

[71] 张岭裕 . 浅谈社区文化与校园文化的融合运用策略 [J]. 广东教育（高中版），2020（05）.

[72] 张桂英 . 校园文化应走进学生心里 [J]. 教书育人（校长参考），2017（12）.

[73] 钟真群 . 积极心理学理论的高校校园文化建设研究 [J]. 现代交际，2016（02）.

[74] 李炳全 . 文化心理学 [M]. 上海：上海教育出版社，2007.

[75] 肖雅琴，李蕾 . 社区文化建设的重要意义及作用 [M]. 岱宗学刊，2010（01）.

[76] 于立军，鲍文云 . 论大学校园文化在社区文化建设中的重要作用 [J]. 辽宁教育行政学院学报，2008（12）.

[77] 吴忠市红寺堡区教育局 . 家校共育工作汇报材料，2022（09）.

[78] 教育部、国务院扶贫办 . 职业教育东西协作行动计划（2016—2020年）（教发〔2016〕15号）.

[79] 闽宁职业教育协作助力脱贫攻坚工作实施方案（闽教职成〔2017〕17号）.

[80] 中华人民共和国教育部 . 教育信息化十年发展规划（2011—2020年），2012–3–13.

[81] 国务院关于印发国家职业教育改革实施方案的通知 .2019–1–24.

[82] 教育部 . 关于深化职业教育教学改革，全面提高人才培养质量的若干意见（教职成〔2015〕6号），2015–7–27.

[83] 中共中央办公厅　国务院办公厅 . 关于推动现代职业教育高质量发展的意见 . 新华社，2021–10–12.

[84] 中共中央　国务院关于全面深化新时代教师队伍建设改革的意见 . 新华社，2018–1–31.

[85] 黄炎培 . 我之人生观与吾人从事职业教育之基本理论 [M]. 中国近代思想

家文库·黄炎培卷．北京：中国人民大学出版社，2015.

[86] 陶行知．教学做合一下之教科书 [C]. 陶行知全集（第2卷）．成都：四川教育出版社，2005.

[87] 杜威：教育即生活 [M]. 上海：上海辞书出版社，2014.

[88] 李镇西．怎样备好一堂课 我有5条建议 [J]. 教学考试杂志，2022（10）.

[89] 李华．关于“先做后学”教学模式的实践与思考 [J]. 新课程·教研版，2010（11）.

[90] 邱君捷．高校大学生高度深化认识劳动教育的时代急迫性 [J]. 教育教学论坛，2023（01）.

[91] 胡勇．校园制度文化的重要性 [J]. 教书育人（高教论坛），2014（06）.

[92] 徐立新．中职学校校园文化建设体系的研究 [J]. 世界家苑，2011（01）.

[93] 初中社团活动方案（内部资料），2022（11）.

[94] 夏丽丽．扎染艺术的人文精神与设计传承研究．浙江理工大学2012年硕士论文．

[95] 史丽娜．浅议职业教育的本质及属性 [J]. 今日湖北·中旬刊，2013（03）.

[96] 曹志华．“先做后学”在计算机专业课中的应用探讨 [J]. 安徽电子信息职业技术学院学报，2008（03）.

后　记

本书研究了中职校园文化的内涵、特征、功能、内容、方式，并对中职特色校园文化建设中的育人方式、教学主体以及学校精神体系等方面守正创新的实际做法作了阐述，紧紧围绕吴忠市红寺堡区职业技术学校的实际探索过程及成果，总结出了一些新的经验，值得借鉴和学习。

展望未来，校园文化建设必须把握正确的方向，把“为党育人、为国育才”始终作为职业文化建设的最高行为准则和行动指南，要育人、育好人、育有德有才和可信可用之人，这也是校园文化建设的方向和动力上的守正；紧紧把握“中职教育的基础地位，纵向贯通、横向融通”的总思路，精神文化建设与职业教育的办学方向和学校的办学思路紧密结合，以学校精神体系为总指导，将学校精神与我们的工作任务结合起来，继续挖掘发挥精神文化引领和服务功能，把“在实践中贯穿学校精神”作为校本研究的总课题，部门和学部又在某一方面确立一项分课题（或小课题），通过实践、记录、反思、整理，形成新的建设成果应用并展示，这也是校园文化建设在育人方式上的守正创新。校园物质文化建设和环境文化紧紧围绕“绿色学园、成长乐园”的主题，整体规划，分步实施；追求品位，重在育人，“功能 +”的无声育人与时俱进，做到校园各园各路及周围标牌会育人、善育人，雕塑、浮雕会说话、会干事，文化阵地在说话、在干事、干正事，美化、绿化和亮化由美文化演化成活文化，给人以绿意盎然、神清气爽、青春十足的感觉。

校园行为文化建设以“包容奋进，德技双馨”的核心精神为基调，秉持崇真、清明、包容、上进的理念，以养成教育为重点，以培养“五维”公民为目标，坚持“十二德五不一有”过程德育，推行“先做后学”适应性学习的教学改革；实施完成学生思想品德“由外界教化到自我清明”的转变、教师发展“由学而论道向行而论馨”的转变，评价模式“由二元评价向多元网格立体化评价”的转变，构筑学校、家庭、社区、行业“四位一体”的育人体系。校园管理文化润物无声还需有声，通过强化疏导和柔性感化，教育全体师生员工坚持主流思想、继承光大职业教育的理想，形成管理文化规范并寓于行动的常态。

今后，学校继续学习研究、贯彻落实《中华人民共和国职业教育法》和《关于推动现代职业教育高质量发展的实施意见》等政策精神，突出中职教育在高中阶段教育和职业教育体系中的“双基础”地位，修德强技、扎实训练。继续把红寺堡的移民文化，把感恩文化、黄河文化、创业文化和乡村振兴文化延续到学校文化中，感化学生以包容、接纳、学习的态度，在现代文明潜移默化中，形成艰苦创业、积极上进、开放包容的生活态度。继续把红寺堡区的地域文化链接在职业文化等要素文化的网格上，形成学校“敬业、团结、规范、创新”的校风，达成立德树人的根本任务。

继续以职业文化为基础，继承和发扬社会主义优秀的职业文化，构建“五优”育人体系，做到校园文化建设真正在为党育人、为国育才。以真实的、系统的职业学校的校园文化影响人、塑造人、成就人，用优异的成绩展现职业教育的魅力和实力。使治理过程、管理行为、物质呈现、精神熏陶以及方式方法上的守正创新永远在路上。